INTERMEDIATE ILOKANO

INTERMEDIATE ILOKANO

An Integrated Language and Culture Reading Text

Precy Espiritu

University of Hawai'i Press
Honolulu

© 2004 University of Hawai'i Press
All rights reserved

09 08 07 06 05 04   6 5 4 3 2 1

Library of Congress Cataloging-in-Publication Data
Espiritu, Precy, 1937–
　　Intermediate Ilokano : an integrated language and culture reading
text / Precy Espiritu.
　　　　p.　　cm.
　　Iloko and English.
　　ISBN 0-8248-2645-0 (pbk.)
　　1. Iloko language—Textbooks for foreign speakers—English. I. Title.

PL5752.E87 2004
499'.21—dc22

2004041237

Camera-ready copy for this book was prepared by the author.

University of Hawai'i Press books are printed on acid-free paper and meet the guidelines for permanence and durability of the Council on Library Resources

Printed by Versa Press, Inc.

Contents

Index to Grammar Notes	ix
Foreword	xiii
Acknowledgements	xv
Introduction	xvii

LESSON 1 - *Pampambar*

Reading	1
Story	2
Vocabulary Study	4
Questions for Discussion	6
Grammar Notes	6
Writing Practice	15
Fluency Practice	15
Cultural Activities	16
Culture Notes	21

LESSON 2 – *Ni Juan Pilio*

Reading	23
Story	24
Vocabulary Study	27
Questions for Discussion	33
Grammar Notes	33
Writing Practice	36
Fluency Practice	37
Cultural Activities	38
Culture Notes	43

LESSON 3 – *Ti Nasubeg ken Maag a Piek*

Reading	45
Story	47
Vocabulary Study	50
Questions for Discussion	54
Grammar Notes	55
Writing Practice	69
Fluency Practice	70

Cultural Activities	71
Culture Notes	76

LESSON 4 – *Ti Kasadutan nga Ubing*

Reading	77
Story	79
Vocabulary Study	84
Questions for Discussion	85
Grammar Notes	86
Writing Practice	97
Fluency Practice	97
Cultural Activities	98
Culture Notes	104

LESSON 5 – *Agtatakaw Wenno Ginggined*

Reading	105
Story	107
Vocabulary Study	111
Questions For Discussion	113
Grammar Notes	113
Writing Practice	126
Fluency Practice	126
Cultural Activities	127
Culture Notes	133

LESSON 6 – *Direksion nga Awan Direksionna*

Reading	135
Story	137
Vocabulary Study	141
Questions for Discussion	145
Grammar Notes	145
Writing Practice	154
Fluency Practice	156
Cultural Activities	156
Culture Notes	162

LESSON 7 – *Ti Sekreto ni Manong Simo*

Reading	163
Story	164
Vocabulary Study	170
Questions for Discussion	172
Grammar Notes	172
Writing Practice	176
Fluency Practice	177
Cultural Activities	180
Culture Notes	186

LESSON 8 – *Ipabpabalaymo*

Reading	187
Story	190
Vocabulary Study	198
Questions for Discussion	203
Grammar Notes	204
Writing Practice	212
Fluency Practice	213
Cultural Activities	213
Culture Notes	220

LESSON 9 – *Tawar a Tawar*

Reading	221
Story	223
Vocabulary Study	229
Questions for Discussion	235
Grammar Notes	236
Writing Practice	242
Fluency Practice	243
Cultural Activities	245
Culture Notes	253

LESSON 10 – *Natamay*

Reading	255
Story	256
Vocabulary Study	259
Questions for Discussion	267
Grammar Notes	267
Writing Practice	280
Fluency Practice	282
Cultural Activities	283
Culture Notes	290

LESSON 11 – *Biag Idiay Away*

Reading	291
Story	292
Vocabulary Study	298
Questions for Discussion	304
Grammar Notes	305
Writing Practice	311
Fluency Practice	312
Cultural Activities	313
Culture Notes	320

LESSON 12 – *Ti Biag Ti Imigrante*

Reading	323
Story	326
Vocabulary Study	334
Questions for Discussion	336
Grammar Notes	337
Writing Practice	349
Fluency Practice	349
Cultural Activities	350
Culture Notes	357
Culture Study	359

GLOSSARY — 361

Index to Grammar Notes

LESSON 1

Concurrent-Action Structure: Verb-Linker-Verb	6
Pseudo-Verb: *ayat*	8
Perfective Tense	12

    Actor-Focus: *naka-, nakapag-*
    Object-Focus: *na-, nai-, na--an*

LESSON 2

Object-Focus Verbs: *-en, -an, i-*	33

LESSON 3

Combination Pronouns	55
Abilitative Verbs	62

    Actor-Focus: *maka-, makapag-, makai-*
    Object-Focus: *ma-, mai-, ma--an*

Participative Verbs: *maki-, paki--an, ka-*	68

LESSON 4

Stative Forms: *naka-, si*CV	86

    Emotional State
    Facial Expressions
    Physical Position
    Condition
    Wearing an Article of Clothing or Accessory
    Object Being Used

Basic Adjectives	91

    Colors
    Root Words
    na- Prefixed Adjectives
    ma- Prefixed Adjectives

nakaCVC Adjectives
maCVC Adjectives
Spanish Loans

LESSON 5

Recent-Action Verbs: *kaCVC*, *kaiCVC* 113
Sentence Modifiers 116
   kano
   gayam
   ngamin
   -sa
   ngata
   kadi
   manen
   met
   laeng and *latta*
   pay
   -n/-en/-on
   man
   ketdi
   ala and *alla*
   koma
   ngarud
   -to/ -nto

LESSON 6

Directional Affix: *pa-* 145
Adjectival Affix: *agat-*, *agaC* 148
Adjectival Affix: *sinan-* 149
Accidental Verbs 149
   Actor-Focus: *naka-, nakai-*
Accidental Verbs 150
   Object-Focus: *na-, nai-, na--an*
Accidental-Positional Affix: *napa-* 154

LESSON 7

Pretend Verb: *agin*CV 172
Plurals 173
    Noun
    Adjective
        Affixless Adjective
        Na-affixed Adjective
    Verb
    People Terms
    AgV+Vowel-initial Verb
    *Ag*V+Vowel-initial Adjective

LESSON 8

Instrumental-Focus Verbs: *pag-, pang-* 204
Adverbial Affix: *apag-* 204
Benefactive-Focus Verb: *i--an* 205
Locative-Focus Circumfix: *pag--an, pang--an* 206
Causative-Object/Patient-Focus Verbs: *pag--en, pa--en, ipa-* 209

LESSON 9

Numeral Distributive Adjective: *sag*CV 236
Reflex Action Verb: *napa-* 237
Emotional State: *maka-, maka*CVC 240
Recurrent Verb: *agkara-* 241

LESSON 10

Causative Affix: *pa-* 267
Actor-Focus-Causative Verbs: *agpa-, mangpa-* 268
Reflexive-Causative Verb: *agpa-* 270
Object-Focus-Causative Verb: *ipa-* 271
Object-Focus-Causative Verb: *ipai-* 272
Object-Focus-Causative Verb: *pa--an* 273
Locative-Focus-Causative Verbs: *pagpa--an, pangpa--an* 274

Time/Manner-Focus-Causative Verbs: *panagpa-, panangpa-*   276
Benefactive-Focus-Causative Verb: *ipa--an*   277
Abilitative-Causative Verbs: *makapa-, makapagpa-*   277
Request-Causative Verb: *makipa-*   278

LESSON 11

Reciprocal Verbs: *-inn-, ag-*   305
Propensity for, Habit, Tendency: *manag-, manang-*   306
                 mannaki, managpa-, managCinn-
Number of times: *mamin-* (past: *namin-*)   309

LESSON 12

Nominalizing Affixes: *ka-, kina-*   337
Comparative Markers: *kas ka-* and *agka-*   341
Role Affix: *para-*   343
Areal Noun: *ka--an*   346
Adjectival Verbs: *na-, nai-, na--an*   346
Possessor Prefix: *akin-/akinkua*   348

Foreword

Word Becoming World: the Grammar of Ilokano Dreams

i.

Holding all other things equal, words are all we are—and have. The world, as it comes to us and as we receive it, is word—yes, word that creates and destroys what is, word that shapes and misshapes our thoughts, word that forms and deforms our way of seeing. In a manner of speaking, word becomes world—and it always does. The relation, thus, between word and world is one of both being and becoming. But both being and becoming, intertwined as they are, are eternal, perennial, continuing, unending, unfolding. This is the sense in which *Intermediate Ilokano,* Professor Precy Espiritu's gift to the Ilokano, could be put in context. For in this book, she makes permanent the word of the Ilokano—his language, the very language through which he comes to know of himself, of his roots, of his being. She also puts into play that world inhabited by him, the very world where he takes spiritual residence, the world of his people in and outside the Ilocos of the past and the present. It is the same world where dreams and desires—his and his people's—collapse with the future so that in this collapsing, dream and desire become word and world at the same time.

In this age of estrangement and exile, of diaspora and rootlessness, of collective amnesia and the glossolalia of chaos and crisis, the word comes to us as a balm, soothes us, and brings us to a healing, a certain wholeness, we who are residents of the linguistic world. This then makes us recollect ourselves and regather our thoughts. We are reminded that we can come home, with finality, indeed, to language—to a language which is us, to a language which is all we have. And for the Ilokano, this language is the one in which the soul and the spirit and the mind reside.

ii.

The Ilokano, his literature and history tell us, has always been a party to the national and now global diaspora. He has long been an exile in and outside his country, in and outside his language, in and outside his culture. This condition that has afflicted him has become almost a social malady. We see him, the Ilokano without a home, the Ilokano that is always in search of home. We see him in the most likely places; we see him in the most unlikely places. We see him roaming around in all corners of the globe, his roaming around sometimes aimless, sometimes senseless. He is omnipresent, this Ilokano émigré, a traveler seeking emplacement, a visitor seeking an appointment with time, that time of the heart and mind that takes root in stories, in language, in culture—in short, in that abode of the soul, in that indwelling of the spirit. He is in all places and in all times, this pursuer of lands and loves and lives. Because this has become his lot for so long, this Ilokano émigré: To keep on looking for a place in the sun he can call his own, a residence he can come home to, a place of rest and calm for his bones and body and his souls, too—for souls according to the folk stories he has declaimed in his heart and committed to memory—for souls on the look out for what is real beyond that which has been constructed and invented for him by the lords of his social life, many of these lords lying to him through his dream of the good life. His dream takes on the form of the marvelous sometimes. He calls it *lung-aw,* yes, the dream named after his god of the time before time, the god of appeasement, satiation, progress, development, contentment. Otherwise, he calls it *kinabaknang,* the fabled riches he can never have in the homeland, the wealth that will always elude him, running away from him for as long as the big man of his land, the *naturay,* the *agtuturay*—will remain looking only after his own interest, his own welfare.

iii.

For we sort out the world and life and experience and community according to the taxonomic promises and possibilities of this language which is ours, true, but which we share with those who have the pathos to commune with us, the passion to see us as a people through the lens of our words, our logos, our *pagsasao.* For indeed, as in other communities, imagined or real, the world that we know is only made possible by word, by our words, by the language which mediates all of our understanding, by the logic of sounds and syntax that we have appropriated for ourselves, the sounds and syntax becoming ours, becoming us, *oneing* with us. Word becoming world—this is the situs of Professor Precy Espiritu's *Intermediate Ilokano.* Through this and because of this book, the first of its kind that does not—and rightly so—exoticize the language of the Ilokanos, the grammar of our Ilokano dreams will finally take shape and form, meaning and substance, content and truth.

Aurelio S. Agcaoili, Ph.D.
University of the Philippines

Acknowledgements

My special thanks to the following colleagues, friends, and students for their contributions to this book: Dr. Resty Cena, a linguistics scholar, for the basic format of the book; Estelita Cena for providing me with reading resources to use in my research and sharing some of her childhood experiences that inspired some of the stories; Dr. Josie Clausen, Assistant Professor of Ilokano, for her suggestions on the stories and serving as resource on the nuances of some Ilokano words; Dr. Belinda Aquino, Center for Philippine Studies Director, a native Ilokano speaker, for engaging me in discussions on relevant aspects of Philippine culture and sharing her ideas that have been incorporated in the culture notes; Dr. Rama Sharma for his encouragement and useful comments; Ilokano Lecturer Julius Soria for helping proofread the manuscript at the initial stage, sharing his native speaker insights on some of the Ilokano examples, and supervising the work of Albert Bolosan and Patrick Galamay on the first version of the glossary; Maricon Hilario, for completing the glossary and assisting with other aspects of production; Hazell Tabangcura, for the computer work, assisted by Jinky Agtarap, and Cherry Torres; Lyma Balualua for inputting corrections and proofreading the Ilokano stories and glossary; my dear friend, Alenka Rozman, a linguist, for asking insightful questions on the grammar, and diligently proofreading the entire manuscript for the prepublication version; Dr. Emily Hawkins, for her interminable patience with my constant inquiry into the accuracy and naturalness of some of the English translations; Ilokano Lecturer Clemen Montero, who came to my rescue with her expertise in Pagemaker; Paul G. Fox, for his unrelenting dedication to the project, working on different stages of the layout and graphics; and to my Ilokano students who provided useful feedback, which enabled me to continue to fine-tune the lessons.

My deep appreciation also goes to Dr. Carl Rubino and Dr. Aurelio Agcaoili for evaluating the manuscript and providing useful comments and recommendations which guided the final revision.

Sincere thanks are also due the following persons in the Philippines for their work on the book: Junix Jimenez for the exquisite and culturally accurate illustrations; Junsky Saralde for the painstaking work on the initial Pagemaker layout, Abraham Espiritu for technical support, and his family for their hospitality; and last but not least, my *ading,* Dalisay Bayani, for her efficiency and tenacity in supervising the work in the Philippines after I had returned to Hawai'i, and to her family, Jaime, Kim, and Patrick, who endured her long absence from home in the process. A special thanks to Jaime and Patrick who did further corrections on the illustrations.

Finally, my appreciation to the University of Hawai'i Humanities Endowment Fund through the University Research Council for funding this project, to the National Security Council for the initial funding of the very first draft of the book, and to the Department of Hawaiian and Indo-Pacific Languages and Literatures and its office staff for supporting me in this endeavor.

Introduction

This book, *Intermediate Ilokano: An Integrated Language and Culture Reading Text*, consists of twelve lessons. Each lesson has nine major components: Reading, Story, Vocabulary Study, Questions for Discussion, Grammar Notes, Writing Practice, Fluency Practice, Cultural Activities, and Culture Notes. It utilizes integrated eclectic and proactive approaches to language teaching and learning, where students actively participate in the process. The lessons include a variety of activities that challenge students to delve deeper into the story for a better understanding of what they are reading and studying.

An extensive amount of exercises in each lesson provides teachers with multiple options that accommodate their teaching styles. Most of the exercises promote collaborative and cooperative interaction between and among students. The theatre approach to learning which is widely used in the lessons, easily lends itself to group work, where each participant has an obligation to contribute. Drama also provides an effective and exciting communicative venue for oral and written activities which allow a change from the usual language exercises. Vocabulary, grammatical, communicative, and cultural exercises are interwoven to allow cross-pollination of the different linguistic and cultural skills.

This book is written for adult learners who have completed one year of Ilokano at the college level. It is also intended as a rich resource for teachers who are in constant search for dynamic activities in the classroom. The extensive grammar notes and linguistic data available in the book are useful to scholars involved in the study of the Ilokano language.

The purpose of this text is not to teach students how to read, since we can assume that at this level, they already have advanced reading competencies. The main thrust of this book is to increase reading comprehension and develop the different linguistic skills in Ilokano, which will ultimately lead to communicative proficiency. The stories and their corollary activities are created specifically for that purpose.

The repetition of vocabulary and the practice of structures in as many natural contexts and combinations as possible are deliberately infused in the lessons, so that the building of sight vocabulary and structures can take place. Teachers and students may find the extensiveness of the material overwhelming. However, the teacher need not cover all of the exercises in each section. S/he, as well as the students, can choose and decide which ones are relevant and useful for the language needs of each of the members of the class. They are there also for students who, on their own, want to engage in a more intensive study of the language.

Reading
The Pre-Reading section discusses traditional and modern cultural practices and values, and tackles issues affecting the lives of Filipinos in the Philippines and abroad. Students are presented with questions that make it possible for them to bring in some background knowledge and experiences in preparation for the reading selections. Discussions may be done in English, but students should be encouraged to use the target language in order to provide them with the opportunity for more listening and speaking practice. Code switching in Ilokano and English may be allowed in order to foster a dynamic exchange on the topics.

To create student interest in this section, the teacher may introduce the lesson by showing some pictures, charts, or articles that are relevant to the story. Students may also be assigned to find such materials to present in class, individually or in groups.

The Reading Tasks section directly relates to the story. A variety of reading strategies are employed to enable students to get into the details of the story for mastery of content and development of their conversation and storytelling skills in Ilokano. The purpose of this section is to guide students to the story, hence, it is important that they study this section very well, and do the tasks indicated before class. Once the tasks are accomplished, comprehension of the material will come more easily, because students will have read the story in detail more than once.

Some of the lessons have detailed questions about the story. Students should study these questions beforehand to give them an idea of what the story is about. It is one way of being introduced to the story.

Story
At the center of each lesson is a story. The book consists of twelve original short stories ranging from two to five pages at graduated levels of difficulty. The stories mirror day-to-day life in the Philippines. Detailed illustrations depicting scenes in the readings accompany the selections to give the students a general idea about what to expect in them.

The first four selections are folktale types which provide simple, repetitive language that is characteristic of this genre, and which is suitable for language learning. It incorporates language that students can easily remember and use in their conversations. One significant element in this type of reading is the convenient inclusion of cultural values and social oriented issues that students can address based on their personal experiences, perceptions, and attitudes.

The following eight stories deal with topics depicting cultural conflicts, catastrophic events, and immigration. To make the readings interesting, deliberate effort is made to lace them with subtle humor.

The stories are filled with numbered illustrations, that are aligned with the corresponding texts. These pictures are intended to guide the students in their reading, as well as create interest in the story. They can also be used in a variety of exercises.

An interpretative reading of the story to the students can be an exciting and entertaining listening and comprehension activity. Apart from hearing the pronunciation of words and rhythm of the language, students are engaged in the unfolding of the story. The teacher can create excitement by stopping at certain points and asking students to predict what happens next. This way, natural and meaningful communicative interaction takes place. Students can also take notes while the reading is going on, listening for answers to questions that are previously assigned, or those that are presented in the Reading Task section. Unison reading with the teacher could also be a way for students to hear the correct pronunciation of the words and the melody of the language. This technique brings together the listening and reading events. At the same time, the students can be ready at any time to answer the teacher's or other students' random questions. Of course, by this time, students should already be familiar with the story, since they have listened to a taped reading of it at the language laboratory, and have performed the exercises in the Reading Tasks section. At the language laboratory, learning can be effectively reinforced by the simultaneous reading of the text and listening to the recording of the story.

Vocabulary Study
The vocabulary exercises are organized around the story. They focus on frequently-used words, phrases, everyday expressions, and idioms. Students must look for contextual clues to gain a general understanding of their meaning. For practice, many exercises require the use of the vocabulary in appropriate contexts. Students should be advised at

the initial reading to ignore unfamiliar words. It is not important to focus on individual words at this point. What is important in the beginning is to just get the gist of the story, and identify the main ideas. Through subsequent readings, students may begin extracting essential details for comprehension, vocabulary study, and other exercises.

To maximize the learning of vocabulary and the story, several strategies may be employed. For example, students may first identify sight words, cognates, borrowed words, and those that students recognize by association, context, or from experience, as well as those that they have encountered in previous lessons. The teacher can ask students to find words that look similar to their own language and guess their meaning. For unfamiliar words, they can try to figure out what they mean from their use in the story. Contextual information and the linguistic environment should provide a clue. The ability to extract the root word and identify affixes may also help in the discovery process. If in spite of all these strategies the student still finds problems, then s/he can consult the *Glossary* at the end of the book, but only as a last resort.

After completing the above exercises, it would help to have the students read the story again or listen to the recording of it at the language laboratory. By this time, the story should be fully understood and the students are ready for class discussion in Ilokano.

Questions for Discussion
Questions in this section are based on the story. The purpose of these questions is not simply for learners to increase their speaking proficiency, but also to test and improve their comprehension and analytical skills. A few of the questions may be a repetition from the *Reading Tasks*, but as we know, repetition is an effective tool in learning a language, and it is useful to have students repeat answers they may have given previously. In fact, because students may not structure their answers in the same way the second time around, they will have an opportunity to show creativity in their responses. Every effort should be made to conduct the discussions in Ilokano.

Grammar Notes
The grammar points are culled from the story. The grammatical explanations are extensive and incisive to help the learners understand the intricacies of important aspects of Ilokano grammar. Much of the analysis aims to anticipate questions that students frequently have when studying the language. Fine distinctions and nuances between similar grammatical and semantic functions are clarified with detailed analyses and contextualized examples. Grammatical exercises

immediately follow the descriptions for each grammar point to make it convenient for students to refer back to the grammatical explanations. An asterisk (*) signals ungrammaticality.

Learning styles differ from student to student. Some may learn a language better without any explanation of the grammar, while others have a need to analyze and understand the grammatical structures to facilitate their learning. In general, compared to children, adult learners are more inclined to want to understand and analyze the grammar of a language throughout the learning process. This is why extensive grammatical explanations are provided in the book. These descriptions explain grammar points that students may be curious about, and want to study further for their own use. The teacher, however, may not be compelled to teach all of them. S/he can select and prioritize them according to what s/he perceives the students need to learn first.

It is vital that students be thoroughly familiar with the affixes of Ilokano words, as they provide additional semantic dimensions to the root word. Once mastery of the affixes is gained, it becomes considerably easier to identify the meanings of the derived words.

Nominative and genitive pronouns in Ilokano are normally affixed to the preceding word, and it can be confusing sometimes when they look like markers or part of the stem. For this reason, these affixes are italicized in this book, to make it easier for students to identify them.

Writing Practice
The writing exercises complement the other sections in the book, and are written and organized to reinforce the study of vocabulary, grammar, and sentence structure. Some activities are also designed to relate to the theme of the story and to the outside world. This section precedes *Fluency Practice*, because writing forces the mind to select appropriate vocabulary and construct sentences in familiar contexts that can help prepare for the speaking event. All prior preparations lead to the convergence of skills that help students avoid grappling with what to say and how to say it in the target language.

Fluency Practice
Activities to increase speaking proficiency in this section are designed to maximize student interaction and communication. An eclectic array of games and other communicative activities depicting daily situations brings into the classroom contemporary life's events and experiences that students can easily relate to and portray in their role-plays.

Cultural Activities
This section is a good literary venue for studying Filipino values and culture. Traditional sayings, riddles, and songs, pepper the lessons in order to provide the students and the teacher with a wide variety of practice in speaking, writing, translation, and cultural analysis. Repetitive instructions are aimed to enable students to master the structures that they can apply to other contextual situations. Illustrations accompany the riddles to give the student an authentic image of the object being described. The illustrations accompanying the songs relate to the themes of the songs.

Culture Notes
The culture notes explain concepts that have to do with Filipino values and cultural practices. Certain aspects of the culture presented in the stories are elaborated in this section to give the student a better understanding of the Filipino thought processes and way of life. This section can be followed up with simulated cultural situations or case studies that students can use for debate, role-play, or cultural discussion.

Glossary
The *Glossary* at the end of the text contains all the basic Ilokano words, expressions, and some affixes that are used throughout the lessons, including those that are in the exercises. Root words comprise the main entries, followed by different derivations of the root. Root words that cannot be used in meaningful sentences are not translated. Those that are translated usually function as nouns. Highlighted letters indicate placement of stress.

Songs
The book has an accompanying recording of the songs, some of which are from the Ilocos Region. There are also Tagalog folk melodies with Ilokano lyrics. This section also includes original songs composed by the author specifically for teaching certain grammatical points.

INTERMEDIATE ILOKANO

LESSON 1

PAMPAMBAR

READING

Pre-Reading Discussion
A. Why is it important to serve our community? In what ways can we serve it? What kinds of projects or causes do you volunteer for? In what ways does volunteering help you personally? In your future career?
B. What is your neighborhood like? What is an ideal neighbor? Why is it important to have a good relationship with your neighbors? What do you do or not do to maintain harmony with your neighbors?

Reading Tasks
A. Before you start reading the story, study the illustrations in it. See if you can construct the story through the pictures.
B. Read the story without paying attention to words you do not know. When you have finished reading, summarize it in two or three sentences.
C. Look for the part of the story where the old woman resented cleaning. Tell the class what happened.
D. The story in this lesson is written like a puzzle. Solve the puzzle by constructing the table following the instructions below.

> Construct a five-column table before answering the questions below. In each column, write the ordinal numbers in chronological order, then match them up with the characters that correspond to them. Under their names, write all the excuses each character gave to the old woman. The information requires sorting out, so make sure the correct responses are matched with the right person.

Now, using the table you have constructed, answer these questions.

1. Ania ti nagnagan dagiti kaarruba ti baket? Tay umuna, maikadua, maikatlo, maikapat, maikalima?
2. Ania dagiti impampambar*da*? Tay umuna, kdpy.

STORY

Pampambar

Maysa nga aldaw, inayaban ti maysa a baket dagiti lima a kaarruba*na*, ket sinaludsod*na*, "Sinno ti mayat nga agdalus iti lugar*tayo*?"

"Ay, dispensare*m*, Ina. Saan a siak, ta adu ti trabaho*k*," kinuna ti umuna a simmungbat.

"Saan a siak, ta nabannog*ak*," kinuna met ti maikadua.

"Dia*k* kayat, ta adda ar-aramide*k*," impambar met ti maikatlo.

"Ay, Apo, dispensare*m*, Ina Baket, ta mandia*k*! Dia*k* kayat ti agtrabaho," insaruno met ti maikapat.

"Dakayo laengen, a, Kakabsat.* Isuda laengen, Ina, ta nasakit ti bukot*ko*," impambar met ti maikalima, a dagus a nagkubbo, sa*na* inappot ti bukot*na*.

Nagbanagan*na*, nagdalus ti baket a maymaysa*na*. Dinalusan*na* amin a sakop ti aglawlaw*da*. Agdaydayamudom a nagdalus.

"Adda kadi mayat a tumulong nga agmula iti masmasetas tapno pumintas ti aglawlaw*tayo*?" nagsaludsod manen ti baket a kasla agpakpakaasi.

"Ay, siak ket, awan ti tiempo*k*, Ina; sa kas kinuna*k* itay, nasakit daytoy bukot*ko*," kinuna tay naudi a nagsarita itay, a Dianong ti nagan*na*.

"Dispensare*m*, Ina, ta dia*k* ammo ti agmula," kinuna ni Pedring, daytay maysa itay nga adu kano ti trabaho*na*.

"Dakayo laengen ta dia*k* kayat ti agiggem iti narugit. Maariek*ak*," kinuna met tay balasang.

"Dakayo laengen ta alerdyik*ak* iti mula," impambar met ni Inting, tay sadut.

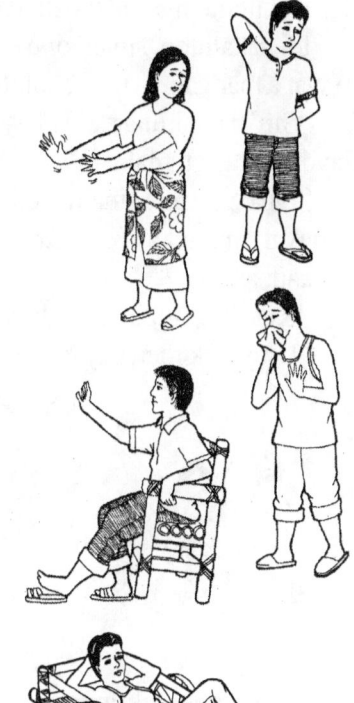

"Ay, awan pigsa*k*, ta makaturturog*ak*," inkalintegan met tay baro, a kasla kankanayon a nabannog.

Awan un-uni a nagmula ti baket iti masetas iti aglawlaw*da*. Maymaysa*na* a nagmula. Agdaydayamudom a nagmula.

Idi nalpasen a nagmula, nagsaludsod manen ti baket: "Sinno met ti mayat a tumulong nga agluto iti makan nga in*tayo* pagsasanguan?"

"'Mo*k* pay, Ina. Dispensare*m* ta dia*k* ammo ti agluto," impambar tay nasakit kano ti bukot*na* itay.

"Aysus, ammo*k* kadi ti agluto, Ina? Sa uray pay no ammo*k*, dia*k* kayat dayta a trabaho. Narigat dayta a trabaho," insungbat met tay nasadut nga agtrabaho.

"Ay, siak ket, dia*k* kayat ti mangan ta saan*ak* a mabisin," kinuna tay maikatlo a madi nga agdalus itay.

"Awan ganas*ko* a mangan, ta masakit*ak*," kinuna met tay lalaki nga itay ket nabannog kano.

"Uray siak met, saan*ak* met a mabisin, isu nga dakayo laengen ti agluto," impambar met tay maysa.

Lesson 1 - Pampambar

Ket linuto ngarud ti baket a maymaysa*na* amin a makan a pagsasanguan*da* kano.

Idi nakaluton, sinango*na* dagiti kaarruba*na*, sa*na* kinuna: "Naimbag man ta awan ti mayat a mangan, ta ne, nakaluto*ak*on."

"Sin' ti nagkuna a dia*k* kayat ti mangan, Ina? Saan*ak* a mabisin itay, ngem itay pay la daydiay. Ita ket, mabisin*ak*on," kinuna tay maysa.

"Di*yo* pay met sinaludsod no sinno ti mayat a mangan, Ina, sa*yo* ket ibaga itan nga awan ti mayat a mangan. Kayat*ko* a, ti mangan. Sinno met, aya, ti madi a mangan?" kinuna tay maikadua.

"Ket sika, imbaga*m* a di*mo* kayat ti mangan, ta awan ti ganas*mo*," impalagip ti baket.

"Uray siak met, kayat*ko* met ti mangan," kinuna tay maariek iti rugit.

"Kayat*ko* met ti mangan. Nagimas ti angot*na* dayta linuto*m*, Ina Baket," insaruno met tay lakay a naikkat a daras ti panaginkukubbo*na*.

"Adu ti linuto*m*, Ina Baket?" sinaludsod tay sadut a napardas nga immasideg iti baket.

"Dakayo ket, ta la mangmangan ti ammo*yo*," makaluksaw nga insungbat ti baket. "No awan ti anus, awan ti lamot," imparaipus*na*.

"Po unay metten, Ina Baket! Nagimot*ka* metten," inyebkas ni Tata Dianong. ♣

Kabsat 'sibling' is commonly used by Ilokanos as a generic term of address for friends and even strangers.

VOCABULARY STUDY

A. Go through the story again and list all the words that you don't know. Try to figure out their meaning from the context of the sentences in which they are used. Write a definition for each word as best you can. Don't worry about being wrong.

B. List the different ways of saying "said."

C. The list below consists of phrases and some common expressions that are frequently used by native Ilokano speakers. Often, set expressions like these do not translate very well into English. Study their use in the story carefully. Make sure you understand their meaning fully, so you know when and how to use them in conversation.

Now, practice using them in sentences of your own in the following exercise, then arrange your sentences in a coherent and meaningful dialog. Items in italics can be substituted with words in the same category. The first one is done for you.

1. saan a *siak* ___Saan a *sika* ti ay-ayaba*k*. 'You are not the one I am calling.'___
2. mandia*k* _____
3. ammo*k* kadi _____
4. *dakayo* laengen _____
5. adda kadi met _____
6. kas kinuna*k* _____
7. dispensare*m* _____
8. ay sus _____
9. 'mo*k* pay _____
10. uray pay no _____
11. ay, *siak* ket _____
12. uray *siak* met _____
13. *sin'* ti nagkuna _____
14. *itay* pay la _____
15. sa*mo* ket _____
16. met, aya _____
17. ta la _____
18. 'po unay metten _____
19. naimbag man ta _____

Lesson 1 - Pampambar

QUESTIONS FOR DISCUSSION

A. Ania ti kayatmo/dimo kayat kadagiti kaarruba*m*?
B. No sika tay baket, ania koma ti inaramid*mo* tapno maallukoy*mo* dagiti kaarruba*m* a tumulong kenka?
C. Ania ti nasursuro*m* iti daytoy nga istoria?

GRAMMAR NOTES

A. Concurrent-Action Structure: Verb-Linker-Verb

The compound predicate, *agkankanta nga aglutluto* 'singing while cooking' indicates two actions occurring at the same time. The actor generally appears after the first verb.

For example:

| Agsalsala*ak* a mangmangan. | 'I'm dancing while eating.' |
| Agsarsarita ni Juan a matmaturog. | 'Juan is talking while sleeping.' |

Likewise, with the use of a linker, an Adjective or Stative Verb is joined to the second verb, furnishing a description of the subject while the action is going on.

For example:

| nakakidem a magmagna
sikikidem a magmagna | 'walking with eyes closed' |
| nakaisem a kumitkita
siiisem a kumitkita | 'looking with a smile' |

Recall that the linker *a* (preceding consonant-initial words) is a variant form of *nga* (preceding vowel-initial words).

Exercises

1. Give situations where two actions can be done simultaneously. Translate your sentences into English. The first sentence is done for illustration.

   Ilokano Sentence: Agwatwatwat*ak* nga agimemmemoria iti leksion*ko*.
   English Translation: 'I'm exercising while memorizing my lesson.'

   a. Ilokano Sentence: _____

      English Translation: _____

   b. Ilokano Sentence: _____

      English Translation: _____

2. Give situations where two actions cannot be done simultaneously.

   For example:

   Ilokano Sentence: Saan a mabalin ti aglangoy a matmaturog, malaksid no agtagtagainep*ka*.
   English Translation: 'It is not possible to swim while sleeping, unless you're dreaming.'

   a. Ilokano Sentence: _____

      English Translation: _____

   b. Ilokano Sentence: _____

      English Translation: _____

3. Translate these sentences into Ilokano.

   a. My niece always reads while eating.

      Kanayon nga agbasbasa a mangmangan ti kaanaka*k*.

Lesson 1 - Pampambar

b. My housemate always sings while bathing.

_____

c. I watch television while studying, that's why I don't understand what I'm studying.

_____

d. The man is sleeping with his glasses on.

_____

B. Pseudo-Verb: *ayat*

The noun, a*yat*, means 'love,' as in the song *Ti ayat ti maysa nga ubing, nasamsam-it ngem hasmin*. 'The love of a young person is sweeter than the jasmine flower.' It also means 'to love,' 'to like,' 'to want,' 'to desire.' Its Actor-Focus form is *mayat* and its Object-Focus form is *kayat*. *Mandiak* or *mandiak kayat* are variations of *saanko a kayat* 'I don't like/want,' but the former imply strong expressions of dislike.

For example:

Mayat a mangan dayta ubing.	'That child wants to eat.'
Kayat ti ubing ti mangan.	'The child wants to eat.'
Saan*ko* a kayat/Dia*k* kayat/Mandia*k* kayat ti mangan.	'I don't want to eat.'

Among Ilokano learners, the confusion arising from the use of the particle preceding the main verb is very common in such sentence types: 1. *Kayatko ti mangan* 'I want to eat,' and 2. *Kayatko a kanen ti adobo*. 'I want to eat the adobo.'

In sentence 1, the nominalized verb, *mangan*, is the Subject of the sentence, hence, the nominal marker *ti* is placed before the verb. Likewise, in sentence 2, the Object, *adobo*, is the Subject of the sentence, hence a marker is placed before it. In this sentence, the so-called Pseudo-Verb *kayat* functions like an Adverb modifying *kanen*, thus the linker *a/nga* is required to connect them. Similarly, in *Mayatak a mangan* 'I want to eat,' *a/nga* is required to link the modifying pseudo-verb *mayat* to the main verb *mangan*. The Compound Predicate is *mayat a mangan*, and the Subject is *-ak*.

Observe the Predicate and Subject of each of these sentences and examine the appropriate use of the linker in contrast to the marker.

Kayat*ko* ti agdigos.	'I want to take a bath.'
Kayat*ko* a digusen ti aso*k*.	'I want to bathe my dog.'
Mayat*ak* nga agdigos.	'I want to take a bath.'
* Mayat*ak* a digusen ti aso*k*.	

Other derivatives of this verb are *kaykayat* 'to prefer,' the Adjective *mayat* 'nice' (opposite: *madi*), and its comparative form *maymayat* 'better' (opposite: *madmadi* 'worse').

K aykayat*ko* ti agbasa ngem ti agbuya ti tibi.	'I prefer reading to watching television.'
Mayat ti agpasiar no mayat ti tiempo.	'It is nice to go out when the weather is nice.'
Madi ti mangan ti adu unay.	'It's not good to eat too much.'
Maymayat ti agpasiar no kalgaw.	'It's nicer to go out during the summer.'
Madmadi daytoy naala*k* a trabaho ngem dayta naala*m*.	'This job that I've got is worse than what you've got.'

In the question, *Sinno ti mayat a mangan?* 'Who wants to eat?' *sinno* would logically take *mayat*, since *mayat* is in Actor-Focus mode, and what is being sought is the actor. In *Ania ti kayatmo a kanen?* 'What do you want to eat?' *ania* would logically take *kayat*, since *kayat* is in Object-Focus mode, and what is being sought is the object. However, when the object is a person, as shown in the last two sentences in the table, the question word to use is *sinno*.

For example:

Sinno ti mayat a mangan? Negative: Sinno ti madi a mangan?	'Who wants to eat?' 'Who does not want to eat?'
Ania ti kayat*mo* a kanen? Negative: Ania ti saan-/di*mo* kayat a kanen?	'What do you want to eat?' 'What don't you like to eat?'
Sinno ti kayat*mo* a kuyugen? Sinno ti kayat*mo* nga ayaban?	'Who do you want to accompany?' 'Who do you want to call?'

Lesson 1 - Pampambar

Kayat and *mayat* can be inflected for tense, by inserting the Object-Focus past tense marker, *-in-* before the first vowel in *kayat*, and changing *m-* to *n-* in *mayat*.

For example:

| Kinayatna met laeng ti napan. | 'S/He wanted to go, anyway.' |
| Nayat met laeng a napan. | 'S/He wanted to go, anyway.' |

Exercises

1. Complete these sentences by inserting the linker *a/nga* or marker *ti* where appropriate.
    a. Kayat*ko* _____ gumatang iti tiket ti konsierto.
    b. Kayat*mi* _____ dagasen ti gayyem*mi* idiay balay*da*.
    c. Sinno ti mayat _____ agbakasion intuno Paskua?
    d. Mayat*kami* _____ mangan iti bindonggo idiay restauran ti Ilokano.
    e. Ania ti kayat*yo* _____ basaen?
    f. No kayat*mo* _____ iyawid dayta, alae*mo*n.
    g. Mano ti kayat*mo* _____ bayadan?
    h. Apay kayat*mo* _____ pumanawen?
    i. Mayat*kayo* kadi _____ kumuyog kadakami?
    j. Mano ti mayat _____ agubra ita?

2. Translate these sentences into Ilokano.

    a. I want to buy some food at the Chinese restaurant.
    _____

    b. I want to do what you are doing, too.
    _____

c. Who wants to go strolling?

   _____

d. Where do you want to go, Paris or Rome?

   _____

e. I want to read my lesson because I have an exam tomorrow.

   _____

f. What do you want to do?

   _____

g. I don't want to go gallivanting because I don't want to waste my time.

   _____

3. Fill in the gaps in the sentences with the missing phrases. Use the English translation to guide you in your answer.

   a. Kayat*ko* _____ idiay baybay ta napudot ditoy.

      'I want to go to the beach because it is hot here.'

   b. Kayat*ko* _____ daytoy bagasen, tapno makapangan*tayo*n.

      'I want to cook this rice now, so we can eat now.'

   c. Sinno _____ nga agbuya iti sine itattan? 'Who wants to see a movie now?'

   d. Sinno _____ a Presidente idi ti Estados Unidos, ni Apo Presidente Clinton wenno ni Apo Presidente Kennedy? 'Which U.S. president do you like better, President Clinton or President Kennedy?'

e. Dia*k* kayat _____ no napudot ti tiempo, ta dia*k* kayat ti agling-et. 'I don't want to exercise when the weather is hot, because I don't want to perspire.'

f. Dia*k* kayat _____ dayta nabangles a sida ta dia*k* kayat ti agsakit. 'I don't want to eat that spoiled dish, because I don't want to get sick.'

g. _____! Mariek*ak*! 'I don't like that! It makes me feel icky.'

h. Ania _____ a prutas, ti ubas wenno ti mansanas? 'Which fruit is better, grapes or apples?

C. Perfective Tense: *naka-, nakapag-, na-, nai-, na--an*

The Actor-Focus affixes *naka-*, *nakapag-* and their Object-Focus counterparts *na-*, *nai-*, and *na--an* express completed action. The adverbial particles *-en*, *-n*, or *-on*, which mean 'already' in positive sentences, and 'anymore' in negative sentences are usually attached to these verbs. Without these adverbial particles, they could be interpreted as Abilitative or Accidental Verbs. In an exchange, the negative response uses *pay* 'still,' 'yet.'

The Simple Perfect tense, *Nagdigoskan*? 'Did you take a bath already?' indicates expectation that the actor will complete the act; whereas the Perfective, *Nakadigoskan*? 'Have you taken a bath?' presupposes expectation that the act will be performed after other activities have been completed. *Nakapag-* functions in the same way as *naka-*, except that it is usually attached to verbs that take *ag-*.

For example:

Nakadigos*kan*?	'Have you taken a bath (already/yet)?'
Negative Response: Saan pay.	'Not yet.'
Positive Response: Wen, nakadigos*ak*on.	'Yes, I have taken a bath.'
Naluto kadi ti ikanen?	'Is the fish cooked (already/yet)'
Naipakni*yo* kadi dagiti lupoten?	'Have you put away the clothes (already/yet)?'
Saan pay a nalabaan dagita mureng.	'Those dirty clothes have not been laundered yet.'
Nakadaita*k* iti bado*k*.	'I was able to sew myself a dress.'
Ay, dispensare*m*; naikka*k* ti asin ti kape*m*.	'Oh, sorry; I accidentally put salt in your coffee.'

Exercises

1. Complete the sentences to form the responses to the questions. Be sure to use the Perfective forms in your responses.

   a. Nakasukat*kan*, Balasang*ko*?

      Wen, Nana, nakasukat*ak*on.   .

   b. Nalabaa*m* dagiti unipormemo*n*?

      Saan _____ .

   c. Naibelleng*mo* ti basuran, Ading?

      Wen, Manang, _____ .

   d. Saansa pay a nadalusan daytoy datar, a, Nakkong?

      Samman, Inang, _____ .

Lesson 1 - Pampambar

e. Nabuya*m* kadi tay baro a sinen?

   Saan, _____.

f. Nakagatang*ka* kadi iti pangaldaw*mo*n?

   Wen, _____.

g. Saan*ka* kadi pay a nakapagmatrikula?

   Samman, _____.

h. Nakalugan*ka* iti eroplanon?

   Saan, _____.

2. Choose five activities that have been completed by you, and five by someone else, and write them in complete sentences. Do not forget to attach the adverbial particles, *-n*, *-en*, and *-on*.

   a. nakaluto

   _____

   b. nakapangan

   _____

   c. nakadalus

   _____

   d. nakalpas

   _____

   e. naisagana

   _____

   f. naibelleng

   _____

g. nadalusan

_____

h. nasagadan

_____

i. nakan

_____

j. nabasa

_____

k. naikkat

_____

WRITING PRACTICE

Write a letter of apology addressing any of the following situations. Give an elaborate explanation of your excuses.

A. You are late for class.
B. You did not pay your debt on time.
C. You missed a meeting.
D. Your paper is late.
E. You did not show up for your surprise birthday party.
F. You did not do your assignment for the day.

FLUENCY PRACTICE

A. Choose a conversation partner and verbally express the apologies that you wrote in the Writing Practice above. Explain to the other party your reasons for not fulfilling your commitment, or why you failed to show up for the event.
B. Tell the story *Pampambar* rap style. "Produce" it with your group.

CULTURAL ACTIVITIES

Pagsasao

Translate the sayings, then connect the words and phrases to explain them. Each cluster makes up a sentence, and each saying may have one or more explanations.

**Awan ti adayo no gusto;
awan ti narigat no kayat.**

- Itarus*mo* iti Inggles:

  _____

- Pagsisilpue*m* dagiti balikas a nailista, tapno mabukel*mo* ti kaipapanan ti pagsasao. Isurat*mo* ti binukel*mo* a sarita iti linia iti baba:

  1. no kayat*mo*
  2. ti agtrabaho
  3. ti narigat
  4. awan
  5. a trabaho

- Isurat*mo* ti binukel*mo* a palawag ti pagsasao ditoy:

  _____

**Ti hardin a napnot' ruot,
hardin ti tao a nasadut.**

- Itarus*mo* iti Inggles:

  _____

- Pagsisilpue*m* dagiti balikas a nailista, tapno mabukel*mo* ti kaipapanan ti pagsasao. Isurat*mo* ti binukel*mo* a sarita iti linia iti baba:

    1. awan urnos
    2. ti tao
    3. ti biag*na*
    4. a nasadut

- Isurat*mo* ti binukel*mo* a palawag ti pagsasao ditoy:

    _____

    **Ti nakersang a dakulap,
    isu ti dalan ti pirak.**

- Itarus*mo* iti Inggles:

    _____

- Itarus*mo* dagiti dagiti balikas a nailista, sa*mo* pagsisilpuen ida, tapno mabukel*mo* ti kaipapanan ti pagsasao. Isurat*mo* ti binukel*mo* a sarita iti linia iti baba:

    1. a nagaget
    2. mabalin*na*
    3. ti tao
    4. ti biag*na*
    5. a mapaimbag

- Isurat*mo* ti binukel*mo* a palawag ti pagsasao ditoy:

    _____

**Ti adda inmula*na*,
addanto met apiten*na*.**

- Itarus*mo* iti Inggles:

  _____

- Itarus*mo* dagiti balikas a nailista, sa*mo* pagsisilpuen ida, tapno mabukel*mo* ti kaipapanan ti pagsasao. Isurat*mo* ti binukel*mo* a sarita iti linia iti baba:

  1. no adda
  2. no agurnong*ka*
  3. adda magasto*m*
  4. masapul*mo*

- Isurat*mo* ti binukel*mo* a palawag ti pagsasao ditoy:

  _____

  1. iti naimbag
  2. no agaramid*ka*
  3. iti kinaimbag
  4. masubalintan*ka* met

- Isurat*mo* ti binukel*mo* a palawag ti pagsasao ditoy:

  _____

Burburtia
A. Translate these riddles in order to understand them. Memorize them so you can use them for fun in your social conversations.
B. Insert the missing letters to form the answers to the riddles.
C. Bring other Ilokano riddles to enjoy in class.

**Saan nga ari, saan a reyna,
ngem apay a nagkorona?**

- Itaru*smo* iti Inggles:

  _____

- Tulong iti Panangsungbat:

  1. Makatudok ti korona*na*.
  2. No maminsan, nasam-it; no maminsan, naalsem.
  3. Nagbukel.
  4. Makabudo.

- Ania ti sungbat*na*? | p | | n | | a |

**Saan nga animal, saan a tao,
ngem addaan puso.**

- Itaru*smo* iti Inggles:

  _____

- Tulong iti Panangsungbat:

  1. Sabong ken bunga.
  2. Adu ti ramay*na*.
  3. Nasugpet.
  4. Natirad ti murdong*na*.
  5. No dumakkel, saba.

- Ania ti sungbat*na*?   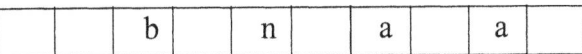 | | b | | n | | a | | a |

Lesson 1 - Pampambar

Kansion

A. Memorize the song below, so you can sing it with gusto.
B. Just for fun rewrite the lyrics, substituting other plants or vegetables for the ones enumerated here. Try to maintain the same rhythm.

Ti Kalapaw

Melody: *"Bahay Kubo"*
Ilokano Adaptation: Precy Espiritu

Ti kalapaw, uray bassit
Dagiti mulmula, ket nadumaduma.
Singkamas ken tarong, pallang ken mani
Paria, parda, patani.

Tabungaw, katuday, utong, karabasa.
Sa adda pay okra, rabanos, mustasa
Sibulias, kamatis, bawang ken laya
Iti lawlaw, napno ti lengnga. ♣

C. Draw the grass hut and the vegetable garden and trees around it. What fruit trees would you have in the yard? What vegetables would you have in the plots? At the bottom of your drawing, list the plants and trees you planted.
D. Enumerate the vegetables that were mentioned in the story. Describe in Ilokano their color, texture, shape, and taste. Choose the words that apply to each of the vegetables.

- color:
    berde   nalabbaga
    puraw   lila
    amarilio   kayumanggi, kolor itsa, kolor kape
    naranghado   nangisit

- texture:
    nakuretret   napino
    natangken   nasarangsang

Lesson 1 - Pampambar

- *shape:*
    nagbukel   kudrado
    trayanggulo   korte ti itlog
    atiddog   natirad

- *taste:*
    nasam-it   nagasang
    nasabeng   nananam
    napait   nagalis

E. What units of measure are used for each vegetable mentioned in the song when sold in the market? (e.g., *sangareppet* 'one bunch'; *saggaysa* 'one by one'; *sangaatado* 'one pile'; and so on.)
F. What vegetables can be used as garnish? Explain how they are used.
G. Enumerate the vegetables that can be used to make fresh salad.
H. Enumerate the vegetables that can be pickled.
I. List the vegetables in the song that can be combined to make a cooked Filipino dish. Write the recipe for that dish.

CULTURE NOTES

The *Tagnawa* is an Ilokano cooperative work system in rural areas or barrios (now called *barangays*) in which members of the community voluntarily get together to work on projects, like building a house, constructing a road, community centers and others. Usually the men do the heavy work, like carrying wood and other construction material, and building the structures. The women cook and provide meals for the men and clean up the place afterward.

The values that such a cooperative system develops are mutual assistance and community spirit. These values came about, because in very remote areas, sources of governmental and other assistance for community projects are not available, so people have to rely on their own resources. Therefore, a community system of cooperation becomes a way of life. This results in a fuller community, which the *Tagnawa* system signifies. This Ilokano work system has its equivalents in other regions such as *Bayanihan* in Tagalog, and *Hinabangay* in Cebuano.

LESSON 2

NI JUAN PILIO

READING

Pre-Reading Discussion
A. How do Americans and Filipinos raise and discipline their children? What is the philosophy behind their child-rearing methods and practices?
B. What role does the school play in child-rearing in the Philippines? In the United States? What role does the church play? What is the public discussion about this issue?
C. What are the laws in the United States regarding the treatment of children? What effects do they have on children? On parents? What do you think of these laws?
D. A Filipino sociologist once said, "Raise your child twenty years before s/he is born." Interpret in Ilokano what this means.

Reading Tasks
A. Read the story, then find the answers to these questions.
1. Ayan ti saba idiay sirok ti balay?
2. Ania ti itsura ni Juan idi nagtugaw iti daga?
3. Ania ti inaramid*na* idi nagtugaw iti daga?
4. Idi naibus*na* ti dua a saba, ania ti inaramid*na*?
5. Sakbay nga immuli ni Juan, ania ti inaramid*na*?
6. Idi nakauli idiay balay*da*n, ania ti inaramid*na*?
7. Kalpasan nga inted*na* ti saba kenni Nanang*na*, ania ti inaramid*na*?
8. Ania ti inaramid ni Juan idi agsuysuyaab?
9. Ania a naata a saba ti pinili ni Juan?
10. Ania ti inaramid ni Juan idi imbaga*na* a saan kano a kusinero isuna?

11. Ania ti magusgustuan ni Juan nga ar-aramiden kenni Nang*na*?
12. Ania ti kasursuron ni Nana Lulit nga ar-aramiden ni Juan kenkuana?
13. Apay a kasdiay ti ugali ni Juan?
14. Maikamano ni Juan kadakuada nga agkakabsat?

B. Divide the story into three sections, then develop three analysis questions for each one.
C. Read the story again, focusing on the things Juan said or did that made his mother angry. List five characteristics of Juan based on his behavior, then mention three reasons why you might like him, and three reasons why you might not. Share your observations in class.
D. Read the story again. This time, characterize Nana Lulit.

STORY

Ni Juan Pilio

Agap-apura nga aglutluto ni Nana Lulit idiay kusina. Nakaidda met ni Juan iti papag iti salas*da*.

"Juan, in*ka* man 'diay baba, ta mangala*ka* ti saba nga ilaok*ko* ditoy ensalada a prutas," imbaon ti ina*na*.

"Aguray*kayo* bassit ta matmaturog*ak*," kinuna ni Juan, a dagus a nagkidem. Nakaisem a naginturturog.

Kanayon a kastoy ni Juan. Magusgustuan*na* a sutsutilen ni Nang*na*. Nakapilpilio unay. Napanuynuyan ngamin, gapu ta isu ti buridek. Amin a kayat*na* idi ket maited latta.

"Di*ka* man mangluku-luko. In*ka*n, ta masapul*ko* itan. Darse*m*!" indagdag ti baket, a madama nga agkarkaros iti naganos a niog. Naisagananan dagiti dadduma a prutas. Daydiay saba laengen ti kurang*na*.

Saan nga impangag ni Juan ti ina*na*. Saan*na* a sinungbatan. Kasla awan ti nangngeg*na*. Saan a bimmangon. Intuloy*na* latta ti nagidda. Saan a napan idiay ruar. Saan a napan nangala ti saba. Nagennat, sa nagsuyaab iti

iti nakapigpigsa nga intultuloy*na* nga inkankanta.

"In*ka*n, kuna*k* ket! Darse*m*!" imbugkaw ni Nana Lulit iti baro, sa*na* inablatan iti iggem*na* a rigis, ngem saanna a pinuntaan.

Bimmangon a daras ni Juan, ngem saan a timmakder. "Wen, 'Nang, mapan*ako*n," insungbat*na* a mangsutsutil ti timek*na*.

Idi kuan, nagennat, sa nagin-inayad a timmakder, a kasla aglaladut. Linuktan*na* ti ridaw, rimmuar, sa immulog iti agdan nga agsagsagawisiw. Napan iti sirok ti balay. Nagtugaw iti daga. Nakatangad a mingmingmingan*na* ti saba.

Idi kuan, timmakder a kasla naikeddeng*na*n no ania ti aramiden*na* iti saba. Nangngeg*na* manen ti timek ni Nanang*na* a mangdagdagdag kenkuana. Pimmuros iti maysa a naluom a saba iti bulig a naibitin iti maysa a lansa. Inukisan*na*, sa*na* kinnan. Nangala manen iti maysa, inukisan*na*, sa*na* kinnan. Idi naibus*na* ti maikadua a saba, nagtig-ab iti nakapigpigsa. Kalpasan*na*, pimmuros manen iti

Lesson 2 - Ni Juan Pilio

maysa, immuli, inyawat*na* kenni Nana Lulit, sa timmallikod nga agsuysuyaab.

"Apay a daytoy naata ti innala*m*? Pinili*m* pay tay kabassitan," inyunget ti baket.

"Ket no di*yo* met imbaga a naluom gayam ti kayat*yo*," inkalintegan ni Juan, a saan man laeng a timmaliaw.

"Langgong! Adda kadi agisalsalad ti naata a saba?" kinuna ni Nana Lulit, a makapungtoten.

"'Mok pay! Saan*ak* met a kusinero," insungbat ni Juan nga agtantanabutob.

"Ni, pilosopo daytoy, a! Di*nak* sungba-sungbatan iti kasta, ta pirme a makapungtot*ak*on. Ala, agsubli*ka* idiay baba, ta in*ka* alaen dagiti dua a naluom idiay," kinuna ni Nana Lulit.

"Awan ti naluom idiayen," insungbat ni Juan.

"Ania nga awan? Dua a dadakkel ti nakita*k* itay immulog*ak*," impapilit ni Nana Lulit.

"Adda itay, ngem awan itan," insungbat ni Juan.

"Apay?" sinaludsod ni Nana Lulit.

"Kinnan*ko*n, a, ta mabisin*ak* ngamin," insungbat ni Juan.

Ablatan koma ni Nana Lulit ni Juan iti sagad, ngem napardas a nakaadayo. Idiay bangir ti kalsada, mangngeg pay laeng ti makapungpungtot unayen a timek ti baket.♣

VOCABULARY STUDY

A. List ten new words that you would use frequently. Examine the words with your group, then decide on the topic that you would talk about. Use the words to create conversation.

B. Write in English the meaning of these communication words as used in the story.

1. imbaon _____

2. kinuna _____

3. imbugkaw _____

4. insungbat _____

5. inyunget _____

6. inkalintegan _____

7. impapilit _____

8. sinaludsod _____

C. *Paris-Paris*. Match the words or phrases in Column I with the clues in Column II, and write the corresponding number in Column I.

I	II
__ makaunget	1. no apay nga awanen ti naluom a saba
__ kinnan*na*	2. ti ibaga ni Nana Lulit no agsungba-sungbat ni Juan
__ langgong	3. ti kasupadi ti madamdama
__ kinnan ni Juan	4. ti nangalaan ni Juan iti saba
__ agsagsagawisiw	5. ti kukuaen ni Juan
__ nasugpet	6. ti rikna ni Nana Lulit

Lesson 2 - Ni Juan Pilio

___ itan
___ aguray*kayo*
___ adda iti sirok ti balay
___ kusinero
___ naklaat
___ ilaok*na* iti salad
___ agtantanabutob
___ pilosopo daytoy, a
___ nasukir
___ ablatan*na*
___ lansa
___ nagin-inayad
___ sutilen*na* ni Nanangna
___ iti bulig

7. isungbat ni Juan daytoy no mabaon
8. ti raman ti naata a saba
9. ti mangirurumen nga awag kenni Juan
10. ibaga ni Juan a saan nga isu daytoy
11. daytoy ti reaksion ni Juan idi binugkawan ni Nanang*na*
12. ti aramiden koma ni Nana Lulit kenni Juan ngem napardas a nakalibas ni Juan
13. ti ugali ni Juan
14. ti ar-aramiden ni Juan no ungtan wenno ibaon ni Nanang*na*
15. ti aramiden koma ni Nana Lulit iti naluom a saba.
16. ti nakaibitinan ti saba
17. no apay awanen ti naluom a saba
18. no kasano a timmakder ni Juan
19. ti panagsasao ni Juan a saan unay a mangngeg
20. no ayan ti bulig ti saba

D. Translate into English.

1. Aguray*kayo* bassit.

   _____

2. Di*ka* man agluku-luko.

   _____

3. In*ka*n, kuna*k* ket!

   _____

4. Ket no di*yo* met imbaga.

   _____

5. 'Mo*k* pay!

   _____

6. Ni, pilosopo daytoy, a.

   _____

7. Di*nak* sungba-sungbatan iti kasta.

   _____

E. Fill in the blank with the word or phrase that fits the context of the sentence. Make sure the word is in its correct form.

1. Nasapa*ak* a <u>nagidda</u> iti katre*k* itay bigat, ngem saan*ak* a naturog.

2. Aguray*ka* man _____ ta mangmangan*ak* pay.

3. Kanayon nga _____ ni ading*ko*, isu nga kanayon a maung-ungtan.

4. Saan a nakakidem ti ubing; _____ laeng.

5. _____ -*na* dagiti takiag*na*, sa nagennat.

6. Masansan a _____ ni Nana Lulit ni Juan, ta nakasadsadut nga agkuti.

7. _____ ni Nanang*na* ti pilio nga ubing.

8. Idi nalpas a nangan ni Juan, _____ iti nakapigpigsa.

9. _____ ni Juan ti saba, sa*na* kinnan.

10. Pinuros ni Juan dagiti saba iti _____ a naibitin iti lansa iti sirok ti balay.

Lesson 2 - Ni Juan Pilio

F. Using the words from the list below, respond to the commands.

agdalos	agkusilap	agdayamudom
agpangkis	agpunas	agsurat
agsaludsod	agmisuot	agsagki-sagking
agpilay-pilay	agsao	agtanabutob
agkabil	agkubbo	agdiretso
agluto	agsagad	agbangking
agkidem	iyarasaas	agragsak
agladingit	binugkawan	agluku-luko

List the words that have to do with...
1. work.
2. behavior.
3. bodily movement.
4. physical handicap.
5. speech.
6. balance.
7. feeling.

G. Choose the word from the list below that completes each of the sentences.

bugguan	dalusan	basaen
kaduaen	lampasuen	kuyugen
pilien	iggaman	dagdagen
iwaen	labanan	kagaten
abaken	dugsulen	guyuden

1. _____-to ti boksingero ti kalaban*na*.

2. Kanayon a _____-*na* ni Nanangna no agsiaping*da*, ta kayat*na* a mapan*da* idiay paglakuan ti ay-ayam.

3. Nalaka a _____ ti komiks.

4. Saanna a _____ ti kanenna, ta saan a nakusim.

5. _____-na ti karne, sakbay a lutuenna.

6. Kayatdak a _____, no mapanak agbuya ti sine.

7. No _____-naka ti bampira, agbalinka met a bampira.

8. _____-na ti datar, intuno malpas nga agsagad.

9. _____-da ti tengnged ti baboy no partienda.

H. Put a check [✓] in the box for good behavior, and a cross [✗] for bad behavior, then write on the line the word or phrase that makes it good or bad.

❑ _____ Ilemmengmo ti anteohos ni adingmo.

❑ _____ Bayadam dagiti utangmo.

❑ _____ No saan nga ammo ni adingmo ti leksionna, isurom ti aramidenna.

❑ _____ Ipapilitmo ti kaykayatmo.

❑ _____ Isublim dagiti binulodmo.

❑ _____ Iwaram dagiti ramramitmo.

I. Circle the word that does not belong in the set and translate it. If all the words in the set are the same or similar in meaning, circle the number of the set and write the common meaning in English.

1. bugkawan   bugtakan   bugawan   _____

2. kol-apan   ayaban   awagan   _____

Lesson 2 - Ni Juan Pilio

3. sagadan abangan punasan _____

4. dagdagen apuraen dardarasen _____

5. gandaten bennaten unnaten _____

6. adayuan panawan sublian _____

7. aywanan bantayan balakadan _____

8. balkuten buluden bungunen _____

9. lukatan ukisan iggaman _____

10. iduron idengdeng idulin _____

J. *Paris-Paris.* Match the word in Column I with its opposite in Column II, and write the corresponding number in Column I.

I	II
___ irikep	1. mangitedda
___ imulagat	2. ilukat
___ ibusen	3. ikidem
___ ited	4. alaen
___ saan nga ikaskaso	5. denggen, ipangag
___ naulimek	6. natagari/naringgor

QUESTIONS FOR DISCUSSION

A. Agkapin-ano da Nana Lulit ken Juan?
B. Ania ti ar-aramiden ni Juan idi binaon ni Nanang*na*? Ania ti imbaon*na* iti baro*na*?
C. Ayan dagiti saba? Iladawa*m* ti ayan*na*. Para ania dagiti saba nga ipapaala ni Nana Lulit?
D. Ania ti inaramid ni Juan idiay sirok ti balay? Apay?
E. Apay a naungtan ni Juan idi nagsubli kenni Nanang*na*? Ipalawag*mo*.
F. Ania ngaruden ti aramiden ni Nana Lulit, ita ta awanen ti naluom a saba?
G. Anianto ngata ti aramiden ni Nana Lulit kenni Juan intuno agawid, gapu iti kinasukir*na*?
H. Anianto met ngata ti aramiden ni Juan intuno agsubli idiay balay*da*?
I. No sika ni Nana Lulit, ania ti aramide*m* intuno agsubli ni Juan?
J. No sika ni Juan, ania ti aramide*m* intuno agsubli*ka* idiay balay*yo*?
K. Ania ti gapu*na* a nakasuksukir ni Juan? Ipalawag*mo* no kasano*da* ngata a pinadakkel ni Juan.
L. Ayan*na* ngata ti Tatang ni Juan?

GRAMMAR NOTES

Object-Focus Verbs: *-en, -an, i-*

The Object-Focus Verbs *-en*, *-an*, and *i-*, sometimes referred to as Patient-Focus and Goal-Focus Verbs, differ from the Actor-Focus Verbs *ag-*, *mang-*, *-um-*, and *ma-* in these ways: Some of the Actor-Focus Verbs are intransitive (not requiring an object), and those that are transitive (requiring an object) have indefinite objects. On the other hand, all Object-Focus Verbs are transitive, and their objects are definite. A definite object is one that is known to both speaker and hearer.

For example:

In*ka* alaen tay kotse idiay pagparadaan.	'Go get the car in the parking lot.'
Mangala*ka* iti kotse idiay pagparadaan.	'Go get a car in the parking lot.'
Gumatang ni Belinda iti malukong.	'Belinda will buy some bowls.'
Gatangen ni Belinda dagiti malukong.	'Belinda will buy the bowls.'

In the first sentence, the hearer knows exactly what the speaker is referring to, and there is no need to describe it for him or her. S/He will get the car. In the second example, however, neither the speaker nor the hearer knows which car the hearer will get. Just that the hearer will get a car, any car.

Another distinction between Actor-Focus and Object-Focus Verbs is partiality versus totality of object. Actor-Focus Verbs have partially affected objects, while Object-Focus Verbs have totally affected objects, the difference, for example, between a reference to "some bowls," partially affected, which means only some, not all, and "the bowls," totally affected, which means all of the bowls.

The differences among Object-Focus Verbs are determined by the meaning of the root word, hence, one needs to know which verbs take which affixes, and some of them overlap in usage. In many instances, *-an* seems to perform a prepositional function.

For example:

ikkatan	'to take away from'
ikkan	'to give to'
Ikkata*m* dayta kamatis.	'Remove some from the tomatoes.'
Ikkan ni Josie ti kuarta ni Clem.	'Josie will give some money to Clem.'

The verb *-an* is also used in most cleaning verbs, *innawan,* 'to wash dishes,' *punasan* 'to wipe,' *dalusan* 'to clean,' *ugasan* 'to wash,' *labaan* 'to launder,' *balnawan* 'to rinse,' and so on.

Below are sentences contextualizing the Object-Focus Verbs.

Binasa*na* ti libro*na*.	'S/He will study her/his book.'
Apay a kinatawaan*da* daydiay ubing?	'Why are they laughing at the child?'
Sinagadan*yo* kadi ta datar.	'Did you (pl.) sweep the floor.'
Ibelleng*mo* ti basura.	'Throw that garbage out.'

*ta is the short form of *dayta*, but unlike *dayta*, it cannot stand alone as a predicate or subject.

All three Object-Focus verbs are marked by *-in-* for past tense, but *-in-* is infixed before the first vowel of the root in the *-en* verb, with *-en* deleted; it is infixed before the first vowel of the root in the *-an* verb, and prefixed to the root of the *i-* verb.

Binasa*na* ti libro*na*.	'S/He read her/his book.'
Apay a kinatawaan*da* daydiay ubing?	'Why did they laugh at the child?'
Sinagada*m* ti datar.	'You swept the floor.'
Imbelleng*mo* ti basura.	'You threw out the garbage.'

In- becomes *im-* when followed by the bilabials *b, p,* or *m* as in *imbelleng* 'threw out,' *impisok* 'put into,' and *immatunan* 'led by.' When followed by *k* or *g*, it is pronounced *ing-*, although no spelling change is usually reflected. For example, *kinnanko* 'I ate' is pronounced *kinnangko, gingined* 'earthquake' is generally spelled with a single middle *g*, although it is pronounced with a double *g: ginggined.* For pedagogical purposes, however, it is spelled as it is pronounced in this book.

Exercises

1. Write the correct form of the verb in the blank space. Use the cues inside the parenthesis.

   a. Idi kalman, _____-*mi* ti napan idiay tiendaan, ta awanen ti bagas*mi*. Idiay ti paggatgatang*ak*, ta napintas tay bagas a _____-*ko* idiay idi. (dardarasen, gatangen)

   b. _____-*na* ti pangaldaw*na* idi nangrugin ti klase. (ibusen)

   c. Saan*na* a _____ ti balakad ni Nanang*na*. (denggen)

   d. _____-*na* ta nakabaybayag nga aggunay. (dagdagen)

   e. Nasakit ti buksit*na*, ta adu ti _____-*na*. (kanen)

   f. Manmano ti _____-*mi* a sabong idi. (alaen)

   g. Ania ti _____-*mo* idi malem-kalman? (aramiden)

   h. _____ ni Nana Lulit ni Juan ta nakatangtangken ti ulo*na*. (ungtan)

   i. _____-*na* ti naluko a barkada, kalpasan ti panagaapa*da*. (adayuan)

   j. _____-*yo* dagiti tawtawan? Nagpudot! (lukatan)

   k. _____ ni Tatang ti sinanpuso a kendi ni Nanang. (ikkan)

   l. _____-*na* dagiti agiinom a gagayyem*na* itay. (panawan)

m. _____ ni Myrna ti ridaw ta nakatagtagari idiay ruar. (irikep)

n. _____-*da* dagiti takiag*da*, sa*da* nagennat. (iyunnat)

o. Kayat a kanen ti pusa tay pindang itay, isu nga _____-*na* tay pindang. (ibitin)

2. Take a sheet of paper and write the continuous-action form of the verbs that you wrote above. Make the necessary changes in the sentence to reflect the change in the verb. Remember to reduplicate the consonant-vowel-consonant (cvc) of the root. Vowel-initial words will show a vowel-consonant (vc) reduplication.

WRITING PRACTICE

A. Imagine that the illustrations are pictures you took of the events in *Juan Pilio*. Examine them and write appropriate captions for each picture.

_____ _____ _____

_____ _____ _____

_____ _____ _____

B. Juan and Nana Lulit are each writing a letter complaining to their respective friends about each other. Write one of the letters.

FLUENCY PRACTICE

A. Stretch time exercise. Everyone stand up in a circle and take turns giving one of the commands below. For variation, surprise a participant by changing the pronoun and directing the command to the person being referred to. For fun, act it out with humor.

Agennat*tayo*.	Agin-inayad*tayo* a magna.	Pumuros*tayo* ti saba, sa*tayo* ukisan, sa*tayo* kanen.
Agsuyaab*tayo*.	Agkidem*tayo*.	Napardas nga ukisan*tayo* ti saba, sa*tayo* ibusen.
Aginsasangit*tayo*.	Aginkikidem*tayo*.	Iyawat*tayo* ti saba iti kaabay*tayo*.
Agtanabutob*tayo*.	Maklaat*tayo*.	Makapungtot*tayo*.

B. Take the role of Juan and choose a classmate to play the role of Nana Lulit. Dramatize the story.
C. You are Nana Lulit. Tell your version of the story to a friend, who will listen and offer some advice. What advice might s/he give if s/he were Filipino, American, Filipino-American, Chinese, Japanese, Samoan? (You may use other cultural groups.)
D. Improvise an argument between a parent and a son/daughter about any of these topics: dating, school, make-up, dress, friends, television watching, money, use of car, household chores, manners, or hygiene.
E. Choose a "talk-show host" and other participants, and simulate one of those daytime talk shows interviewing children who are out of control. Match up the "children" with their "parents," and have them go at it. Have a "child psychology expert" in the panel to provide behavioral analysis and a "police person" on hand to provide "crime statistics" and other information on youth crimes. Have the group improvise the scenes. You may do some research to provide factual information. You can also make it up.

CULTURAL ACTIVITIES

Pagsasao

A. Translate and explain the sayings and then answer the questions pertaining to each one.

> **Ti nasingpet ken nagaget,
> isut' matalek.**

- Itarus*mo* iti Inggles:

  _____

- Pagsisilpue*m* dagiti balikas a nailista, tapno mabukel*mo* ti kaipapanan ti pagsasao. Isurat*mo* ti binukel*mo* a sarita iti linia iti baba.

  1. magapuanan*na*
  2. no nagaget
  3. ti maysa
  4. nga adda
  5. manamnama*m*
  6. a tao

- Isurat*mo* ti palawag ti pagsasao ditoy:

  _____

  1. ti nakem*na*
  2. iti naimbag
  3. a naimbag
  4. ti tao
  5. manamnama*m*
  6. nga agaramid

- Isurat*mo* ti palawag ti pagsasao ditoy:

  _____

- Sungbata*m* dagitoy a saludsod:

    1. Aniat' kayat a sawen ti "matalek?" Kasano nga ammo*m* a matalek ti maysa a tao?
    2. Ania dagiti ug-ugali ti tao a saan a matalek?
    3. Iti istoria, ipalawag*mo* a nalaing no apay saan a matalek ni Juan.

        Awan ti bubon
        a saan a maatianan.

- Itarus*mo* iti Ingles

    _____

- Pagsisilpue*m* dagiti balikas a nailista, tapno mabukel*mo* ti kaipapanan ti pagsasao. Isurat*mo* ti binukel*mo* a sarita iti linia iti baba.

    1. iti panaggasto*m*
    2. ti kuarta*m*
    3. uray no kasano
    4. no saan*ka*
    5. met laeng
    6. maibusto
    7. ti kaadu
    8. a naannad

- Isurat*mo* ti palawag ti pagsasao ditoy:

    _____

- Sungbata*m* dagitoy a saludsod:

    1. Ania ti kaipapanan ti "bubon" iti daytoy a pagsasao?
    2. Kaano a makuna a "naatiananen" ti "bubon?"
    3. Umanamong*ka* kadi nga "awan ti bubon a saan a maatianan?" Ikalintega*m* ti sungbat*mo*.

B. Create a saying that reflects the theme of this lesson. Give it to another student, who will try to translate and explain it, or revise it. Then explain it yourself to see if their understanding of it sis the same as yours.

Burburtia

A. Translate the riddles, then figure out the answers to them from the descriptions below each one. Insert the missing letters to form the answers.

**Nagbado di met tao;
nagbulong di met kayo;
maukra-ukrad, maukag-ukag,
agsarita, agpadamag.**

- Tulong iti Panangsungbat:

    1. No maminsan nabengbeng; no maminsan, naingpis.
    2. No maminsan, nalag-an; no maminsan, nadagsen.
    3. No maminsan, dakkel; no maminsan, bassit.
    4. Adu ti impormasion*na*.

- Ania ti sungbat*na*? | l | | | | o |

**Papel a nakupin-kupin,
makaaramid iti angin.**

- Itarus*mo* iti Inggles:

_____

- Tulong iti Panangsungbat:

    1. Adda bassit; adda dakkel.
    2. Adda nangina; adda nalaka.
    3. Naaramid iti kayo; naaramid iti papel.
    4. No dadduma, naaramid iti plastik; no dadduma, naaramid iti kawayan.
    5. Makagin-awa no napudot.
    6. Makaited iti angin.

- Ania ti sungbat*na*? | p | | l | - | | d |

    **Iti rabii, takup-takop,
    iti aldaw, lussu-lussok.**

- Itarus*mo* iti Ingggles:

    _____

- Tulong iti Panangsungbat:

    1. Pagtan-awan.
    2. Pagserkan ti angin.
    3. Pagserkan ti lawag.
    4. Nadumaduma ti korte*na*.
    5. Parte ti balay.

- Ania ti sungbat*na*? | t | | | a |

Kansion

A. Identify metaphors in the song, and explain what the song is about. Memorize it so you can sing it in class and at other Ilokano events.
B. Break into groups and create new lyrics to the song. Make it funny.

Manong, Manong, Inka...

Melody: "Leron, Leron Sinta"
Ilokano Lyrics: Precy Espiritu

Manong, Manong, in*ka*
Agsukdal ti papaya.
Punue*m* daytoy labba
Ti dungngo ken regta.

D*imo* palubusan
A matukkol ta sanga
Ta daytoy ading*mo*
Ur-urayen*naka*. ♣

C. Agluto*tayo*
Divide into groups of three, and invent a recipe for a unique Filipino papaya dish. Demonstrate how to cook it in class. Happy eating.

Nagan ti Potahe	Wagas ti Panagluto
Dagiti Ramen*na*:	

CULTURE NOTES

The tendency to engage in an endless round of banter on a personal level with an almost unconscious aim to irritate someone in a naughty way is teasing. Among Filipinos it is neither uncommon nor nasty. Sometimes the teasing is done to test whether the other party has a short fuse, which is referred to in vernacular lingo as *arsagid*, denoting degrees of tolerance or ability to take the teasing. Culturally, then, one would be in tune with certain norms of sensitivity or tolerance if one can take the amount of banter or teasing that is going on. Teasing can go so far as to call people certain names or to call attention to their physical disabilities. Examples are *ni Pilay* for someone who is lame, or *ni Burtong* for someone with a pockmarked face. In some societies this could be taken as rude or mean, but in Filipino communities this is done as a matter of course without meaning to put down or wishing someone ill. It is not vicious. Some of the examples are cited only as descriptive instances. There is no attempt to excuse them.

The other instance in which some cultural explanation may be appropriate has to do with gender. In the story detailed above regarding Juan, he is so full of antics and mischievous behavior that his mother ends up calling him *Langgong* and *Pilosopo*. These terms that seem like put-downs are usually applied to boys, because boys are expected to naturally exhibit naughty behavior that irritates others. The irritation or name-calling does not carry the weight of condemnation, but is sometimes even done in an affectionate or light-hearted manner. Girls are normally not treated in this manner because they are socialized into proper behavior, deviation from which is usually not tolerated.

The story also underlines the commonly observed tendencies of certain personalities popularly known as *pilosopo*. In the story, Juan usually contradicts what is being said just for contradiction's sake. Originally, this *pilosopo* is commended as someone who can dish out some words of wisdom regarding current issues. The usage is derived from "philosopher," thereby connoting uncommon wisdom, high intellect, and sensibility.

LESSON 3

TI NASUBEG KEN MAAG A PIEK

READING

Pre-Reading Discussion
A. Have you had a problem you could not solve? Whom did you go to for help? How was it resolved?
B. If you were going through a crisis, whom would you go to for help in a non-Western society like the Philippines? In a Western society like the U.S.? How is it done in these societies?

Reading Tasks
A. Answer the questions in brief and simple sentences. You will need to read the story more than once, since the questions are not arranged according to the sequence of events in the story. If possible, use the appropriate vocabulary in the story that directly corresponds to the question, so that you can become familiar with those words.
 1. Ania ti Ilokano ti "serves you right?"
 2. Idi sinitsitan ti upa ti piek, ania ti saan*na* nga inaramid?
 3. Kasano nga inayaban ti upa ti piek?
 4. Sadinno koma laeng ti pagay-ayaman ti piek?
 5. Ania ti saan a dinengngeg ti piek?
 6. Ania ti kabuteng ti upa a mabalin a mapasamak iti piek?
 7. Idi nakaadayon ti nasubeg a piek, ania ti nasarakan*na*?
 8. Ania ti masapul nga aramiden ti piek tapno makapan idiay bangir ti pilaw?
 9. Idi inayaban ti piek ti pato, timmaliaw daytoy, ket ania ti inaramid*da* a dua?
 10. Ania ti nadlaw ti pato iti rupa ti piek?

11. Apay a kasla agpakpakaasi ti piek iti kasasao*na* a pato?
12. Ania ti kayat ti pato nga aramiden ti piek?
13. Ania ti sagpaminsan nga ar-aramiden ti piek no agsapul iti kanen*na*?
14. Ania ti saan nga inaramid ti piek iti kaarruba?
15. Idi nakadanon ti danom iti tumeng ti piek, ania ti inaramid*na*?
16. Sadinno ti napanan ti piek idi nagin-inut a pimmanaw?
17. Apay kano a nalaka laeng a lasaten ti pilaw?
18. Nagdardaras a nagsubli ti piek, ta nagbuteng. Sadinno ti nagsublian*na*?
19. Ania ti umuna nga ayup a limmabas?
20. Apay kano a makiay-ayam ti piek kadagiti gagayyem*na*?
21. Ania ti ar-aramiden ti piek, idi agsangsangit a madanagan?
22. Ania ti maikadua nga ayup a limmabas?
23. Ania ti kinita ti piek, idi sapsapulen*na* ti dalan a mapan idiay balay*da*?
24. Ania a dalan ti sapsapulen*na*?
25. Ania ti saan*na* a malagip?
26. Idi pimmanaw ti paton, ania ti simmaruno a limmabas?
27. Ania ti impukkaw ti piek?
28. Apay a madanagan ken agsangsangit ti piek? Ania ti panpanunuten*na*?
29. Idi simmaruno ti piek iti pato, kasano ti pinnagna ti pato?
30. Ayan ni Nanang*na*, idi nangngeg ti piek ti timek*na*?
31. Ania ti imbaga ti piek a gapuna no apay a saan*na* a malasat ti pilaw?
32. Ania ti imbaga ni Nanang*na* nga aramiden*na*, tapno maballasiw*na* ti pilaw?
33. Idi linawlaw ti piek ti pilaw, ket nakadanon idiay bangiren, ania ti narikna*na*?
34. Inapput ti piek ti ania a parte ti bagi*na*?
35. Ania ti naiyebkas ti piek, idi nakita*na* ni Nanang*na*?
36. Ania ti kinuna ti upa idi pinagungtan*na* ti piek?
37. Ania ti inaramid ti piek iti upa?
38. Ania ti inriyaw ti piek idi sinippit ni Nanang*na*?
39. Ania ti imbugkaw ti upa iti piek?

B. Read the story again, observing the behavior of the chick. Note and explain in Ilokano the part of the story that tells you about its...

- ... stubbornness?
- ... carefree attitude?
- ... ineptness?

List words or phrases that describe or imply the chick's traits mentioned above.

C. With your group, list words that can help you tell the story episodically.
D. List words that you can dramatize. Have fun dramatizing them for each other.
E. Find and list 10 nouns that you can pantomime creatively. Have the class guess the words as you act them out.

STORY

Ti Nasubeg Ken Maag A Piek

Iti maysa nga aldaw, agay-ay-ayam ti maysa a piek iti arubayan*da*. Idi kuan, rimmuar iti arubayan. Nagin-inut a napan iti kakaykayuan. Sinitsitan ni Nanang*na*. Tinaliaw*na* ni Nanang*na*, ngem saan*na* nga inkaskaso. Sinitsitan manen ni Nanang*na*, ngem di*na* latta inkaskaso.

"Agsubli*ka* ditoy. Di*ka* umad-adayo ta amangan no maiyaw-awan*ka*. Baka di*ka*nto makasubli ditoy ayan*tayo*n," imballaag ni Nanang*na*.

Ngem intultuloy latta ti piek ti nagay-ayam iti ruar ti arubayan. Saan*na* a sinungbatan ni Nanang*na*.

"Agsubli*ka* ditoy. Di*ka* umad-adayo. Agay-ayam*ka* latta ditoy sibay*ko*," kinuna manen ni Nanang*na*.

"Ditoy*ak* laeng, Nanang. Saan*ak* nga umadayo," insungbat ti piek. "Innak laeng makiay-ayam kadagiti dadduma a piek dita. Mailiw*ak* ngamin kadagiti gagayyem*ko*."

Ngem saan a dinengngeg ti piek ti bilin ni Nanang*na*. Saan a nakiay-ayam iti kaarruba*da*, ken saan met a napan nakitungtong, no di ket immadayo. Intuloy*na* ti napan iti kakaykayuan. Nalipatan*na* dagiti bilbilin ni Nanang*na*.

Bayat iti panpannagna*na*, sagpaminsan nga agkaraykay iti daga, agsardeng, agsapul iti kanen*na*, sa magna manen. Iti di mabayag, nakaadayon ti nasubeg a piek. Idi kuan, adda nadanon*na* a pilaw.

"Piek, piek, piek," insangit*na*, ta kayat*na* koma a ballasiwen ti pilaw tapno makapan iti bangir ngem mabuteng a bumallasiw ta di*na* ammo ti aglangoy.

Idi kuan, adda limmabas a pato. Inayaban ti piek ti pato. Timmaliaw met daytoy ket naginnisem*da*. Immasideg ti pato.

"Ania ti ar-aramide*m* dita? Apay a kasla madanagan*ka*?" sinaludsod ti pato iti piek.

"Kayat*ko* koma ti mapan idiay bangir, ngem dia*k* makalangoy. Dia*k* malasat daytoy pilaw," kinuna*na*, a kasla agpakpakaasi iti kasasao*na* a pato.

"Ay, nalaka laeng dayta. Ne, kitaen*nak*. Tuladen*nak*," impangas ti pato.

Napardas a nagna ti pato. Nagkinni-kinni a nagna. Linasat*na* ti pilaw. Simmaruno ti piek. Nainayad a nagna. Idi nakadanon ti danom iti tumeng*na*, nagbuteng. Dinardaras*na* ti nagsubli iti naggapuan*na*, nga agsangsangit. "Piek, piek, piek!"

Idi kuan, adda limmabas a burias. Nakita*na* ti agsangsangit a piek. "Apay nga agsangsangit*ka*?" sinaludsod ti burias iti piek.

"Kayat*ko* koma a lasaten daytoy pilaw, ngem dia*k* makalangoy," insungbat*na*.

"Ay, nalaka dayta. Ne, kitaen*nak*. Tuladen*nak*. Magna*ka* latta. Nalaka laeng a lasaten daytoy a pilaw ta

ababaw laeng," impangas met ti burias, sa nagna. Sinaruno ti piek ti burias. Nakadanon ti danom iti tumengna. Nakadanon pay iti bakrangna. Idi nganngani makadanon ti danom iti timidna, nagsardeng. Dinardarasna ti nagsubli iti igid. Nagsangit manen.

"Diak ammo ti aglangoy," inriyaw ti piek nga agsangsangit. "Agsubliak idiay balaymin," kinunana.

Kinitana ti aglawlawna. Sapulenna koma ti dalan nga agturong idiay balayda, ngem dina met malagip no sadinno ti dalan a nagnaanna.

"Nanang, Nanang, ayanmo?" impukkawna. Ngem awan ti simmungbat. "Naiyawawanakon! Napukawakon," insangit ti madanagan a piek, a taray a taray.

"Ne, apay nga agsangsangitka?" nangngegna ti timek ni Nanangna a nainayad nga umas-asideg kenkuana. Kasangsangona gayamen.

"Ay, agyamanak, Apo!" inyebkasna idi nakitana ti inana.

"Apay nga agsangsangitka? Tarayka a taray," sinaludsod ti nasdaaw nga inana.

"Kayatko koma ngamin ti bumallasiw a mapan idiay bangir, ngem diak malasat daytoy pilaw. Adalem unay. Diak matukod, sa nalawa unay," insangit ti piek.

"Nengnengka a talaga. Lawlawem, a," kinuna ni Nanangna.

Lesson 3 - Ti Nasubeg Ken Maag a Piek

Nagna ti piek. Linawlaw*na* ti pilaw. Pagammuan, "Ay wen, Apo! Nalaka met, gayam," kinuna*na*. Nabang-aran. "Apo, ti buteng*ko* itay!" inyebkas*na*, nga agkebba-kebba ti barukong*na*.

"Gunggunam*m*! Nagtangkento met ngamin ti ulo*m*. Di*nak*to met ngamin dengdenggen," insalangad ni Nanang*na*.

Kinusilapan ti piek ti upa.

"Di*nak* kuskusilapan, a?" kinuna ti upa, sa*na* sinippit ti piek.

"Anna-a-a-a-y!" inyikkis ti piek. ♣

VOCABULARY STUDY

A. *Paris-Paris.* Match the word in Column I with the word of the same meaning or closest association in Column II.

I		II	
__	nagin-inut	1.	umay ditoy
__	inkaskaso	2.	nakitungtong
__	umadayo	3.	nagin-inayad
__	amangan no	4.	baka
__	makasubli idiay balay	5.	dinengngeg
__	sibay	6.	saan a nalagip
__	dadduma	7.	pumanaw
__	nakisarsarita	8.	inyebkas
__	nalipatan	9.	sabali
__	aramaten	10.	makaawid

__ sagpaminsan	11.	makalasat
__ daga	12.	abay
__ makaballasiw	13.	inyikkis
__ madanagan	14.	naiyaw-awan
__ kasangsango	15.	agyaman
__ dinamag, inimtuod	16.	mapan dita
__ napukaw	17.	nengneng
__ agpakasta	18.	pasaray
__ ag-Dios ti agngina	19.	nakadanon
__ namuno, maag	20.	usaren
__ imbaga	21.	lawlawen
__ inriyaw	22.	adda iti sanguanan
__ agpakastoy	23.	mabuteng
__ nakagteng	24.	rugit
__ likawen	25.	sinaludsod

B. Find in the story the words that are derived forms of each of the following root words, and figure out the meaning of the derived word. List all of them if there are more than one.

1. adayo _____ _____ _____
2. subli _____ _____ _____
3. ay-ayam _____ _____ _____
4. asideg _____ _____ _____
5. sungbat _____ _____ _____
6. pukaw _____ _____ _____
7. bilin _____ _____ _____
8. dengngeg _____ _____ _____
9. danag _____ _____ _____
10. tungtong _____ _____ _____
11. pagna _____ _____ _____
12. danon _____ _____ _____
13. ballasiw _____ _____ _____
14. buteng _____ _____ _____
15. taliaw _____ _____ _____
16. langoy _____ _____ _____
17. lasat _____ _____ _____
18. saruno _____ _____ _____
19. turong _____ _____ _____
20. lawlaw _____ _____ _____

C. Use these expressions and phrases in meaningful sentences.

1. idi kuan
   _____

2. iti di mabayag
   _____

3. taray a taray
   _____

4. ay wen sika
   _____

5. Apo, ti buteng*ko*!
   _____

6. no di ket
   _____

7. no sadinno
   _____

D. Choose the correct Abilitative Verb to complete the sentence. Select your answer from the list. Your cue is the English word inside the parenthesis.

makaurnong	makaitugot	malukatan
makita	mangngeg	makapagpunas
mabilang	maramanan	makapagsigarilio
maibaga	madalusan	makapagna
maasitgan	maagasan	maibelleng

1. Saan a _____ ti kaanaka*m* ti ibagbaga*m*, ta napigsa unay ti radio. (hear)

Lesson 3 - Ti Nasubeg Ken Maag a Piek

2. Naragragsak*ak* no _____-*ak* ti bassit a kuarta, uray no limapulo a doliar laeng ti sueldo*k*. (save/set aside)
3. Imbati*na* ti maysa a pulboron para kenni ading*na* tapno _____-*na*. (taste)
4. "Dia*k* _____ daytoy botelia, ta nairut unay ti kalub*na*," kinuna*na*. (open)
5. Di*mo* _____ nga agmismisuot ni Melody ta nasipnget. (see)
6. Imbaga ti doktor a saan*na* a _____ ni Sarah, isu nga naikkat ti lisensia*na*. (cure)
7. Saan a _____ ni Manang Sabel, ta nablo ti tumeng*na*. _____ (walk)
8. Diak _____ dagiti tattao a timmabuno iti kasar*da*, ta nakaad- _____ adu*da*. (count)
9. Saan a _____ ti dakkel a palasio no sisiak laeng ti agdalus. (clean)
10. Saan a _____ ni Jennifer ti pinggan ta nasakit ti ima*na*. (wipe)
11. Saan a _____ ni Maricon ti uleg, ta kabuteng*na*. (can go near)
12. _____-nto ni Rudy kenni Misiong, a saan*kami* nga agbuya ti sine. (tell)
13. Saan*na* a _____ dayta basura ta nadagsen. (can throw out)

QUESTIONS FOR DISCUSSION

A. Ania ti ugali ti piek? Saggaysae*m* nga ipalawag no ania ti pakakitaan iti ugali*na*.
B. Apay kadawyan ti manok ti agkaraykay iti daga?
C. Ania dagiti ayup a nasabat ti piek?
D. Natulungan kadi dagiti ayup ti piek? No wen ti sungbat*mo*, kasano*da* a natulungan? No saan ti sungbat*mo*, kasano koma ti nasamsamay a pinangisuro*da* iti piek?
E. Magustua*m* kadi ti wagas ti pinangisuro ti upa iti piek? No sika ti ina wenno ama, kasano koma ti pinangisuro*m* iti anak*mo*, tapno pudno a makasursuro?

F. Ania ngata ti nasursuro ti piek iti daydiay a padas*na*?
G. No sika ti piek, ania ngata ti nasursuro*m* iti padas*mo*?

GRAMMAR NOTES

A. Combination Pronouns

In Ilokano, when a Genitive (*KO*-set) Pronoun, and a Nominative (*AK*-set) Pronoun occur adjacent to each other, a number of changes take place, both in the meaning of the pronoun forms and in their pronunciations. There are two types of structures in which Genitive and Nominative Pronouns can come together this way. One is when the Predicate of the sentence is a possessed noun, and the Subject is a pronoun.

For example:

| Gayyem-*na-ka* friend-his/her-you | 'You are his/her friend.' |

The other is a verbal sentence having a Non-Actor Focus Verb in the Predicate.

For example:

| Kitaen-*na-ka*. will see/look at-s/he-you (sg.) | 'S/He will see/look at you.' |

The rules which apply in these situations are as follows:

Rule 1.   If the Genitive Pronoun is first person singular (I, my), it is zero, that is, no form corresponding to the pronoun appears. (See Rule 4 for exception.)

For example:

| Kitaen*ka*. see/look at-(I)-you (sg.) | 'I will see/look at you.' |
| Gayyem*ka*. friend-(my)-you (sg.) | 'You are my friend.' |

Rule 2. If the Genitive Pronoun is any person other than "I," and the subject is either first or second person, singular or plural, Ilokano only tells you if the actor is singular or plural; it does not tell you if the actor is first, second, or third person. Only one of two Genitive Pronouns can be used in this situation. Either -*na*- for singular (second or third person, i.e., you [sg.] or [he] and -*da*- for plural [first, second, or third person]).

For example:

Kitaen-*na-ka*. > Kitaen-*naka*. see/look at-s/he-you (sg.)	'S/He will see/look at you.'
Kitaen-*mi-ka*. > Kitaen-*daka*. see/look at-we(excl.)-you (sg.)	'We (excl.) will see look at you.'
Kitaen-*da-ka*. > Kitaen-*daka*. see/look at-they-you (sg.)	'We (excl.) will see /look at you.'

Rule 3. The pronoun combinations -*na*- + -*ak* and -*da* + -*ak* become -*nak* and -*dak*, respectively.

For example:

Kitaen-*na-ak*. > Kitaen-*nak*. see/look at-s/he-me	'S/He will see/look at me.'
Kitaen-*mo-ak*. > Kitaen-*nak*. see/look at-you (sg.)-me	'You will see/look at me.'
Kitaen-*da-ak*. > Kitaen-*dak*. see/look at-they-me	'They will see/look at me.'
Kitaen-*yo-ak*. > Kitaen-*dak*. see/look at-you (pl.)-me	'You will see/look at me.'

Rule 4. If the subject is third person, either singular or plural, no special combination forms occur, except that the usual Subject Pronoun which means 'they' -*da*, becomes a separate pronoun word: *ida*. In this instance, -*ko* does not drop.

For example:

Kitaen-*ko-da*. > Kita*ek ida*. see/look at-I-them	'I will see/look at them.'
Kitaen-*mo-da*. > Kitae*m ida*. see/look at-you (sg.)-they	'You see/look at them.'
Kitaen-*yo-da*. > Kitaen*yo ida*. see/look at-you (pl.)-them	'You see them.'
Kitaen-*na-da*. > Kitaen*na ida*. see/look at-s/he-them	'S/He sees/looks at them.'

Rule 5. No Combination Pronouns occur which could be interpreted as Reflexive Pronouns. The following, therefore, are ungrammatical.

For example:

*Kitaen-*ko-ak*. > *Kita*ek-ak*. see/look at-I-me	'I will see/look at myself.'
* Kitaen-*mo-ka*. > *Kitae*m-ka* see/look at-you (sg.)-you (sg.)	'You will see/look at yourself.'
*Kitaen-*mi-kami*. see/look at-we(excl.)-us(excl.)	'We will see/look at us.'

Reflexives are expressed not by Combination Pronouns but by the use of *bagi* 'body,' with the appropriate Possessive Pronoun.

Lesson 3 - Ti Nasubeg Ken Maag a Piek

For example:

Kitae*k* ti bagi*k*.	'I look at myself.'
Kitae*m* ti bagi*m*.	'You look at yourself.'
Kitaen*na* ti bagi*na*.	'S/He will look at herself/himself.'
Kitaen*da* ti bagi*da*.	'They look at themselves.'
Kitaen*yo* ti bagi*yo*.	'You (all) look at yourselves.'
Kitaen*ta* ti bagi*ta*.	'The two of us look at ourselves.'
Kitaen*mi* ti bagi*mi*.	'We (excl.) look at ourselves.'
Kitaen*tayo* ti bagi*tayo*.	'We (incl.) look at ourselves.'

Exercises

1. Examine the example below, then separate the Genitive and Nominative Pronouns within the combination.

   a. kitaen*nak*   *-mo/-na*   *-ak*

   b. tuladen*nak*

   c. dungdunguen*ka*

   d. indayunen*ka*

   e. tultuluden*ka*

   f. di*na*kayo

   g. kinusilapan*nakami*

   h. mailasin*dak*

   i. dispensaren*nak*

   j. umay*nak*

   k. kanayon*dak*

2. Underline the Combination Pronouns, translate the sentences, and indicate which rule applies to them.

   a. Tulungan*nak* man, Apo.

   English: _____

   Rule: _____

   b. Sinapul*ko* ida idiay, ngem dia*k* nakita ida.

   English: _____

   Rule: _____

   c. Di*nak* man iduron-duron.

   English: _____

   Rule: _____

   d. Awagan*dak* ti Pedro Dalayap.

   English: _____

   Rule: _____

   e. Ikkan*ka* ti sangadoliar, no mapugtua*m* daytoy a burburtia.

   English: _____

   Rule: _____

   f. Inikka*k* (isuna) iti adu a kuarta.

   English: _____

   Rule: _____

   g. Dagasen*da* kano ida idiay pagtrabtrabahuan*da*.

   English: _____

   Rule: _____

Lesson 3 - Ti Nasubeg Ken Maag a Piek

h. Di*dak* man sutsutilen.

   English: _____

   Rule: _____

i. Agtalaw*ka* dita, ta amangan no kugtaran*naka* ti kabalio.

   English: _____

   Rule: _____

j. Pabuludan*ka* ti kuarta, no bayada*m* met laeng intuno bigat.

   English: _____

   Rule: _____

3. Translate into Ilokano.

   a. I will help you. _____

   b. I will pick you up. _____

   c. I will teach you. _____

   d. I will get you in. _____

   e. Look at me. _____

   f. Imitate me. _____

   g. Follow me. _____

   h. Please take me along. _____

   i. Give me some money, please. _____

   j. You (pl.) listen to us. _____

   k. You (pl.) get us out of here. _____

   l. You (sg.) pick us up. _____

m. Don't you (pl.) forget us. _____

n. He yelled at them. _____

o. We saw them yesterday. _____

p. They called them up. _____

q. You (pl.) pick them up. _____

r. You (pl.) look for us there. _____

s. She answered them. _____

t. I will smile at him. _____

u. We looked at her. _____

4. Insert the Combination Pronouns in the sentence. Make adjustments on the verbal affix as necessary. Unless indicated, the second person pronoun is singular.

   a. Di_____ baybay-an a matinnag. 'Don't let me fall.'

   b. Saan_____ a madagas intuno rabii. 'I can't pick you up tonight.'

   c. Kuyugen_____ idiay ili. 'We will accompany you (pl.) to town.'

   d. Iballasiw_____ idiay bangir. 'I will take you across.'

   e. Inikkan_____ ti kanen. 'I gave them some food.'

   f. Dinigos_____ iti napudot a danom. 'They bathed me with hot water.'

   g. No taliawen_____, agpayapay*ka*. 'If they turn to look at you, wave.'

   h. No awagan_____, kasarita*m*. 'If he calls you, talk to him.'

   i. Dispensaren_____. 'Pardon me.'

   j. Kanayon_____ a sursuratan. 'He always writes to her.'

   k. Umay_____ man dagasen. 'Please (you, pl.) pick us up.

B. Abilitative Verbs

Verbs denoting ability to perform an action are prefixed with *maka-*, *makapag-*, and *makai-* in the Actor-Focus mode, and *ma-*, *mai-*, and *ma--an* in the Object-Focus mode.

For example:

Actor-Focus: *maka-*

makapan	'can go'
makaturpos	'can graduate'
makapagna	'can walk'
makalpas	'can finish'
makangngeg	'can hear'

Actor-Focus: *makapag-*

makapagbiahe	'can travel'
makapaglakwatsa	'can gallivant'
makapagwatwat	'can exercise'
makapagballog	'can gallivant'
makapagtaraken	'can care for'
makapagennat-ennat	'can relax, stretch'
makapagay-ayam	'can play'
makapagbakasion	'can take a vacation'
makapagmula	'can plant'
makapagtrabaho	'can work'

Makapag- is generally applied to *ag-*verbs, and *maka-* to the rest of the Actor-Focus Verbs, including some *ag-*verbs. The difference between *makapag-* and *maka-* when used with the *ag-*verbs may be explained this way. *Makapag-* denotes reason as a condition for the ability to perform an action. For example, in *Makapagadalak, ta adda trabahokon*

'I can go to school because I have a job now,' the job is the reason behind the ability to go to school. In *Makaadalak iti matematiks* 'I can learn/study math,' the innate or acquired ability enables the actor to do the task.

Makapag- is also used in the context of other activities that have to be accomplished before performing the task. *Saanak a makapagluto* 'I can't cook,' implies other activities or tasks that are preventing the actor from doing the cooking. In *Saanak a makaluto ta nasakit ti bagbagik* 'I can't cook because I feel sick,' factors such as illness, lack of knowledge or skill or lack of equipment, among other things, could be reasons for the inability to perform the task.

Makapag- is generally used with animate entities, particularly humans, or animals that sometimes perform human tasks. *Maka-* is used much less frequently with verbs that are naturally *ag-*verbs. When *maka-* is used in a context where *makapag-* is more appropriate, it could mean that careless or casual native speaker speech is in play, or the proximity in meaning has allowed native speakers to use both interchangeably.

Actor-Focus: *makai-*

makaisubli	'can return'
makaipan	'can take to'
makaidulin	'can put away'
makaibelleng	'can throw out'
makaipuruak	'can toss out'

Exercises

1. The words below are Abilitative Verbs *maka-*, *makapag-*, and *makai-*. See if any of the words can be substituted for the underlined verbs in the sentence.

   a. Saan a <u>makapan</u> ti ubing idiay bangir.

   b. Saan a <u>makaitudo</u> ti ramay*ko* ta nasakit.

   c. Saan a <u>makastrek</u> ti tao, no nakarikep ti ridaw.

   d. Saan a <u>makauni</u> ti ubing.

e. Makaitugot*ak* iti kanen, no adda tiempo*k*.

f. Makapagdalus*ak* no pumanaw*ka* dita.

makarikna 'can feel'	makatrabaho 'can work'	makainom 'can drink'	makapagsigarilio 'can smoke'
makatayab 'can fly'	makalangoy 'can swim'	makasao 'can speak'	makagunay 'can move'
makataray 'can run'	makakuti 'can move'	makaruar 'can go/get out'	makaibelleng 'can throw out'
makaidulin 'can put away'	makaisurat 'can write'	makaawid 'can go home'	makaadal 'can study'
makadanon 'can reach (a place)'	makaasideg 'can come/go near'	makasubli 'can return'	makapaglako 'can sell'
makaluto 'can cook'	makaisagana 'can prepare'	makaturog 'can sleep'	makaanges 'can breathe'
makapapugot 'can make skin dark'	makalayus 'can flood'	makasinit 'can singe'	makangngeg 'can hear'

2. Complete each sentence with the logical Abilitative Verb. The first one is done for you.

   a. Ti pilay, saan a _____*makataray iti napardas*_____.

   b. Ti tuleng, saan a _____.

   c. Ti tuppol, saan a _____.

   d. Ti singkol, saan a _____.

   e. Ti bulsek, saan a _____.

   f. Ti natay, saan a _____.

   g. Ti ikan, saan a _____.

   h. Ti tagibi, saan a _____.

   i. Ti kayo, saan a _____.

   j. Ti umel, saan a _____.

3. Supply the logical Abilitative Verb to complete the sentence. The first one is done for illustration.

   a. Ti tudo,   _makabasa ken makalayus._
   b. Ti apoy,   _____.
   c. Ti paltog,   _____.
   d. Ti kutsilio, _____.
   e. Ti kotse,   _____.
   f. Ti kabalio,   _____.
   g. Ti lames,   _____.
   h. Ti tukak,   _____.
   i. Ti billit,   _____.
   j. Ti init,   _____.
   k. Ti danom,   _____.
   l. Ti angin,   _____.
   m. Ti musika,   _____.
   n. Ti agas,   _____.
   o. Ti kanen,   _____.
   p. Ti sabidong, _____.

Object-Focus: *ma-*, *mai-*, and *ma--an*

Recall that *ma-*, *mai-*, and *ma--an* verbs are the Object-Focus counterparts of *maka-*, *makapag-*, and *makai-*. *Ma-* is derived from the *-en* verb, *mai-* is derived from the *i-* verb, and *ma--an* is from the *-an* verb.

Study these examples:

Object-Focus: *ma-*

kitaen	>	makita	'to see'	>	'can see'
bilangen	>	mabilang	'to count'	>	'can count'
riknaen	>	marikna	'to feel'	>	'can feel'
denggen	>	mangngeg	'to hear'	>	'can hear'
alawen	>	maalaw	'to rescue'	>	'can rescue'

Object-Focus: *mai-*

ibaga	>	maibaga	'to tell'	>	'can tell'
ibelleng	>	maibelleng	'to throw out'	>	'can throw out'
ilukat	>	mailukat	'to open'	>	'can open'
iserrek	>	maiserrek	'to bring in'	>	'can bring in'
itudo	>	maitudo	'to point to'	>	'can point to'

Object-Focus: *ma--an*

ramanan	>	maramanan	'to taste'	>	'can taste'
iggaman	>	maiggaman	'to hold'	>	'can hold'
tulungan	>	matulungan	'to help'	>	'can help'
pugtuan	>	mapugtuan	'to guess'	>	'can guess'
dalusan	>	madalusan	'to clean'	>	'can clean'

Exercise

1. Write your own sentences containing the Object-Focus Abilitative Verbs.

   Abilitative Verb: *ma-*
   Example: Maala*k* ti pasport*ko* itan no agbayad*ak* iti ad-adu.
   'I will be able to get my passport if I pay more.'

   a. _____

   b. _____

   Abilitative Verb: *mai-*
   Example: Maipan*ko* dagitoy idiay, no tulungan*nak*.
   'I will be able to take these there, if you help me.'

   a. _____

   b. _____

   Abilitative Verb: *ma--an*
   Example: Madalusan*na* ti sapatos*na* no kayat*na*.
   'S/He can clean her/his shoes if s/he wants to.'

   a. _____

   b. _____

   Remember that -*n* is deleted when the suffixes -*an* and -*en* are followed by the pronouns -*ko* and -*mo*, which are reduced to -*k* and -*m*. Hence, -*enko* becomes -*ek* and -*anko* becomes -*ak*.

   For example:

Maala*m* dayta no padase*m* nga alaen. Ala alae*m* on.	'You can get that if you try to get it. Go ahead and get it now.'
Maisurat*mo* dayta no padase*m* nga isurat. Ala isurat*m* on.	'You can write that if you try to write it. Go ahead and write it now.'
Masungbata*m* dayta no padase*m* a sungbatan. Ala sungbata*m* on.	'You can answer that if you try to answer. Go ahead and answer it now.'

C. Participative Verbs: *maki-, paki--an, ka-*

The Participative or Associative Verb has different affixations depending on its focus. The Actor-Focus form is *maki-* and the Patient-Focus forms are *paki--an*, and *ka-*. *Maki-* is used when referring to the primary actor, the initiator of the action, and *ka-* places in focus the secondary actor, the one the action is performed with.

Paki--an, also functions as secondary actor, but it differs from *ka-* in the following ways. *Paki--an* can only occur in equational sentences. In a topicalized sentence, the sentence following the topicalizer is always equational. *Ka-*, on the other hand, can occur in various sentence structures, and establishes an equal relationship between the co-actors. *Paki--an,* performs another function, the location of the participative action. This is why *paki--an* cannot occur at the beginning of the sentence, unless it is a question. The past forms of *maki-, paki--an,* and *ka-* are *naki, naki--an,* and *kina-*, respectively.

Study the examples.

Equational Sentence:	
Sinno ti pakidayaan*tayo*?	'Whom will we party with?'
Idiay balay da Fe ti pakidayaan*tayo*.	'At Fe's house is where we will party.'
Sinno ti kasalan*to* ni Edna?	'Whom will Edna dance with?'
Topicalized Sentence:	
Ni Juan ket, isu ti pakisalaan*na*.	'As for Juan, he is the one she will dance with.'
Daydiay balay da Fe ket, isu ti pakiturugan*tayo*.	'At Fe's house is where we will sleep.'
Ni Edna ket, isunto ti kasal*a*k iti 'prom.'	'As for Edna, she will be the one I'll dance with at the prom.'
Descriptive Sentence:	
Makipangan*tayo* kada Bongbong.	'Let's eat at Bongbong's.'
Makisala*ka* kenni Edna.	'You dance with Edna.'
Kasala ni Edwin ni Edna.	'Edna is Edwin's dancing partner.'

Exercise

Create your own mini-dialogs using Participative Verbs in similar situations as below and role-play them.

A is urging B to dance with someone.
A: In*ka* makisala kenkuana.
   'Go dance with him.'
B: Sinno ti pakisalaa*k*?
   'Whom will I dance with?'
A: Ni Cesar.
   'Cesar.'

Toy is dancing with Aileen.
A: Sinno ti kasalsala ni Toy?
   'Whom is Toy dancing with?'
B: Ni Aileen.
   'Aileen.'

A is informing B that they will be joining a party the following week.
A: Makidaya*tayo*nto intuno lawas.
   'Let's go to/join a party next week.'
B: Sadinno ti pakidayaan*tayo*?
   'Where will we join up for a party?'
A: Ditoy kaarruba*mi*.
   'Here at our neighbor's.'

WRITING PRACTICE

A. In groups of three, create an animal story and give it to another group. The group will correct the grammar, edit it, and return it to you for revision. Submit it to your instructor for further correction when revision is completed.

B. Pretend your are the puddle. Write an observation or a complaint from your point of view. Read it in class.

FLUENCY PRACTICE

A. Tell your animal stories in class.
B. *Interactive Exercise:* Take a partner and create your own exchanges that are similar to the exchanges below. Be sure to use Combination Pronouns.

> Jojo: No ikkan*nak* ni Tatang ti kuarta,…
> Bong: saan*ka* nga utangan.
> 'If father gives me money, I will not borrow from you.'
> Abe: No ikkan*dakami* ti kanen…
> Agnes: pagyamanan*daka*/agyamankami kenka.
> 'If you give us food, we will thank you.'

C. Dramatize the story in this Lesson. Extend it by adding more animals that attempted to help the chick. Include some dialog that reflects greater frustration on the part of the animals that are helping. In the process, augment the dialog by ad-libbing.
D. What could you do if you won ten million dollars? Tell your group in Ilokano, using Abilitative Verbs.
E. What could you accomplish if your shadow could do things for you separately from your body? Tell the class in Ilokano, using Abilitative Verbs.
F. What could you do if you were invisible and had wings? Tell the class in Ilokano, using Abilitative Verbs.
G. Using Participative Verbs, tell the different ways you can ask people, if you could …, using the request expression *di la mabalin*…'would you mind…' or *man* 'please.' Notice that there are two ways of expressing it. The first one is done for illustration.

1. … play with them   *Di la mabalin ti makiay-ayam kadakayo?*
                              Makiay-ayamak man kadakayo.

2. … join them for a picnic _____
                              _____

3. … go marketing with them _____
                              _____

4. … go to a party with them _____
                              _____

H. What are the different ways you can invite a close friend to…, and how does s/he refuse the invitation politely? Write the invitation on the first line and the refusal on the second line, and then practice reading them aloud with a partner. Use the *maki-* prefix.

1. … eat at someone's house?

    In*ta* makipangan kada Manang Josie.

    Dispensare*m* ta saan a mabalin. Adu pay ti aramide*k*.

2. … go to a wedding (*boda*) party?

    _____
    _____

3. … go to swim at someone's swimming pool?

    _____
    _____

4. … sit with someone?

    _____
    _____

CULTURAL ACTIVITIES

Pagsasao

A. How do the sayings apply to your life or the life of someone you know? Supply a short anecdote to enhance your answers.

**Ti aglisi iti ammo*na* a dalan,
nalabit a mayaw-awan.**

- Itarus*mo* iti Inggles:

  _____

- Itarus*mo* nga umuna dagiti balikas sa*mo* pagsisilpuen ida, tapno mabukel*mo* ti kaipapanan ti pagsasao. Isurat*mo* ti binukel*mo* a sarita iti baba.

  1. ti pagbanaga*m*
  2. iti dakes
  3. no agaramid*ka*
  4. dakes met

- Isurat*mo* ti palawag ti pagsasao iti rabaw ti linia:

  _____

**Ti bilbilin wenno patigmaan,
isudat' pagsarmingan.**

- Itarus*mo* iti Inggles:

  _____

- Itarus*mo* nga umuna dagiti balikas sa*mo* pagsisilpuen ida, tapno mabukel*mo* ti kaipapanan ti pagsasao. Isurat*mo* ti binukel*mo* a sarita iti baba.

  1. a balakad
  2. ti naimbag
  3. iti nalinteg
  4. iturong*naka*
  5. a biag

- Isurat*mo* ti binukel*mo* a pagsasao ditoy:

  _____

B. Complete each of the sentences to make a proverb.

1. Ti saan a mangikaskaso iti naimbag a balakad,
   _____

2. Ti saan a makakita iti adda iti sanguana*nna*,
   _____

3. Ti nalaka iti maysa a tao, mabalin a
   _____

4. Lumaklaka ti narigat a trabaho no
   _____

5. Rumigrigat ti nalaka a trabaho no
   _____

Burburtia

A. Examine what the riddles are saying so that you can do the tasks indicated in this section.

**Nasken a rebbae*k* ti balay*ko*,
tapno agbiaga*k* a nakaay-ayo.**

- Itarus*mo* iti Inggles:
  _____

- Daytoy ti sungbat*na*: | i | t | l | o | g |

- Isurat*mo* dagiti tulong iti panangsungbat a nangiturong iti sungbat nga "itlog."

    1. _____ .
    2. _____ .
    3. _____ .
    4. _____ .
    5. _____ .

    **Taray a taray sa maitugtog;
    no maburak,
    kasla puraw a buok.**

- Itarus*mo* iti Ingles:

    _____

- Tulong iti panangsungbat:

    1. Nalamiis ken nabasa.
    2. No maminsan, nainayad; no maminsan, napardas.
    3. No maminsan, dakkel; no maminsan, bassit.
    4. Maiggama*m*, ngem saan*mo* a mabagkat.
    5. Agsasaruno nga umay.
    6. Mabalin a luganan no agserping*ka*.

- Ania ti sungbat*na*? | d | | l | l | | y | | n |

Kansion

Memorize the song, and create dance steps that match its lyrics and rhythm.

Sitsiritsit

Melody: "Sitsiritsit"
Ilokano Lyrics: Precy Espiritu

Sitsiritsit, kulibangbang
Kulalanti, ararawan
Ti balasang iti dalan
No agikkis, kasla musang.

Santo Ninio idiay Vigan
Nagmilagro 'diay tiendaan.
No di*ka* agpautang
Kugtaran*naka* ti nuang.

Babbaro, babbalasang
Bari-bari, ket annadan.
Inayade*m* ta pagammuan
Makadanon 'diay simbaan.

(Ulite*m* ti umuna a berso.) ♣

- Ipalawag*mo* iti Ilokano no...

    1. ... ania ti irepresentar dagiti ayup iti daytoy a kansion.
    2. ... ania dagiti kababalin ti Pilipino a madlaw*mo* iti kansion.
    3. ... ania ti iladladawan ti maikatlo a berso.
    4. ... ania ti koneksion ti umuna a berso iti maikatlo a berso.

CULTURE NOTES

Philippine society is hierarchical in nature. The elders represent higher authority that the young people are expected to obey, because it is the tradition. The elders are supposed to possess wisdom and knowledge that young people should be learning from. There is no basis for democratic participation because higher authority always prevails. Clearly, society imposes certain restrictions on the young. For example, it is considered bad manners for them to interrupt an adult conversation. Generally they are not allowed to think for themselves, especially at a young age. Respect for elders is expected, and strict obedience is demanded.

In the story, the *piek* did not know how to cross the puddle so she could be on her way. She panicked. Perhaps it was because she was not taught to think for herself. Her mother was always the authority to be followed, and so she never developed the ability to make logical decisions and make good judgments when crisis arose.

The general notions of egalitarianism are not entrenched in the Philippine value system. However, modern Philippine society, influenced by Western social and psychological studies, is becoming more receptive to change. It has learned that it is possible to allow children to be resourceful and assertive while not losing the traditional values, and that it helps children's growth and development to give them the opportunity to express themselves. On the other hand, it is evident that permissiveness dilutes stability of behavior. Therefore our society must have a balance between excessive freedom and rigidity of traditions.

LESSON 4

TI KASADUTAN NGA UBING

READING

Pre-Reading Discussion
A. What are considered choice occupations or professions in the United States? In the Philippines? What determines these choices? In the United States, what ethnic groups are prevalent in which fields of employment? Why might that be?
B. Is there a difference in the attitude toward work among people? Toward learning and education? Is attitude a factor in the choice of work or in the pursuit of education, or are there other factors that are more prominently in play?
C. Research some statistics from the Department of Labor showing the distribution of employment of your state's population. Is there a correlation between ethnicity and field of employment? Explain your point of view.
D. Research some statistics on student enrollment at your University in the last two years. What percentage is Filipino? What fields of study are they pursuing? Is there an increase or decline in enrollment? What might be the reason for either phenomenon?

Reading Tasks
A. Read the story in three to five minutes, then summarize it in three sentences.
B. Read the story again in four minutes and find the answers to these questions:

1. Ania ti ar-aramiden ti lakay idi nakita*na* dagiti ubbing a lallaki?
2. Sinno ti nangabak iti pisos?
3. Ania a direksion ti turturungen ti lakay?

4. Ania ti ar-aramiden dagiti ubbing a lallaki iti sirok ti kayo? Ania ti posision*da* idiay?
5. Ania ti napasamak iti lakay idi asitgan*na* koma dagiti ubbing?
6. Ania ti inaramid ti lakay kalpasan a tinulungan dagiti ubbing?
7. Ania ti inaramid ti umuna nga ubing tapno ipakita*na* nga isu ti kasadutan?
8. Ania ti itsura wenno langa ti lakay a magmagna?
9. Ania kano latta ti kayat nga aramiden ti umuna nga ubing?
10. Ania ti kanayon nga ar-aramiden ti lakay tunggal supiaten*na* ti ibaga dagiti ubbing?
11. Ania ti inaramid ti maikadua nga ubing tapno makumbinsir*na* ti lakay nga isuna ti kasadutan?
12. Ania ti kayat ti maikadua nga ubing nga aramiden ti lakay iti pisos nga iggem*na*?
13. Ania kano laeng ti kayat nga aramiden ti maikadua nga ubing? Apay?
14. Ania ti impalawag ti umuna nga ubing tapno makumbinsir*na* ti lakay nga isuna ti kasadutan?
15. Apay kano a magusgustuan ti umuna nga ubing ti agdigos?
16. Ania ti posision ti maikatlo nga ubing idi nagsao? Ania ti imbaga*na*?
17. Ania dagiti imbaga ti maikatlo nga ubing tapno makumbinsir*na* ti lakay nga isuna ti kasadutan?
18. Apay kano a kayat ti maikatlo nga ubing ti agdengngeg iti musika?
19. Ania ti panagrikna ti maikatlo nga ubing maipapan iti panagtrabaho?
20. Kasano nga impakita ti maikapat nga ubing iti posision ken panagsarita*na* nga isuna ti kasadutan?
21. Ania manen ti inaramid ti lakay idi imbaga*na* iti maikadua nga ubing nga saan nga isu ti kasadutan?
22. Ania ti imbaga ti maikapat nga ubing tapno makumbinsir*na* ti lakay nga isuna ti kasadutan?
23. Kasano a tinulungan dagiti ubbing ti lakay?
24. Ania kano ti saan pulos a kayat ti maikapat nga ubing nga aramiden?
25. Kasano kano a nakapan ti maikapat nga ubing idiay sirok ti kayo a pagin-inanaan*da*?
26. Apay a kayat unay ti maikapat nga ubing nga isuna ti makaala iti pisos? Ania ti aramiden*na* iti pisos?
27. Apay kano nga awan a pulos ti kayat ti maikapat nga ubing nga aramiden?
28. Ania ti inaramid ti maikapat ubing tapno maipisok ti kuarta iti bolsa*na*?
29. Ania kano laeng ti kayat nga aramiden ti maikatlo nga ubing, uray no agpatpatnag ken agmalmalem?
30. Apay a nagriri ti maikapat nga ubing idi inikkan ti lakay iti sagsasangapulo a pisos dagiti sabali nga ubbing?
31. Apay nga inikkan ti lakay ti sagsasangapulo a pisos dagiti tallo a naabak?

C. Of the first three boys, who is the laziest? The most creative? The most academic? The most musical?
D. Are the stereotypes discussed above reflected in the story? Read those sections in the story aloud where you have found them, and allow your group to judge whether or not you are reading the correct section.
E. Read the story one more time. List all of the location and position words. Under each word, tell what's happening.
F. Read the story again. Select and list some prominent action words. Looking only at your list, use them to tell parts of the story.
G. List important nouns that move the story along. Use them to tell parts of the story.
H. List all of the adjectives in the story. What or who are they describing?
I. Tell the reason why, in your opinion, the old man's actions are fair, and one reason why they are not.

STORY

Ti Kasadutan nga Ubing

Maysa nga aldaw, magmagna ti maysa a lakay a nakasarrukod iti dalan nga agpalaud. Nakakita iti uppat nga ubbing a lallaki nga agin-inana iti sirok ti kayo. Nakatugaw*da* nga agtungtungtong. Idi asitgan koma ti lakay ida, naitibkol daytoy.

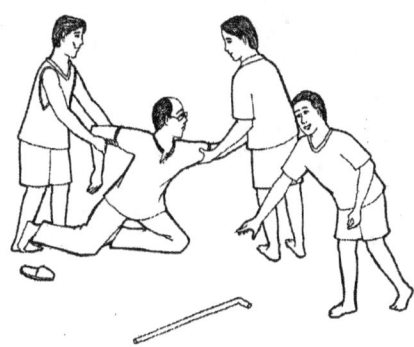

Nagkakatawa*da*, ngem inalistuan*da* met laeng a tinulungan ti lakay. Inassibay*da*. Tinulungan*da* a tumakder.

Idi nakainanan, nagtakder ti lakay. Nagyaman, sa*na* kinuna, "Ala, ikka*k* ti pisos ti kasadutan nga ubing. Sinno kadakayo ti kasadutan?"

Dagus a nagtakder ti umuna nga ubing a lalaki. Siiisem a nagtaray a napan iti ayan ti lakay, ket

kinunana, "Itedmo kaniak ti pisos, Apo, ta siak ti kasadutan. Siak ti ikkam ti pisos."

"Ibagam man no apay a sika ti kasadutan," kinuna ti lakay.

"Diak kayat ti aginnaw, Apo. Sa aldawen no makariingak. Sa uray no nakarugrugit ti sapatoskon, diak pay kayat a dalusan. Patinayonak latta nga agtugtugaw ken agdengdengngeg iti radio, no addaak idiay balay," insungbat ti ubing.

"Ania latta ngarud ti kayatmo nga aramiden?" sinaludsod ti lakay.

"Magusgustuak latta ti agbasbasa, Apo. Ngem saan a trabaho daydiay, ta kuna ni Nanangko ket, basaak kano a basa, awan kano ti maar-aramidko iti balay. Diak kano ammo ti tumulong iti balay. Nakasadsadutak kano," impalawag ti ubing. "Ay, wen gayam, magusgustuak met ti agdigos, ta nakapudpudot ti tiempo," imparaipusna.

"Kasta, aya? Magusgustuam ti agdigos?" inulit ti lakay.

"Wen, a, ta diak met kayat nga agat-ling-etak a kanayon, Apo," impalawagna.

"Saan, saan a sika ti kasadutan, Nakkong," kinuna ti lakay nga agwingwingiwing. "Ala, sinno ti sumaruno?"

Nagparintumeng ti maikadua nga ubing. Nakaparintumeng a linuktanna ti bolsa ti polona, ket kinunana, "Siak ti kasadutan kadakami amin, Apo. Alan, Apo, ipisokmo dayta pisos ditoy bolsakon, ta masadutak nga agtakder."

"Ibagam man no apay a sika ti kasadutan, Barok," imbaga ti lakay.

"Uray siak met, Apo, kagurgurak met ti aginnaw, Apo. Naladawak met a makariing, masadutak a mangipakni iti nagiddaak, ken kagurgurak met ti agtarimaan iti uray ania," insungbat ti barito. "Sa, masadutak pay nga agdigos," innayonna.

Lesson 4 - Ti Kasadutan nga Ubing

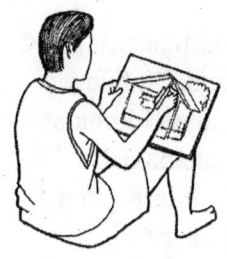

"Ania ngarud laeng ti kayat*mo* nga aramiden?" sinaludsod ti lakay.

"Kayat*ko* laeng ti agpaspasiar, Apo. Magusgustua*k* met ti agdrowing iti nadumaduma a kita ti balay. Isu nga, no maminsan, masansana*k* nga agpaspasiar, ta kayat*ko* a kitkitaen dagiti balbalay iti sabsabali a luglugar. Adu ti naidrowing*ko*n," impalawag ti ubing.

"A, magustua*m* ti agdrowing?" sinaludsod ti lakay.

"Wen, Apo. Makaay-ayo ngamin, ken kayat*ko* ti agbalin nga arkitekto," insungbat*na*.

"Saan, saan a sika ti kasadutan, Baro*k*," kinuna ti sitatakder a lakay nga agwingwingiwing.

"Ala, agsubli*ka* dita naggapua*m*. Sinno ti sumaruno?"

Inngato ti maikatlo nga ubing a lalaki ti kannawan nga ima*na*. Situtugaw a kinuna*na*, "Awan duadua*na*, Apo, a siak ti kasadutan. Alan, Apo, ikabil*mo*n dayta pisos ditoy bolsa*k*."

"Apay a kuna*m* a sika ti kasadutan?" sinaludsod ti lakay.

"Ta dia*k* kayat ti ania man nga ubra, Apo. Kanayon*nak* nga ung-ungtan ni Nanang*ko*, ta dia*k* kayat ti tumulong iti uray ania nga ubra idiay balay*mi*. Ngem no pannanganan, alisto*ak* kano a mapan. Naalibtak*ak* kano," impalawag ti ubing.

"Ania laeng ngarud ti kayat*mo* nga aramiden, malaksid iti mangan?" sinaludsod ti lakay.

"Kayat*ko* laeng ti maturog, ken aggitara. Basta panagtokar iti gitara, uray no agmalmalem ken agpatpatnag*ak*. Kayat*ko* met ti agpatokar iti napipintas nga ay-ayug.

Nakaidda*ak* latta, no kua, nga agmalmalem nga agdengdengngeg iti musika, no awan ti klase. Makaay-ayo ngamin. Ngem no trabaho iti balay, bay-a*mo*n, Apo!" insungbat ti ubing.

"Saan, saan a sika ti kasadutan, Anak*ko*," insungbat ti lakay.

"Ngem, Apo Lakay, saan*ak* pulos nga agub-ubra idiay balay*mi*. Pudno a kagurgura*k* ti

agubra," impapilit*na*.

"Ammo*k*," insungbat manen ti lakay. "Ala, denggen*tay*' ti maudi," intuloy*na*.

"Siak, Apo, ti kasadutan," kinuna ti maikapat nga ubing a nakapakleb a nakatapaya nga awan kutkuti*na*, ken kasla marigatan pay nga agsao. "Sigurado a siak ti mangabak," kinunan*a* iti nakem*na*.

"Apay a kuna*m* a sika ti kasadutan, Nakkong?" sinaludsod ti lakay.

"Wen, Apo, ta dia*k* kayat a pulos ti aggunay," insungbat ti ubing.

"Kasano*ka* ngarud a nakaumay ditoy?" sinaludsod ti lakay.

"Binagkat*dak* dagitoy gagayyem*ko*, Apo, ta nasadut*ak* a magna," insungbat*na*.

"Kasta, aya?" insungbat ti lakay.

"Sa maysa pay, uray no nakasaksakit ti buksit*ko*n, masadut*ak* pay la a mapan idiay kasilia." Inyunay-unay*na* ti "nakasaksakit." "Inikka*k* ida iti pisos, isu nga, no siak ti mangabak, maabrut*ko*nto met laeng ti pisos nga inted*ko* kaniada. Alan, Apo, ited*mo* kaniak dayta pisosen, ta awan ti makaatiw iti kinasadut*ko*n," indagdag ti ubing iti lakay.

"Ania laeng ngarud ti kayat*mo* nga aramiden?" sinaludsod ti lakay.

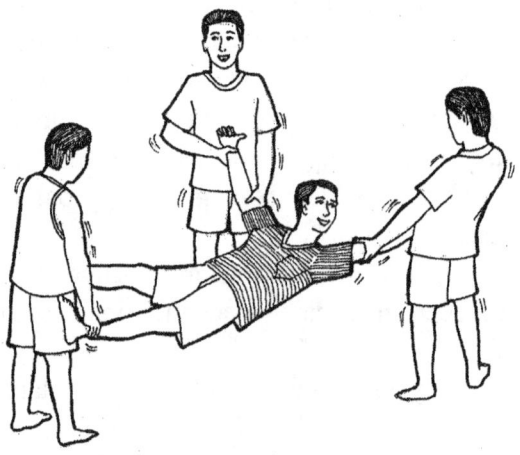

"Awan, Apo, ta kanayon a nadagsen ti bagbagi*k*," insungbat ti nakapakleb pay laeng nga ubing, nga awan a pulos ti kutkuti*na*.

"Wen, pudno a sika ti kasadutan," imbaga ti lakay, sa*na* inyawat ti pisos iti nakapakleb nga ubing. Nagyaman ti ubing, ngem saan a nagkuti. Saan*na* nga inawat ti iyaw-awat ti lakay. Tay umuna nga ubing ti nangawat ken nangipisok ti kuarta iti bolsa ti sadut nga ubing. NagDios ti agngina manen ti sadut nga ubing.

"Awan ti aniaman*na*, Nakkong," insungbat ti lakay.

Idi kuan, kinaut ti lakay ti bolsa*na*. Nangiruar iti kuarta a sagsasangapulo a pisos.

Inikkan*na* ti sagsasangapulo dagiti tallo nga ubbing, sa nagpakada. "Inna*ko*n," impakada*na*.

"Ne, Apo Lakay," inyawag ti kasadutan nga ubing. "Siak ti nangabak, ket apay nga inikka*m* ida, sa ad-adu pay ti inted*mo* kadakuada? Apay a ginunggunaa*m* ida? Ania ti inabak*da*?" indagullit*na*.

"Imbaga*k* a pisos laeng ti ited*ko* iti kasadutan, saan kadi?" impalagip ti lakay.

"Wen, Apo, ngem apay a nakaala*da* iti gungguna, ket saan*da* met a nangabak iti uray ania?" sinaludsod ti masdaaw nga ubing.

"Sika ti kasadutan, isu nga pisos laeng ti nagun-od*mo*," impalagip*na* manen. "Nagasat*ka*, ta nakagun-od*ka* iti pisos," imparaipus*na*.

"Ngem ania ti gapu*na* a nakaala*da* iti sagsasangapulo a pisos? Apay a kasla siak metten ti naabak?" indagullit*na* manen.

"Dios ti agbati, Annak*ko*," impakada ti lakay kadagiti ubbing. Saan*na* a sinungbatan ti sadut nga ubing. Inrugi*na*n ti nagna.

"Dios ti kumuyog, Apo Lakay," impakamakam dagiti tallo nga ubbing, a nakaisem iti nakasamsam-it.

Idi tinaliaw ti lakay ida, nakatakder*da*n, agraman iti maikapat nga ubing a nakabanniekes ken nakamisugsog pay laeng.

Nagngilangil ti lakay. ♣

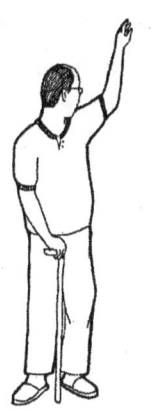

Lesson 4 - Ti Kasadutan nga Ubing

VOCABULARY STUDY

A. Study the common expressions below, and use them in meaningful dialogs. If necessary, add other sentences that will make the context clear.

1. kasta, aya _____
2. ay, wen, gayam _____
3. wen, a _____
4. alan _____
5. no apay _____
6. no kua _____
7. basta _____
8. pay la _____
9. nakuna iti nakem _____
10. ne _____
11. awan duadua _____

B. Set up short scenes to improvise the situations below. Provide the utterances or brief exchanges required in the act. To add more excitement, you may select a series of them, act them out in succession, and have the class guess the situations, or describe what they see. Have fun with it.

1. nakaidda
2. agtungtungtong a nakatugaw
3. agin-inana a nakakidem
4. dagus a ginammatan
5. agwingwingiwing a magmagna
6. nakaparintumeng nga agkarkararag
7. nakasarrukod
8. mingmingmingan
9. nakariing
10. dagdagen

11. nadagsen ti bagbagi
12. masdaaw
13. ipisok iti bolsa
14. sitatakder nga agkumkumpas
15. siiisem nga agpanpanunot
16. marigatan nga umanges
17. linuktan ti bolsa
18. awan kutkuti a nakasikig
19. nakapakleb
20. naalibtak
21. tinaliaw
22. kagurgura ti agipakni
23. agtartarimaan iti kotse a nakabisti
24. agngilangil
25. agtokar iti flawta

C. There are new ways of saying "said" in this story. Find them and explain their added meaning.
D. Look for these words and phrases in the story, and tell what's happening in the sections where they are found. After studying the passages, explain what the words mean.

1. ikka*m* ti pisos
2. agsubli iti naggapuan
3. saba-sabali
4. makaay-ayo
5. pannanganan
6. bay-a*m*on
7. sigurado
8. naatiw
9. magustuan
10. maibabawi

E. Get a partner and create the dialog for each speech act below.

1. agyaman
2. ipakamakam
3. agpakada
4. dinagdag
5. impapilit
6. impalagip
7. inyunay-unay
8. imparaipus
9. inulit
10. indagullit

QUESTIONS FOR DISCUSSION

A. Apay a daydiay maikapat nga ubing a lalaki ti kasadutan kadakuada amin no iyari*gmo* kadagiti dadduma?
B. Nakakaskasdaaw kadi a dagiti tallo a naabak ti inikkan ti lakay iti ad-adu a kuarta? Ipalawag*mo* ti sungbat*mo*.
C. Ania ti nalawag a panggep ti lakay iti pinangited*na* kadagiti tallo nga ubbing iti sagsasangapulo a pisos? Nasayaat kadi ti inaramid*na*? Ania ti kapanunuta*m* kadaytoy?

D. Iti panagkuna*m*, sinno ti kalaingan kadakuada amin?

E. No sika ti maysa kadagiti ubbing, ania koma ti insungbat*mo* kadagiti saludsod ti lakay? Saggaysae*m* a sungbatan dagiti saludsod*na*. Isagana*m* dagiti sungbat*mo* tapno mapagsasaritaan iti klase.

GRAMMAR NOTES

A. Stative Forms: *naka-, si*CV

Naka- and *si*CV prefixes form Stative Verbs indicating emotional state, facial expressions, physical position, condition, or a situation which refers to something being worn or used. These affixes can be attached to nouns, verbs, and adjectives.

Both *naka-* and *si*CV can occur in sentences with a sentential complement (the sentence following the linker *a/nga*), but only *naka-* can be used without a sentential complement, except for the words denoting condition, in which the subject is inanimate, and both affixations are allowed.

Observe the examples below, and write your own sentences patterned after them. Sentences with an asterisk (*) are ungrammatical.

Emotional State

1. Silaladingit nga inabraso*na* ti asawa*na*.
   *Nakaladingit nga inabraso*na* ti asawa*na*.
   _____

2. Siaayat a nagsao ti baket iti masakit nga anak*na*.
   *Nakaayat a nagsao ti baket iti masakit nga anak*na*.
   _____

3. Siluluksaw a nagtabbaaw.
   *Nakaluksaw a nagtabbaaw.
   _____

4. Sigaganat a nagubra.
   *Nakaganat a nagubra.
   _____

Facial Expressions

5. Simimisuot a simmungbat ti ubing.
   _____

6. Nakamisuot a simmungbat ti ubing.
   _____

7. Siiisem a nagkidday ti baro.
   _____

8. Nakaisem a nagkidday ti baro.
   _____

Physical Position

9. Situtugaw a nagmandar ti soldado.
   _____

10. Nakatugaw a nagmandar ti soldado.
    _____

Condition

11. Silulukat ti ridaw.
    _____

12. Nakalukat ti silaw.
    _____

Wearing an Article of Clothing or Accessory

13. Nakakamiseta ni Popoy.
    _____

14. *Sikakamiseta ni Popoy.
    _____

Lesson 4 - Ti Kasadutan nga Ubing

15. Nakakamiseta a rimmuar ni Popoy.
   _____

16. Sikakamiseta a rimmuar ni Popoy.
   _____

17. Nakaaritos ni Agnes.
   _____

18. *Siaaritos ni Agnes.
   _____

Object Being Used

19. Nakakotse ni Popoy.
   _____

20. *Sikokotse ni Popoy.
   _____

Exercises

1. Go back to the preceding examples. Add your own sentences to the ones given in each category. Write them on the line following the corresponding sentences.
2. Give the resulting position of the subject, by changing the form of the verb. Add a sentential complement, if the sentence requires it. The first two are done for illustration.

   a. Nagtakder ti umuna nga ubing. 'The first child stood up.'
      Nakatakder/Sitatakder a mangmangan ti umuna nga ubing. 'The first child was eating while standing.'

   b. Inngato*na* ti kannawan nga ima*na* idi nagsao.
      _____

c. Nagsikig ti sadut nga ubing.
_____

d. Nagidda*da* iti sirok ti kayo.
_____

e. Immisem ti lakay.
_____

f. Nagmisuot ti ubing itay.
_____

g. Nagmulagat ti nakigtot a baket.
_____

h. Ngimmanga ti tagibi a pakpakanen*na*.
_____

i. Nagkidem ti balasang a nakaparintumeng.
_____

j. Nagparintumeng ti babai iti sanguanan ti altar.
_____

3. This category of *naka-* Adjectival forms, as mentioned above, is used to describe what someone is wearing or using.

   For example:

Nakabandana ni Juana.	'Juana is wearing a scarf.'
Nakapinggol ni Nana Sabel.	'Nana Sabel is wearing her hair in a bun.'
Nakapustura ni Liberty.	'Liberty is all dressed up.'
Nakaaritos ni Lingling.	'Lingling is wearing earrings.'
Nakamoskitero*da*, ta adu ti lamok.	'They are using a mosquito net, because there are many mosquitoes.'
Nakakotseda nga immay.	'They came in a car.'

4. Attach the *naka-* affix to the words below, then use the words in sentences. An example is done for illustration.

   Example: naka- + anteohos 'eyeglasses'
   Ilokano Sentence: Nakaanteohos nga agbasbasa ti lalaki.
   English Translation: 'The man is reading with his glasses on.'

   a. palda 'skirt'
   _____

   b. singsing 'ring'
   _____

   c. kallugong 'hat'
   _____

   d. bakia 'wooden clogs'
   _____

e. sinan-buok/piluka 'wig'
_____

f. bandana 'scarf'
_____

g. aritos 'earring'
_____

h. kuentas 'necklace'
_____

i. maskara 'mask'
_____

j. ules 'blanket, bedsheet'
_____

5. Read some Ilokano materials (*Bannawag* or other Ilokano magazines, or the Ilokano section of the Internet) and find sentences containing *naka-* and *si*CV forms. Indicate the specific category to which they belong.
6. Bring to class a collage of pictures illustrating the *naka-* and *si*CV Stative Verbs.

B. Basic Adjectives

In first-level Ilokano, we studied some basic forms of adjectives, including root word adjectives (*bassit* 'small'), adjectives prefixed with *na-* (*nalaka* 'cheap') *ma-* (*mabain* 'shy'), *naka*CVC (*nakabutbuteng* 'scary'), and *ma*CVC (*maladladingit* 'sad'). Another form, *maka-*, can be attached to verbs to create adjectives, as in *makaay-ayo* 'enjoyable.' By way of review, we will study them in greater detail here.

As in most verbs, the root word of most adjectives functions as a noun. Hence, we can use *pintas* 'beauty,' this way: *Kayatko ti pintasna*. 'I like her beauty.' Likewise, a verbal sentence would be like this: *Kayatko ti takderna*. 'I like her/his stance/poise'; *Kayatko ti lutona*. 'I like her/his cooking.'

Adjectives include numerals (cardinal and ordinal) and colors.

The list below contains a number of adjectives that you can use in the exercises in the lesson. Notice that some adjectives also function as verbs. These adjectives are marked with an asterisk (*).

Colors

puraw	'white'	nalabbaga	'red'	kolor-kape	'brown'
nangisit	'black'	derosas	'pink'	orens/narangha	'orange'
asul	'blue'	amarilio	'yellow'	senisa, senisado, kolor-dapo	'grey'
lila	'purple'	kayumanggi	'brown' (used for complexion)	berde	'green'

Root Words

daan	'old'	asideg	'near'
baro	'new'	adayo	'far'
bagtit	'crazy'	akikid	'narrow'
bastos	'rude; crude'	atiddog	'long'
dakkel	'big'	ababa	'short'
bassit	'small'	akaba	'wide'

Lesson 4 - Ti Kasadutan nga Ubing

na- Prefixed Adjectives

naluko	'naughty'	nabsug	'full stomach'
nalawag	'bright; clear'	nasirib	'intelligent'
napateg	'valuable'	nalawa	'spacious'
napugot	'dark-skinned'	nadayaw	'respectful'
nalam-ek	'cold'	nababa	'low'
nadanom	'watery'	napanglaw	'poor'

ma-Prefixed Adjectives

mabain	'shy; ashamed'	mabisin	'hungry'
masakit	'sick'	mabuteng	'afraid'
mauyong	'crazy'	maulaw*	'dizzy'
maalino	'(to feel) sensation in teeth'	makaay-ayo	'pleasant; entertaining'
malammin	'(to feel) cold'	mailiw*	'nostalgic'
mayat	'good; nice'	mauwaw*	'thirsty'

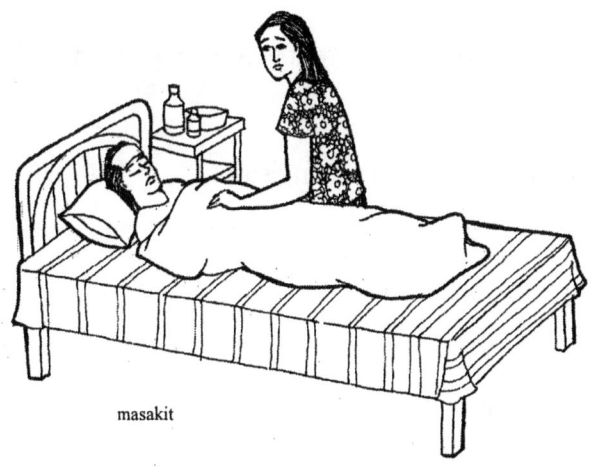

masakit

*naka*CVC Adjectives

nakakatkatawa	'funny'
nakaam-amak	'dreadful'
nakabutbuteng	'scary'

*ma*CVC Adjectives

malidliday	'feeling sad'
maladladingit	'feeling sad'

Spanish Loans

simberguensa	'impudent'
pilosopo	'sassy'
tonto	'stupid'
nerbioso	'prone to nervousness'

Exercises

1. Say these sentences in a different way, using synonyms, antonyms, or negative sentences.

    a. Makaay-ayo nga ubra ti panangisuro.
    _____

    b. Napanglaw*kami* laeng.
    _____

    c. Narigat ti agaramid iti eroplano.
    _____

d. Nalaka ti gasolina ditoy Amerika idi.

   _____

e. Napeggad/Peligroso ti trabaho ti pulis.

   _____

f. Nababa ti sueldo ti sekretaria.

   _____

g. Awan unay ti kusinero ditoy lugar*mi*.

   _____

h. Nalawa ti palda*na*.

   _____

i. Nalamiis idiay "North Pole."

   _____

j. Naangot ti estero.

   _____

2. Put a check mark [✓] on your preferred situation, read it aloud, and justify your choice in Ilokano.

   ❏ Narigat ti trabaho ngem nangato ti sueldo.

   ❏ Nalaka ti trabaho, ngem nababa ti sueldo.

   ❏ Nalaka ken makaay-ayo ti trabaho, ngem awan ti bonus.

   ❏ Napeggad ti trabaho, ngem dakkel ti bonus.

   ❏ Napudot ti tiempo.

   ❏ Nalamiis ti tiempo.

   ❏ Nalaing nga eskuela, ngem adayo.

   ❏ Saan unay a nalaing nga eskuela ngem asideg.

Lesson 4 - Ti Kasadutan nga Ubing

3. Describe the situations in complete sentences, choosing one or more adjectives from the table below. The first one is done for you.

nadayaw	naulaw	mauyong	umel
nakabutbuteng	mabuteng	mabain	naluko
masakit	nauyong	mabisin	mailiw
mauwaw	makaay-ayo	pilosopo	nakakatkatawa

a. Kinur-ita*k* ti pisarra. _____Maariek ken maalino*ak*._____

b. Kayat*ko* a sarungkaran ti anak*ko*. _____

c. Kayat*ko* ti uminom. _____

d. Inrekomendar ti doktor nga iserrek*da* iti "mental hospital." _____
_____

e. Adda kanser*na*. _____

f. Saan a makasao. _____

g. Natalimudaw ket natumba. _____

h. Adu ti al-alia. _____

i. Dinengnge*gmi* dagiti ang-angaw*na*. _____

j. Napintas ti pabuya. _____

k. Linuluko ti isungsungbat*na*. _____

l. Dinanog*na* ti kabsat*na*. _____

m. Saan pay a nangan. _____

n. Lima a tattao ti linuko*na*. _____

o. Agmano ti ubing. _____

p. Dina kayat ti mangan, uray no mabisin. _____

WRITING PRACTICE

A. Break up in groups of two or more and write a simple verbal joust *Bukanegan* style (in verse) on the topic "*Ania ti napatpateg, ti adal wenno ti kuarta?*" Take one position, and another group will take the opposing view. (You may also choose your own topic.)
B. Write a feature article about the most outstanding citizen in your community. Explain how s/he earned this honor.

FLUENCY PRACTICE

A. One of the most endearing stories in Philippine folklore is the series of escapades of "*Juan Sadut*," "John, the Lazy." Ask some Filipinos to tell you some of the stories, and let's "talk story." You may also make up your own. Make it fantastic and funny.
B. You have probably seen a series of expressions that begin with "Love is…" or "Happiness is …" Give as many definitions as you can to go with the topics below.

1. Ti kinasadut ket...

   a. _____

   b. _____

2. Ti kinamatalek ket…

   a. _____

   b. _____

3. Ti kinamanagayat ket...

   a. _____

   b. _____

C. **Linnastugan** (one-upmanship).
   This activity is more fun if done as a contest. You will be divided into groups of three or four and assigned a topic to develop for the contest. Write as many fantastic descriptions as you can think to "one-up" the other groups.

   1. ti kasadutan a tao   5. ti katarabitaban a tao
      _____   _____

   2. ti kalaingan a tao   6. ti kabaknangan a tao
      _____   _____

   3. ti kaduldugan a tao   7. ti kapobrian a tao
      _____   _____

   4. ti kapardasan a tao   8. ti kapintasan a tao
      _____   _____

D. Perform the *Bukanegan* you wrote in the Writing Practice section. This verbal joust in verse is delivered in a sing-song manner.

CULTURAL ACTIVITIES

Pagsasao

A. You and your partner help each other memorize the sayings, after studying their meaning.
B. Connect the units enumerated below to form the meaning of the saying. Afterwards, you may write the explanation in your own words.

**Ti tao a nasiglat, uray kasanot' rigat,
sumaranget a siraragsak.**

- Itarus*mo* iti Inggles:

  _____

- Pagsisilpue*m* dagiti balikas iti baba tapno mabukel*mo* ti kaipapanan ti pagsasao. Isurat*mo* ti binukel*mo* a sarita iti linia iti baba.

    1. a tao
    2. ti maysa
    3. no nagaget
    4. nga agubra
    5. naragsak latta
    6. nakarigrigat
    7. uray no
    8. ti trabaho

- Isurat*mo* ti pinagsisilpo*m* a palawag ti pagsasao iti linia iti baba:

  _____

- Itarus*mo* ti pinagsisilpo*m* a balikas.

  _____

  **Awan ti umuna a babawi,
  no di maudi.**

- Itarus*mo* iti Inggles:

  _____

- Pagsisilpue*m* dagiti balikas iti baba tapno mabukel*mo* ti kaipapanan ti pagsasao. Isurat*mo* ti binukel*mo* a sarita iti linia iti baba.

1. agbabawi*ka*n
2. ti maaramid*mo*n
3. uray no
4. awan
5. no nalpasen

- Isurat*mo* ti binukel*mo* a palawag ti pagsasao iti linia:

  _____

  **Ti ubing a nasadut,
  saan a makapidot, uray agtudo ti balitok.**

- Itarus*mo* iti Inggles:

  _____

- Pagsisilpue*m* dagiti balikas iti baba tapno mabukel*mo* ti kaipapanan ti pagsasao. Isurat*mo* ti binukel*mo* a sarita iti linia iti baba.

  1. saan a rumang-ay
  2. no nasadut*ka*
  3. ti biag*mo*
  4. ngem no nagaget*ka*
  5. adda gundaway*mo*
  6. a rumang-ay

- Isurat*mo* ti palawag ti pagsasao iti rabaw ti linia:

  _____

  **Ti ubing a nagaget,
  kankanayon nga agkammet;
  ti ubing a nasadut, agsilsilamot.**

- Itarus*mo* iti Inggles:

  _____

- Pagsisilpue*m* dagiti balikas, tapno mabukel*mo* ti kaipapanan ti pagsasao. Isurat*mo* ti binukel*mo* a sarita iti linia iti baba.

    1. saan a rumang-ay
    2. no nasadut*ka*
    3. ti biag*mo*
    4. no nagaget*ka*
    5. mabalin nga
    6. ngem
    7. agballigi*ka*

- Isurat*mo* ti pinagsisilpo*m* a balikas iti linia:

  _____

Burburtia

A. Study the riddles, translate them, and write your answers in the boxes provided for each one based on the clues given below.

> **No situtugaw, natayag,**
> **no sitatakder, pandek.**

- Itarus*mo* iti Inggles:

  _____

Lesson 4 - Ti Kasadutan nga Ubing

- Tulong iti Panangsungbat:
    1. Uppat to saka*na*.
    2. Awan ti ima*na*.
    3. Kumamat.
    4. Kumagat.
    5. Agtaul.

- Ania ti sungbat*na*? ☐☐☐

**No ubing ket submarino
no lumakayen, eroplano.**

- Itarus*mo* iti Inggles:

  _____

- Tulong iti Panangsungbat:

    1. Tumayab no nataenganen.
    2. Aglangoy no bassit pay.
    3. Susupen*na* ti dara*m* ngem saan a bampira.
    4. Mangted iti sakit.
    5. Nasakit ti kagat*na*.
    6. Aguni no agtayab.

- Ania ti sungbat*na*? | l | | m | | k |

**Agtudo man wenno aginit,
pantalon*na*t' sililislis.**

- Itarus*mo* iti Inggles:

  _____

- Isurat*mo* dagiti tulong iti panangsungbat:

  _____
  _____
  _____
  _____

- Daytoy ti sungbat*na*. | k | a | w | i | t | a | n |

Kansion

A. Replace the word *sadut* with *tur-og* "sleepyhead" or other suitable words. Accordingly, replace the words in the first stanza with words that appropriately relate to *tur-og*. Try to maintain the rhythm of the song. If you wish, you may choose your own word to substitute for *sadut*.

Diak Kayat
Melody: "Ako ay Nagtanim"
Ilokano Adaptation: Precy Espiritu

Diak kayat, diak kayat
Ti tao a <u>sadut</u>.
Mapan makibulang
Mapan makiballog.
Iti agpatpatnag
Aginom ti arak,
Agsugal, maabak;
Awanan ti gasat.
Napanak nagmula ti bassit a laya.
Timmubo ket aba, nagbunga ti mangga.
Idi maluomen, bassit a papaya
Napanko kinita, sabong a naemma. ♣

CULTURE NOTES

In the Philippines, education is of prime value. Families, no matter how poor, try their best to send their children to school to obtain a college degree if possible. Because higher education is necessary to find a good job, parents find ways to finance their children's education. It is not uncommon for them to raise hogs and poultry to sell every semester to earn enough money for their children's tuition. Other members of the family take in laundry or become maids or workers for richer families in the community. Older siblings help younger ones to complete their education. Practically every member of the family, even the young ones, is engaged in some small business venture, whether setting up a small *sari-sari** store at the front of the house, or making crafts and special foods to sell to friends and neighbors. Because of these efforts and sacrifices of other members of the family, children generally finish their education. However, because of the economic conditions in the country, they find it difficult to obtain suitable employment. It is also hard to find employment beyond a certain age. For instance, a person older than twenty-five years old would have difficulty getting certain jobs, because employers find it more cost-effective to hire younger workers. There is also the difficulty of finding the right connections for a particular job in the private sector or in the government. As a result, many leave the country to seek employment overseas as contract workers. Among these contract workers, such as domestic helpers in Asia and Europe, it is not unusual to find those who finished or attended college in the Philippines.

---
*Variety store

LESSON 5

AGTATAKAW WENNO GINGGINED

READING

Pre-Reading Discussion
A. Relate to the class a recent disastrous earthquake you have experienced, heard, or read about. On the Internet, find some pictures and articles about the aftermath.
B. Discuss some precautions one should take to avoid or minimize heavy losses in the event of an earthquake, or other natural disasters.

Reading Tasks
A. Read the story fast.
B. Read the story again and list the words that are adapted from English or Spanish.
C. Read the story again. This time, underline the words that you don't understand and try to figure out their meaning from the context of the passages where they are used.
D. List the words that indicate or imply time. Use these words to set a time frame for each of the events in the story. Write down in Ilokano what happened at each of those times.
E. List three location words. Under each one, enumerate everything that happened there. Relate it to the class in your own words in Ilokano.
F. Have you read about the story "The Boy Who Cried Wolf"? How is the story similar to this story? How is it different? Be prepared to discuss in class.
G. Answer the questions below. If necessary, refer back to the story and try to use the main words that directly answer the questions, so that you can become familiar with them.

1. Ania ti mapaspasamak iti balay?
2. Kaano*da* a nakariing?
3. Ania ti nangngeg*da*?
4. Ania kano ti saan nga aramiden ni Manong Rudy?
5. Ania ti napasamak idi natulid ni Manong Rudy?
6. Ania kano ti saan nga aramiden ni Manang Alicia?
7. Ania kano ti inaramid ti agassawa, ngem awan ti nangngeg ken narikna*da*?
8. Ania kano ti saan*da* a pakadanagan?
9. Ania kano ti napasamak idi kaal-ala*da* pay laeng iti turog*da*?
10. Kasano ti pannakagunggon ti balay?
11. Ania ti inilut ni Manong Rudy?
12. Ania ti nangngeg*da* idi nagunggon ti balay?
13. Ania ti inaramid ni Manang Alicia iti buteng*na*?
14. Apay a natulid ni Manong Rudy?
15. Ania dagiti at-atapen*da* a gapu*na* no apay a nagunggon ti balay?
16. Apay kano a masapul nga agannad ni Manong Rudy?
17. Kasano ti panagrikna ni Manang Alicia idi binallaagan*na* ni Manong Rudy?
18. Rimmuar ni Manong Rudy iti ania?
19. Kasano nga immulog ni Manong Rudy?
20. Ania ti inaramid ni Manong Rudy iti aglawlaw?
21. Ania ti mapaspasamak kenni Manang Alicia iti buteng*na* idiay ngato?
22. Ania ti dakes nga imbaga ni Manang Alicia iti baboy?
23. Ania ti ar-aramiden ti baboy idiay poste, idiay baba?
24. Ania ti narikna ni Manang Alicia idi naammuan*na* a baboy laeng gayam ti manggunggunggon iti balay*da*.
25. Ania ti inaramid*na* iti silaw?
26. Ania ti oras idin?
27. Ayan ti relo a pagkitkitaan ni Manang Alicia iti oras?
28. Ania ti inaramid*na* iti relo?
29. Idi naturog*dan*, kalpasan a nagsubli ni Manong Rudy iti uneg ti balay, ania ti uni a mangmangngeg kada Manong Rudy ken Manang Alicia?
30. Apay a nakasuron ni Manang Alicia?
31. Ania ti imbaon ni Manang Alicia nga aramiden ni Manong Rudy iti pisti kano a baboy? Apay kano?
32. Ania dagiti dua nga inaramid ni Manang Alicia sakbay a naturog?
33. Ania ti napasamak iti kamaudianan*na*?

STORY

Agtatakaw Wenno Ginggined

Kaaw-awat*mi* la iti surat da Manang Alicia a naggapu idiay San Nicolas itay simmangpet*kami*. Nakakatkatawa a saan ti impadamag*da*.

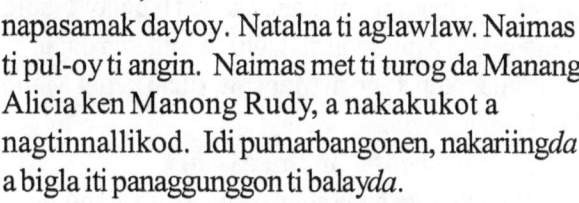

Tengnga kano ti rabii, idi napasamak daytoy. Natalna ti aglawlaw. Naimas ti pul-oy ti angin. Naimas met ti turog da Manang Alicia ken Manong Rudy, a nakakukot a nagtinnallikod. Idi pumarbangonen, nakariing*da* a bigla iti panaggunggon ti balay*da*. Bimmaringkuas kano ni Manong Rudy, ta adda nangngeg*na* nga agang-anges iti napigsa.

"Ania daydiay?" inyarasaas kano ni Manang Alicia, a yugyugyugen*na* ni Manong Rudy.

"Tagtagari! Addansa tao," insungbat kano met ni Manong Rudy.

"Haan*ka* nga agkutkuti," kinuna kano ni Manang Alicia, idi rumuar koma ni Manong Rudy iti moskitero.

Nainayad a rimmuar ni Manong Rudy iti moskitero, ngem idi timmakder, napugsat ti tali ti kinapet*na* a moskitero. Natulid, ket natupakan*na* ti asawa*na* a napariyaw. Kasla

nalusit a papaya kano ti panagrikna ni Manang Alicia iti bagi*na*.

"Kuna*k*to met ngamin a di*ka* agkutkuti ket!" imbugtak kano ni Manang Alicia.

"Sssshht, haan*ka* nga agun-uni, kuna*k* ket!" kinuna kano met ni Manong Rudy. Inggalut*na* ti moskitero.

Pinaliiw kano ti agassawa ti mapaspasamak, ngem idi kuan, awan kano metten ti nangngeg*da*.

Lesson 5 - Agtatakaw Wenno Ginggined

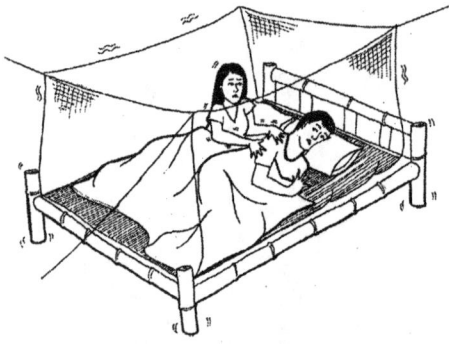

Nagsublin ti ulimek iti nasipnget a rabii.

"Ania ngata daydiay?" sinaludsod kano ni Manang Alicia kenni Manong Rudy nga il-ilutenna ti natupakan a gurongna.

"Diak ammo ngarud. Baka angin laeng a napigsa daydiay," insungbatna kano nga ap-aprusanna ti gurong ni Manang Alicia a natupakanna. "Ala, maturogtan. Saanmo a pakadanagan daydiayen," kinunana kano.

Nagsubli a naturog ti agassawa. Idi kuan, agur-urokdan. Ngem kaal-alada pay la iti turogda, idi nagunggon kano manen ti balay. Napigpigsa kano pay ti pannakagunggonna. Nangngegda a nagranitrit dagiti diding ken datar.

Immarakup kano ni Manang Alicia kenni Manong Rudy iti butengna.

"Aggingginedsa," inyarasaasna.

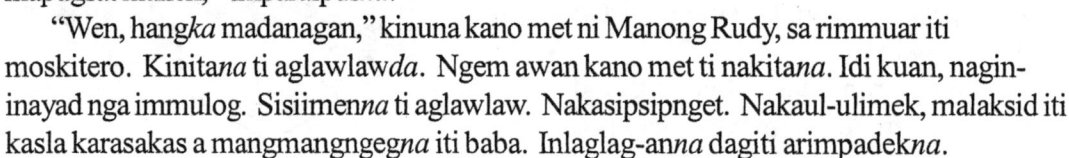

"Wenno baka adda agtatakaw. Ta no ginggined daytoy, nakariing koma amin a kaarruban," insungbat kano ni Manong Rudy. "Bay-am ta innak kitaen," inyarasaasna kano.

"Agannadka, baka no agtatakaw daydiay ket pang-urennaka, wenno dugsulennaka," imballaag kano ni Manang Alicia. "Haanmo a kapten ta moskitero, ta baka mapugsat manen," imparaipusna.

"Wen, hangka madanagan," kinuna kano met ni Manong Rudy, sa rimmuar iti moskitero. Kinitana ti aglawlawda. Ngem awan kano met ti nakitana. Idi kuan, nagin-inayad nga immulog. Sisiimenna ti aglawlaw. Nakasipsipnget. Nakaul-ulimek, malaksid iti kasla karasakas a mangmangngegna iti baba. Inlaglag-anna dagiti arimpadekna.

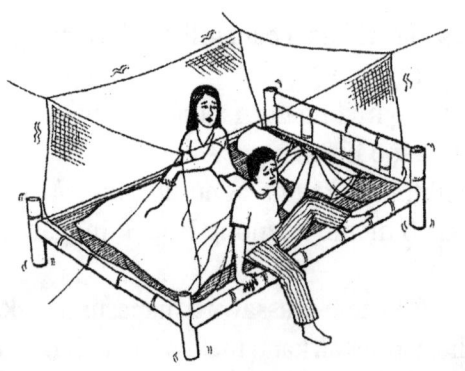
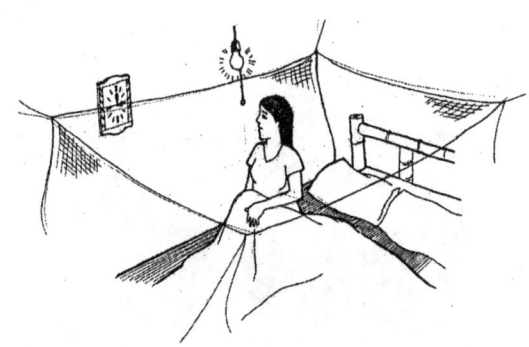

Nabati kano ni Manang Alicia idiay ngato nga agtigtigerger iti butengna. Sisiimenna kano no ania ti mapaspasamak idiay baba. Madanagan, ta baka adda mapasamak kenni Manong Rudy.

"Sal-it a baboy. Kudkudkudenna gayam ti bukotna ditoy poste," nangngeg kano ni Manang Alicia. Naggunay manen ti balay, ngem dina kano inkaskason, ta baboy kano met laeng gayam. Nabang-aran kano ni Manang Alicia. Linuktanna ti silaw. Kinitana ti relo iti rabaw ti lakasa.

"Alas tres pay laeng. Umulikan, ta maturogtan," kinuna kano ni Manang Alicia kenni Manong Rudy. Iti di mabayag, immuli ni Manong Rudy. Idi kuan, naimasen ti turogda. Agururokda payen.

Madamdama pay, nagunggon kano manen ti balayda. Napigpigsa kano manen ti pannakagunggonna.

"Siu," imbugkaw kano ni Manang Alicia. Makasuron, ta nadistorbar unayen ti turogna.

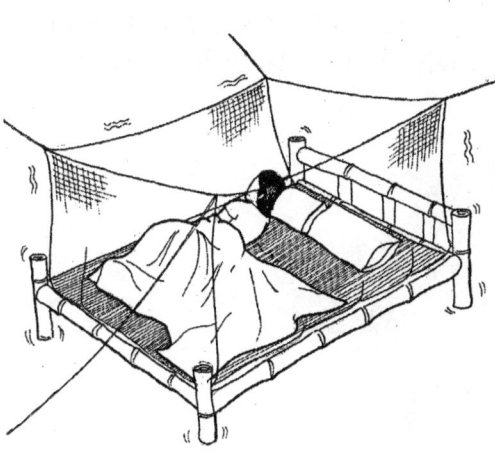

"Pisti a baboy! Partienka dita, kitaem! Inka man abugen. Pang-urem," imbaon kano ni Manang Alicia kenni Manong Rudy.

Idi immulog manen ni Manong Rudy, awan kano met ti nakitana a baboyen, ngem aggunggunay pay laeng ti daga a pagtaktakderanna. Iti dayta a kanito, naamirisna nga agpayso nga aggingined.

"Alicia, umulogka! Aggingined!" inulit-ulitna kano nga impukkaw.

Lesson 5 - Agtatakaw Wenno Gingined

"Isardeng*mo* man! Di*ka* man agluku-luko ket parbangonen! Pang-ure*m* ketdi dayta baboy, tapno agtalaw. Umay*ka* ketdi maturogen," makapungtot kano met nga insungbat ni Manang Alicia.

"Samman, agpayso nga agginggined. Awanen 'diay baboy. Umulog*ka*, ta baka marpuog daytoy balay ket madisgrasia*ka*," impukkaw kano ni Manong Rudy.

"Ket no nadisgrasia*ak* la ngaruden. Nakasaksakit pay laeng daytoy gurong*ko* a tinupaka*m*," insungbat kano met ni Manang Alicia, a makagura unayen, ta pirme a naperdi ti turog*na*n.

"Hm, makaammo*ka* dita," kinuna kano ni Manong Rudy, ngem madanagan met laeng.

Saan kano a simmungbat ni Manang Alician. Nagsuyaab, sa nagsikig. Intuloy*na* ti naturog. Pagammuan, nangngeg manen ti napigsa a ranitrit dagiti diding. Nagiray ti balay.

"Rudy-y-y-y!" nagriyaw kano ni Manang Alicia iti nakapigpigsa ken nakasingsinggit. "Marbansa daytoy balay*tayon*."

Dinardaras*na* ti bimmangon. Napardas a rimmuar. Saan*na* nga inusar ti agdanen. Timmapuak lattan. Napatugaw iti daga. Dagus met nga inarayat ni Manong Rudy. Inassibay*na* nga inyadayo.

"Sika ngamin. Imbaga*k* la ngaruden nga adda ginggined, ket di*ka* mamati. Ne, kitae*m*, nadisgrasia*ka* manen," sidudungngo a kinuna ni Manong Rudy. ♣

VOCABULARY STUDY

A. Use these phrases and common expressions in meaningful sentences. Supply the pronouns and make adjustments to the verbs, as necessary.

1. addansa _____.

2. saan ... a pakadanagan _____.

3. kaal-ala ... iti turog _____.

4. bay-an ... ta _____.

5. baka no _____.

6. isardeng ... man _____.

B. In what situations or contexts are these words used in the story? Explain. The first one is done for illustration.

1. sal-it   <u>Nagtabbaaw ti babai i di naammuan*na* a baboy gayam ti manggunggunggon iti balay.</u>
'The woman cursed when she found out that it was a pig shaking the house.'

2. agtigtigerger _____

3. pul-oy _____

4. nagunggon _____

5. kudkudkuden _____

6. nagsuyaab _____

7. diding _____

8. lamok _____

9. tengnga _____

10. siguro _____

C. From the list in the table, choose the sentence modifier that fits the sentence best, and write it in the blank space.

kano	ngata
ketdi	-sa
pay laeng	baka/amangan no
koma	ngamin

1. Nakabutbuteng _____ ti ginggined, kuna ni Manang Alicia.
2. Maturog*kan*. Napigsa nga angin _____ laeng daydiay?
3. Agtaln*aka* _____. Awan aniaman*na* dayta.
4. Di*ka* agun-uni; _____ mangngeg*naka* ti agtatakaw.
5. Linukatan*na* ti silaw itay parbangon ta nasipnget _____.
6. Agpayson-_____ a ginggined, ta awan metten daydiay baboy a nanggunggon iti balay itay.
7. Immulog _____ ni Manang Alicia, tapno saan a nadisgrasia idi imbaga ni Manong Rudy nga umulog, ta agpayso nga aggingginedeno.
8. Nagtakaw*da* _____, isu nga tiniliw ti pulis ida.

D. Use the cues within the parentheses to respond to the question or statement.

1. "Rudy, nangngeg*mo* daydiay?" (pul-oy)
2. "Umulog*ak* man ta kitae*k*." (annad)
3. "Baboy laeng gayam!" (pang-or)
4. "Baka agtatakaw daydiay, Rudy." (danag)
5. "Maturog*akon*! Baboy manen dayta." (gingined)
6. "Rudy, mabuteng*ak*." (arakup)

E. Complete the sentence with a suitable word or phrase from the story.

1. Addan*sa* tao ta adda _____

Lesson 5 - Agtatakaw Wenno Ginggined

2. Nagin-inayad nga immulog ni Manong Rudy tapno
   _____

3. Umarakup*ak* man kenka ta
   _____

4. Agsubli*ta* a maturogen ta
   _____

5. Alicia, umulog*ka* ta
   _____

6. Rudy-y-y-y-y!
   _____

QUESTIONS FOR DISCUSSION

A. Amirise*m* a nalaing ti ugali ni Manang Alicia. Amirise*m* ti ugali ni Manong Rudy. Ipalawag*mo* kadagiti kakaeskuelaa*m* ti naamiris*mo* nga ug-ugali*da*.
B. Sapule*m* iti istoria ti mangpaneknek nga agpayso nga adda ginggined? Ipalawag*mo* a nalaing.
C. No saan a nagsardeng ti ginggined, ket impapilit latta ni Manang Alicia ti naggian idiay balay, ania ngata ti mabalin a napasamak kenkuana? Ania met ngata ti inaramid ni Manong Rudy?

GRAMMAR NOTES

A. Recent-Action Verbs: *ka*CVC, *kai*CVC

These verbs are used to indicate action that has just occurred. Notice that the *i-* verb retains its Object-Focus marker, regardless of additional affixation. Hence, the verb *idulin* 'to put away,' when converted into the Recent-Action form would be *kaiduldulin* 'recently put away.' The actor in this form always takes the Genitive Pronoun set.

For example:

Kasangsangpet ni Uliteg Burcio itay.	'Uncle Burcio arrived just a while ago.'
Kaal-ala*k* iti eksamen*ko*.	'I have just taken my exam.'
Kapangpangan*ko* pay laeng; nabsoga*k* pay.	'I just ate; I'm still full.'
Kaibelbelleng*ko* iti basura.	'I have just tossed out the garbage.'
Kaip-ipan ni Lisa iti libro*m* idiay laybrari.	'Lisa has just taken your book to the library.'
Kait-ited*ko* kenka iti kuarta, dumawat*ka* manen.	'I just gave you some money; you are asking again.'

Exercises

1. Use the verbal roots below to form the *ka*CVC and *kai*CVC verbs. Then create meaningful sentences, using the verbs you formed. Translate your sentences into English. An example for each form is given.

   a. Katurturog*ko* pay laeng idi nangngeg*ko* ti kanalbuong.

   'I had just fallen asleep when I heard the booming sound.'

   b. pangan _____

   c. akar _____

   d. ala _____

   e. surat _____

f. pan _____

_____

g. Kaibelbelleng*na* pay laeng iti basura.

'She has just thrown out the garbage.'

h. pan _____

_____

i. awat _____

j. baga _____

_____

k. ited _____

_____

l. paw-it _____

_____

2. Choose the most suitable words from the *ka*CVC and *kai*CVC verbs you formed in exercise 1 above, to complete the sentences below.

   a. _____-*mo* pay laeng, maturog*ka* manen?

   b. _____-*ko* pay laeng, isu nga dia*k* kayat ti manganen.

   c. _____-*da* idiay baro a balay*da*.

   d. _____-*k* ti eksamen iti Ilokano.

   e. _____-*ko* kenni Nanang*ko*.

   f. _____-*ko* idiay New York ket, mapan*ak* manen.

   g. _____-*ko* ti basura ket apay nga adu manen?

Lesson 5 - Agtatakaw Wenno Ginggined

h. _____-*ko* kenka iti kuarta*m* ket, napukaw*mo*n?

i. _____-*mo* iti surat ket, adda manen ipan*mo*?

j. _____-*mi* iti kuarta idiay Pilipinas ta nagbagio idiay.

B. Sentence Modifiers

Sentence modifiers are words that alter the meaning of the sentence. They are adverb-like particles that normally occur after the first main word, although native speakers sometimes place them after the marker. When the main word is followed by a pronoun, the sentence modifier occurs after the pronoun, unless the pronoun is third person singular.

These sentence modifiers have been introduced separately in different lessons, but for review purposes, they will all be discussed together here.

Kano, often referred to as "reported speech" or "quotative marker," indicates that the information being transmitted is second-hand or hearsay.

For example:

Matalek*ka* kano.	'You are trustworthy, they say.'
Buluden*na* kano ta libro*m*.	'S/He said s/he will borrow your book.'
Ta libro*m* kano ti kayat*na* a buluden.	'S/He said that your book is what s/he wants to borrow,'
Ni kano Juan ti mapan.	'It was told that Juan will be the one to go.'
Mapan kano (isuna).	'It was told that s/he is going.'

Gayam expresses surprise at a sudden discovery of new information, or information that is suddenly remembered. It is similar to the English expressions 'Oh, I see' or 'Now I remember.'

For example:

Ay, sika gayam; kuna*k* no ni kayong*ko*.	'Oh, it's you; I thought it was my brother-in-law.'
A: Itatta ti padaya, saan nga intuno bigat.	'The party is today, not tomorrow.'
B: Ay, wen gayam.	'Oh, I see.' 'Oh, yes, now I remember.'

Ngamin is used when the sentence is intended as the reason, in response to the question *apay* 'why.' In some instances, it translates into the English tag phrase 'that's why.'

For example:

| A: Apay a pimmanaw*ka* a dagus? | 'Why did you leave right away?' |
| B: Nakilugan*ak* ngamin kenni Nelia Bayani, ta awan ti lugan*ko*. | 'It's because I got a ride with Nelia Bayani, since I didn't have a car.' |

Sentence modifier **-*sa*** expresses speculation or probability. It can be attached to just about any word, including markers. When attached to a consonant-final word, *-sa* is retained; when attached to a vowel-final word, it becomes *-nsa*. It usually occurs in an answer to a question with the sentence modifier *ngata*.

For example:

Agpanatengt*ak*sa, ta agbabaeng*ak*.	'I think I am catching a cold, because I'm sneezing.'
Agtudonsa.	'It looks like it will rain.'
Wensa.	'Probably.'

Ngata is a sentence modifier indicating speculation, or lack of certainty. It is normally used in a question, the negative answer to which, may also express uncertainty, and the positive response, probability or speculation.

For example:

Umay*da* ngata?	'Do you think they are coming?'
Possible Responses:	
Siguro.	'Maybe.'
Diak ammo.	'I don't know.'
Wen, umay*da*nsa.	'Yes, they are probably coming.'

Kadi, a question marker, changes a statement into a question. A question in Ilokano without *kadi* must use a rising intonation, but with *kadi*, the sentence is unambiguously a question, no matter what intonation is used.

For example:

Naaksidente*da* idi rabii.	'They had an accident last night.'
Naaksidente*da* idi rabii?	'Did they have an accident last night?'
Naaksidente*da* kadi idi rabii?	'Did they have an accident last night?'

Kadi is also used when a plea is made, as in the sentence below.

For example:

In*ka* kadin, a.	'Would you mind going now, please?'

It also contradicts an assertion or a rhetorical question, and is used with *met*.

For example:

Nabaknang dagiti agSantos, sika.	'The Santoses are rich, you know.'
Nabaknang*da* kadi met?	'You really think they are rich?'
Nalaing nga agtenis ni Roman, ania?	'Roman plays good tennis, doesn't he?'
Nalaing kadi met?	'He does? (I don't think so.)'

A question without *kadi* (in the first question below), may be a neutral one, simply trying to obtain information. However, with *kadi* (in the second question), the speaker may be making a deeper inquiry, expressing disbelief at the notion that s/he did something wrong.

For example:

Ania ti nagbasulak?	'What did I do wrong?'
Ania kadi ti nagbasulak?	'What did I do wrong?'

Manen simply translates into English as 'again.'

For example:

Awan manen ti bagas*tayo*n.	'We are out of rice again.'
Pangngaasi*m* man ta ulitem manen ti sungbat*mo*.	'Please repeat your answer again.'

Met 'also, too,' is a shift marker, used when switching speakers or referents.

For example:

Naimbag a bigat*mo*. Naimbag a bigat*mo* met.	'Good morning to you.' 'Good morning to you, too.'
Sika metten./Batang*mo* metten.	'Your turn now.'

It is also used to contradict an assertion, or expectation.

For example:

Adda dita rabaw ti dalikan ti pin*ggan*m*o*. Awan met ditoy. Kunak no adda ditoy, ket awan met gayam.	'Your plate is on top of the stove.' 'But it's not here.' 'I thought it was here, and (I find out) it is not.'

***Laeng* and *Latta*.** *Laeng* 'only, just' is a limiting modifier. Its short form is *la*. For example, *Maysa la/laeng ti kinnanko* 'I ate only one.' It is sometimes used interchangeably with *latta*. Compare these pairs of sentences with *latta* and *laeng*.

For example:

Daytoy latta ti nabati. Daytoy laeng ti nabati.	'This is all that's left.'
Sika lattan ti mapan. Sika laengen ti mapan.	'Just go by yourself.'
Kastoy latta ti biag. Kastoy laeng ti biag.	'Such is life.'
Adda latta umala kenni ama*na*. Adda laeng umala kenni ama*na*.	'There is always someone who takes after the father.'
Wen man latta ngaruden. Wen man laengen.	'All right then (if you say so).'
Pisos lattan. Pisos laengen.	'Just let me have it for one peso.'
Kasta*na* lattan. Kasta*na* laengen.	'Just leave it like that.'

Latta, however, appears to express finality, a firm expectation based on previous evidence or experience, or a sense of resignation, or concession, or an assertion of a stance or position, or settling for a decision that one may or may not agree with. Notice the difference in meaning between *latta* and *laeng* in these sentences, and the rest of the examples in this section.

For example:

Sika latta. Sika laeng.	'It's up to you.' 'Only you.'
Sika latta ti makaammon. Sika laeng ti makaammon.	'It's up to you (already).' 'Only you know (about it) now.'
Agbitlaakto latta, uray no kua ditan.	'I'll just go ahead and give a speech, anyway, no matter what.'
Agbitlaakto laeng.	'I will only give a speech (and do nothing more).'

When used in existential sentences, *latta* expresses expectation of the existence or non-existence of the entity or action being referred to. Notice that in the last sentence (marked with an asterisk*), *laeng* is ungrammatical.

For example:

Adda latta pansit no padayada. Adda laeng pansit iti padayada.	'There's always noodles at their party.' 'There's only noodles at their party.'
Kada mapanak idiay ket awan latta ti un-unida. *Kada mapanak idiay ket awan laeng ti un-unida.	'Everytime I go there, they don't say anything.' *'Everytime I go there, they only don't say anything.'

Pay adds the meaning 'more, in addition, still, yet, also, too' to the sentence.

For example:

Mangalaka pay.	'Get some more.'
Intedna pay ti kuartana.	'S/He also gave her/his money (in addition to what s/he already gave).'
Agurayka, ta agrubrubuatak pay.	'Wait, I'm still getting ready.'

Lesson 5 - Agtatakaw Wenno Ginggined

It implies non-completion of the action, when used in response to a question containing the adverbial particles -n, -en, -on.

For example:

Nagadal*ka*-n?	'Did you study already?'
Saan pay.	'Not yet.'
Kayat*mo* kadi a mapan*ak*-on?	'Would you like me to go now?'
Saan pay, intuno madamdama.	'Not yet; later.'
Adda nalut*om*-on?	'Have you cooked something (already)?'
Awan pay.	'Nothing yet.'
Nadalusan-en?	'Has it been cleaned (already)?'
Saan pay.	'Not yet.'
Agkanta*ka* pay.	'Sing also (in addition to what you have already done).'

Adverbial Particles ***-n/-en/-on*** 'already, now, anymore, no longer' generally indicate completion. The particle is *-n* when the word it is attached to ends in a vowel, *-en* when it ends in a consonant, and *-on* when attached to the pronouns *-ak*, *-k* (contraction of *-ko*) and *-m* (contraction of *-mo*).

It should be noted that the pronoun *-ak*, when followed by the enclitic *-n*, reverts back to its old form, *-ako*, as seen in the verb *mapanakon* above. Also, *-ko* and *-mo* do not contract to *-k* and *-m*, as shown in *nalutomon*.

For example:

Adu-n ti natay iti layus.	'Many already died in the flood.'
Nalpas-en ti klase.	'Class is finished already.'
Awan-en ti tulong ti gobierno.	'There's no help from the government, anymore'
Ited*mo*-n ti bingay*da*.	'Give their share now.'
Ala*ek*-on daytoy payong*ko*.	'I will get my umbrella now.'
Ibaga*m*-on.	'Say it now.'

Man is used when a making a request or suggestion. Without it, the sentence is a command. It is also used when the sentence is intended to be polite.

For example:

| Umay*ka* man ditoy. | 'Please come here.' |
| Magna*ak* man. | 'May I pass, please.' |

But, unlike in English, *man* cannot stand alone. Whereas in English, one can simply say, 'Please,' when asking for or requesting something, in Ilokano, we have to say '*Ala man.*'

For example:

| Kayat*mo* nga iyalaan*ka* ti danom? | 'Would you like me to get you some water?' |
| Ala man. | 'Please.' |

Man is also used when the response to a question is intended to be emphatic and unresponsive, or expresses frustration.

For example:

Umay*da* kadi ita?	'Are they coming today?'
Diak ammo man?	'How do I know?'
Di*ka* man agluku-luko.	'Would you stop fooling around?'

Lesson 5 - Agtatakaw Wenno Ginggined

Ketdi is a sentence modifier that expresses frustration, annoyance, or negative reaction. The expression, *Ania ketdin,* approximately, 'My goodness!' indicates strong disapproval. The enclitic *-n* is often attached to *ketdi* or the subject, if there is one.

For example:

Ania ketdin daytoy nga ubing!	'My goodness, this child!'
Ania ketdi daytoy nga ubingen!	'My goodness, this child!'
Imbaga*na* ketdin!	'Did s/he have to tell?'

Ala and ***alla*** are warning expressions. *Alla* occurs at the beginning of the sentence, and *ala* appears at the end.

For example:

| Alla, ipulong*ka*! | 'You watch; I'll tell on you!' |
| Ipulong*ka,* ala. | 'I will report you; you watch.' |

Koma has many applications. Generally, it is used in the same way that English uses the modals 'would, should, or could.' It also indicates intended action that did not materialize. In a conditional sentence with *no* 'if,' *di* 'then' sometimes precedes the consequential sentence.

For example:

No napan*ka* koma, (di) nakaala*ka* koma iti premio.	'If you had gone, you would have gotten a prize.'
Bagbagaa*m* koma, a, tapno maawatan*na.*	'You should counsel her/him, so s/he understands (why don't you)?' (a is a tag expression equivalent to different tag expressions in English.)'
Mapana*k* koma, ngem agbagbagio met.	'I would have gone, but there was a storm.'

Koma also reduces a command to a plea.

For example:

| Saan*nak* koma a pagsawsaw-an iti kasta. | 'Please don't talk to me like that.' |

The expression *sapay koma ta* denotes a wish or hope. *Ta* in this context does not mean 'because.' It roughly translates as 'that.'

For example:

| Sapay koma ta mangabak*tayo*. | 'I hope (that) we win.' |

Ngarud basically implies a concession or a change of decision. The enclitic *-en* is sometimes attached to it.

For example:

| Ibag*am* ngaruden. | 'Say it now, then.' |
| In*ka* ngaruden, no isu ti kayat*mo*. | 'Go now then, if that's what you want.' |

Suffix *-to/-nto* is a temporal sentence modifier indicating a future undertaking or result. The particle is *-to* when attached to a consonant-ending word, and *-nto*, when attached to a vowel-ending word.

For example:

| Agpadaya*tayo*nto intuno umay a lawas. | 'Let's have a party next week.' |
| Napintasto dayta, no malpas. | 'That will be nice, when it is completed.' |

Exercise

With your partner, write a dialog, using each of the sentence modifiers below.

manen	alla	-to/-nto	ngarud	latta
laeng/la	koma	gayam	kadi	ngamin
-n/-en/-on	ngata	kano	met	-sa/-nsa
pay	man	ala	ketdi	ala man

WRITING PRACTICE

A. Write twenty questions a detective is likely to ask to trace the source of the commotion in the main story. List them in logical order.
B. Write your own conclusion to the story. Be creative. Have fun with it.
C. Work with your group to find a part somewhere in the story where you can insert a mysterious person. Decide how you will make the character interesting. Rewrite the story accordingly.

FLUENCY PRACTICE

A. Set up an investigation situation involving the characters in the story, and use the twenty questions you wrote in the Writing Practice for the interview.
B. At night, when we are alone and everything is quiet, we often associate certain things we hear, feel, or see with frightening thoughts. Tell what the following situations could be mistaken for. Give several possibilities.
  1. Aggunggunay ti balay.
  2. Mangngeg*mo* ti karasakas iti ridaw.
  3. Makita*m* ti agsilap-silap a silaw iti tawa*m*.
  4. Adda makita*m* nga anniniwan iti kurtina.
  5. Adda mangngeg*mo* a ranitrit iti ridaw.
  6. Adda mangngeg*mo* nga un-uni.
  7. Adda mangngeg*mo* a taul ti aso iti tengnga ti rabii.
  8. Adda mangngeg*mo* nga ar-arasaas.

C. Relate a short, interesting story to the class about a natural disaster that you have experienced. Afterwards, one or two of the listeners will retell it, using *kano*. Other students will take notes and correct any errors or missing information in the retelling. Participants may contradict each other using other sentence modifiers.

CULTURAL ACTIVITIES

Pagsasao

A. Explain the saying in your own words or illustrate what it means in the form of an anecdote.
B. Explain what connects the sayings to the theme of the story?

> **Bambannog ti agdildillaw,**
> **no ti kadua ket agtatakaw.**

- Itarus*mo* iti Inggles:

  _____

- Pagsisilpue*m* dagiti balikas, tapno mabukel*mo* ti kaipapanan ti pagsasao. Isurat*mo* ti binukel*mo* a sarita iti linia iti baba.

  1. ti bagi*m*
  2. agdillaw*ka*
  3. kitae*m*
  4. sakbay nga
  5. pay la

- Isurat*mo* ti pinagsisilpo*m* a palawag ti pagsasao ditoy:

  _____

Lesson 5 - Agtatakaw Wenno Ginggined

**No adda talna,
adda met kappia.**

- Itarus*mo* iti Inggles:

  _____

- Pagsisilpue*m* dagiti balikas, tapno mabukel*mo* ti kaipapanan ti pagsasao. Isurat*mo* ti binukel*mo* a sarita iti linia iti baba.

  1. ti biag   5. no adda
  2. natalna   6. no awan
  3. awan ti talna   7. ngem
  4. hustisia   8. ti hustisia

- Isurat*mo* ti binukel*mo* a palawag ti pagsasao ditoy:

  _____

C. Add an appropriate phrase to make a complete saying:

1. No adda tagtagari,

   _____

2. No adda basol,

   _____

3. No adda bullalayaw,

   _____

4. No kanayon*ka* nga agulbod,

   _____

5. Awan ti mangan,

   _____

6. No awan ti agreklamo,

_____

7. No adda matakaw,

_____

8. No awan hustisia,

_____

Burburtia

Using the clues for each one, give the answers to the following riddles, then indicate what they
are used for.

**Naaladan, nadidingan,
ngem makastrek ken makaruar.**

- Itarus*mo* iti Inggles:

_____

- Tulong iti panangsungbat:

    1. Atiddog.
    2. Nalukneng.
    3. Nabasa.
    4. Mabalin nga ay-ayamen.
    5. Pangraman.
    6. Mabalin a sumrek.
    7. Mabalin a rumuar.
    8. Mabalin a lukut-lukuten.
    9. Aggian iti uneg ti ngiwat.

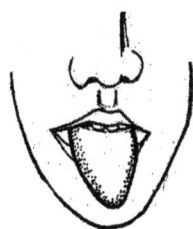

- Ania ti sungbat*na*? | d | | | a |

Lesson 5 - Agtatakaw Wenno Ginggined

Balay a makulpi-kulpi, maymaysa nga adigi.

- Itaruso iti Inggles:

  _____

- Tulong iti panangsungbat:

  1. No dadduma landok ti adigina; no dadduma kayo.
  2. No dadduma papel; no dadduma lupot.
  3. No dadduma attiddog; no dadduma ababa.
  4. Ukradem, sakbay nga usarem.

- Ania ti sungbatna? | p | | | | g |

Kansion

A. Learn the song. Memorize the lyrics and teach them to your partner. Be sure you understand the meaning of the words.

Naraniag A Bulan

O, naraniag a bulan
Un-unnoy*ko* indenga*m*
Dayta naslag a silaw*mo*
Di*mo* kad' ipaidam.

O, naraniag a bulan
Sangsangit*ko* indenga*m*
Toy nasipnget a lubong*ko*
In*ka* kad' silawan
Tapno dia*k* mayaw-awan.

Koro:
No in*ka* nanglipaten
Kari*m* kaniak naggibusen
Samsam-ite*k* ni Patay
O, bulan ket aklune*m*.
Nanglaylay ti ayat*ko*n,
In*ka* kadi palasbangen
Un-unnoy*ko*, darase*m* nga ikeddeng. ♣

B. Match the appropriate English word or phrase with the Ilokano vocabulary.

1. dark _____ un-unnoy
2. to be lost _____ naslag
3. bright _____ ipaidam
4. you listen to _____ indenga*m*
5. forget _____ nasipnget
6. your promise _____ mayaw-awan
7. to nurture _____ manglipaten
8. to decide _____ kari*m*
9. it would be sweeter _____ samsam-iten
10. to deny _____ aklunen
11. to accept; to embrace _____ palasbangen
12. pleadings _____ ikeddeng

- Answer the following questions:

    1. Sinno ti agkankanta iti daytoy a kansion?
    2. Sinno ti ikankantaan?
    3. Adda kadi relasion dagiti t attao iti kansion? Ikanta*m* d agiti I inia a mangipakita no adda relasion*da* ken no awan ti relasion*da*.

- Create your own story using the song for the basic framework of the plot. Establish characters and give them personality traits by using the descriptions from the song.

- With your partner, create a short courting story, inserting the song where appropriate. Present it in class.

CULTURE NOTES

The Philippines is a beautiful tropical country but it is often devastated by natural disasters. It lies in the so-called "ring of fire" in the Pacific. Earthquakes, volcanic eruptions, typhoons, and other calamities are not uncommon. These disasters disrupt not only people's lives, but also the economy.

Although this story is meant to be humorous, the earthquake that *Manong* Rudy and *Manang* Alicia experienced is not a laughing matter. Natural disasters like this cause fear and terror among the people. Consequently, people must learn how to survive. They have to make quick decisions not only to cope but to survive sudden danger. They get used to experiencing crisis as part of normal life.

Another point in the story that deserves discussion is the raising and treatment of animals. *Manang* Alicia, when informed that what was shaking the house was the pig scratching its back on the post, irritably said, "Just clobber that pig in the head!" Her reaction is typical of people's lack of respect and sensitivity toward animals. Cruelty to and neglect of animals, especially dogs and cats, is more the norm rather than the exception. Generally, Filipinos do not consider animals as pets. In the Philippines, animals are usually raised for food or left to roam. Unlike in Western countries, it is uncommon to have them as pets in the house.

In the United States, zoning restrictions and other regulations prevent animals from roaming around. In the Philippines, they are usually left in the yard or under the house. Pigs and chickens are sometimes tied to a post or a tree, to keep them from being stolen or from wandering too far away in the neighborhood.

LESSON 6

DIREKSION NGA AWAN DIREKSIONNA

READING

Pre-Reading Discussion
A. If you were new in a place, and did not know anybody, how would you find your way around? What is the most efficient way to find specific places, such as the best and cheapest restaurant, local entertainment, or places of interest?
B. If you were in a remote village, how would you find a doctor or a healer if you suddenly needed one?

Reading Tasks
A. List the direction words and expressions in the story and study them.
B. As a group, draw a map according to the boy's directions, including the landmarks he mentioned. You may indicate the landmarks by drawing them or marking them with specific signs. Then exchange maps with another group to compare them and correct the errors. (Variation: Draw a map on the board as the class dictates the directions, looking only at their own maps.)
C. Answer the questions, preferably using the words in the story, so you can become familiar with them.
   1. Ania ti nagan ti tao nga agis-istoria?
   2. Taga-ano isuna?
   3. Ania ti ar-aramidenna iti kapudutan ti kalgaw?
   4. Apay a mabisin?
   5. Ania ti kolor ti kurtina ti balay?
   6. Ania ti marikriknana iti sakana? Apay?
   7. Ania kano ti nakatangtangken a banag a madama nga us-usarenna?

8. Apay a kayat*na* koma a bitbiten ti sapatos*na*?
9. Ania ti kita dagiti dalan idiay siudad ti Baguio?
10. Ania ti angot ti danom a naipakbo iti dalan?
11. Sinno ti birbiruken ti baro?
12. Nanggatangan*na* iti sapatos*na*?
13. Sinno ti nagsaludsudan*na*?
14. Ania ti kontes wenno salip nga ar-aramiden dagiti ubbing?
15. Ania ti umuna nga imbaga ti baro kadagiti ubbing?
16. Ania ti inaramid ti maysa nga ubing sakbay a simmungbat?
17. Ania ti napasamak iti pulburon iti ngiwat*na*?
18. Idi nabannog unayen, sadinno ti nagtugawan ti agsalsaludsod a baro?
19. Ania ti ar-aramiden dagiti ubbing idi nakitati baro ida?
20. Ania ti napasamak iti saka*na* iti kapapagna*na*?
21. Ania kano ti aramiden ti lalaki, tapno makadanon idiay simbaan?
22. Ayan ti simbaan?
23. Ania kano ti aramiden*na* no madanon*na* ti Kalye Artemio Ricarte?
24. Ania ti adda iti sanguanan ti simbaan?
25. Ania ti adda iti likudan ti balay?
26. Kasano a simmungbat dagiti ubbing idi sinaludsod ti lalaki no ti balay a sapsapulen*na* ket daydiay itudtudo*da*? Saggaysa*da* kadi a simmungbat wenno naggigiddan*da*?
27. Ania ti makita ti lalaki no agpaabagatan?
28. Ania ti adda iti ballasiw ti balay a nakurtinaan iti ginansilio?
29. Sinno ti adda iti sanguanan daydiay a balay?
30. Ania ti ar-aramiden*na* idiay sanguanan ti balay?
31. Ayan ti bantay?
32. Ania ti kita ti balay iti sanguanan ti simbaan?
33. Ayan ti estasion ti pulis?
34. Ayan ti balay ti Kastila?
35. Ania ti adda iti sanguanan ti balay ti Kastila?
36. Ania ti napasamak iti balasang a nadungpar*na*?
37. Apay a natikaw ti baro kadagiti insungsungbat ti ubing?
38. Idi natikaw ti baro, ania ti inaramid dagiti dua nga ubbing?
39. Apay a narindir ti lalaki iti direksion nga inted dagiti ubbing kenkuana?
40. Ania ti intabbaaw ti baro?
41. Sinno ti aggigian iti balay nga itudtudo dagiti ubbing?
42. Idi intuloy ti baro ti nagnan, ania ti napasamak?
43. Ania ti dagus a naibaga*na*?

44. Sinno daytoy a balasang a sapsapulen ni Maning?
45. Ania ti linaon ti baniera a susuunen ti balasang?
46. Ania ti napasamak iti sapatosna? Iti pantalonna a puraw?
47. Kasano a nagsao ti balasang?
48. Apay a saan a magammatan ti baro dagiti ikan?
49. Apay a naibbatan ti baro ti kappi?
50. Ania ti kita ti rupa ti balasang?
51. Ania ti inaramidna iti paldana? Apay?
52. Ania ti nabayag nga inaramid ti balasang idi nangngegna ti naganna?
53. Ania ti narikna ti baro idi nakitana a saanen a makapungtot ti balasang?
54. Ayan kano ti balay ti balasang?
55. Ania ti kita ti paggigianan ti balasang?
56. Apay kano nga immakar ti pamilia ti balasang idiay baro a paggigianda?

STORY

Direksion Nga Awan Direksionna

Kapudutan ti kalgaw. Tengnga ti aldawen. Tallo nga orasen a magmagnaak. Nabannogak unayen. Mabisinak payen, ta saanak pay a nammigat ken nangaldaw. Nakasaksakit ti sakakon a magmagna. Baro pay met ngarud ti sapatosko a ginatangko idiay Marikina, ken nakatangtangken pay laeng ti lalatna. No mabalin la koma, bitbitek daytoy sapatoskon. Sumang-at-sumalog pay met dagiti daldalan ditoy Baguio. Naturod nga agpayso.

"Mano nga oras pay ngata ti pannagnak sakbay a mabirukak ti balay da Romelia? Maymayat sa ketdi no agsaludsodak," napanunotko.

Idi kuan, adda nakitak a tallo nga ubbing nga agay-ay-ayam. Nabangaranak. Mangmanganda iti pulburon. Agkokontesda no asinno ti kalaingan nga agsagawisiw nga adda pulburon iti ngiwatna.

Nagsarimadengak iti sanguananda, saak nagsaludsod kadakuada.

"Addi, di la mabalin ti agsaludsod?" kinunak kadakuada.

Lineppas ti maysa a tinilmon ti pulburon nga adda iti bibigna, sakbay a simmungbat, "Mabalin, Manong. Ania ti kayatmo a saludsuden?" kinunana. Naipugsona ti natda a pulburon. Nagkakatawada. Nakakatawaak met.

"Sapsapulek ti balay da Romelia Velasco. Ammom kadi no ayan ti balayda?" sinaludsodko kenkuana. Nagtugawak iti bangketa. Diak maibturanen ti sakit ti sakak. Nagkapuyo pay dagiti sakakon iti kapapagnak.

"Ay, ammok no ayan ti balayda," insungbatna. Inngatona ti imana, sana intudo ti dakkel a simbaan iti daya.

"Makitam daydiay a simbaan?" kinunana.

"Wen," insungbatko.

"Ayantayo, aya?" sinaludsodko.

"Addatayo iti laud, Manong," insungbat ti maysa.

"Kasta, aya?" insungbatko met.

"Surutem daytoy a dalan, ingganat' madanonmo ti dakkel a simbaan iti maikatlo a kanto. Daydiay a kalye iti kanto ket Artemio Ricarte ti naganna. Agpakannawanka idiay. Iti sanguanan ti simbaan iti ballasiw daydiay a kalye, makitam ti maysa a balay a napintaan iti asul, nga adda ruanganna a landok, a napintaan iti puraw. Iti likudan daydiay a balay, adda maysa a kalapaw, a nalawlawan iti gumamela ken bangbangsit.

Sangsanguen daytoy a balay ti Kalye Artemio Ricarte."

"Isu daydiay ti balay*da*?" sinaludsod*ko*.

"Saan. Saan a daydiay," naggigiddan*da* a simmungbat.

"Agpaabagatan*ka* 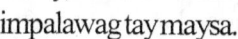 pay bassit, ingganat' makita*m* ti maysa nga atiddog a pasdek nga adda tiangge ken panaderia iti baba*na*. Sangsanguen daytoy ti Artemio Ricarte. Iti ballasiw, adda maysa a balay a nakurtinaan iti ginansilio nga amarilio ken berde ti kolor*na*. Iti sanguanan daytoy a balay, adda balasitang nga aglaklako iti miki. No sangsanguem ti balay, makita*m* ti bantay iti laud," impalawag taymaysa.

"Isu daydiay ti balay*da*?" sinaludsod*ko* manen.

"Saan, saan pay a daydiay, ngem asideg idiayen," agkumkumpas a simmungbat ti dua. "Magna*ka* pay, ingganat' makita*m* ti kalye nga Antonio Luna. Adda estasion ti pulis iti maysa a kanto. Agpakannigid*ka* idiay. Malabsa*m* ti estasion ti pulis iti kannawan*mo*. Iti kannigid*mo* adda madanon*mo* a balay ti Kastila. Iti sanguanan daydiay a balay, adda maysa a balay a bassit a naatepan ti panaw."

"Ngem saan a daydiay ti balay*da*, ania?" inunaa*ko*n, ngem namnamae*ka* daydiayen ti balay*da*.

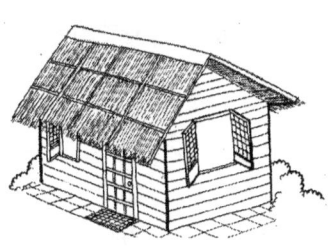

"Ne, apay nga ammo*m*? Nakapan*ka* kadi idiayen?" sinaludsod ti maysa a kasla natikaw.

Lesson 6 - Direksion Nga Awan Direksionna

Nagpaggaak dagiti dua nga ubbing a kaduana. "Nagrigatka a makaawaten, Pare," kasla agang-angaw a kinuna dagiti dua iti gayyemda. Idi kuan, sinangoda ni Maning.

"Wen, saan a daydiay ti balayda, ngem idiay ti papanam," kinunada.

"Apay?" sinaludsodko. "No saan nga idiay ti balayda, apay nga idiay ti papanak? Apay a mapanak idiay?" nagsasaruno ti saludsodko. Inrugikon ti nagna, ta narindirakon iti palikaw-likaw a direksionda. "Diaske nga ubbing," intabbaawko.

"Wen, ta aggigian ti kabsatna idiay," insungbatna. "Isu ti pagsaludsudam, ta nalipatakon no ayan ti balayda. Immakarda ngamin," intuloyna.

Idi intuloyko ti nagna, apagisu met a rimmuar nga agap-apura ti maysa a babai a nakasuon iti dakkel a planggana. Nadungparko ti babai a napariyaw.

"Ay, dispensarem, Ading," kinunak a dagus. Napatugaw ti babai. Nadalupisak. Natinnag ti planggana, ket naipakbo ti linaonna nga ikan a naiburais iti dalan. Nagkalawikiw dagiti ikan iti dalan, ken nagkarayam dagiti kappi. Napangangaak. Naipakbo kaniak ti linaon ti planggana, ket nabasa ti baro a sapatosko. Narugitan pay ti pantalonko a puraw.

"Apay a dimo kitkitaen ti dalanmo?" kinunana a makapungtot. Nakatugaw pay laeng iti daga a nalayus

"Dispensarem, Ading," kinunak lattan. Tulungak koma a tumakder, ngem "Saanen!" kinunana. Makagura ti timekna. Inwalinna ti imak. Rinugiak a ginammatan dagiti ikan, ngem diak met mapidut ida ta nakagalgalisda. Ginammatak ti maysa a kappi, ngem naibbatak idi inipitnak.

Kinita*k* ti nakamisuot a balasang a nakatakderen. Nagkuretret ti muging*na*. Agtantanabutob. Pekpekkelen*na* ti palda*na* a nakabasbasa.

"Romelia, sika gayam!" naibugkaw*ko* iti pannakakellaat*ko*. Kinita*nak*. Nabayag*nak* a miningmingan. Idi mailasin*nak* met, naikkat ti misuot*na*.

"Maning, sika gayam! Di met adda*ka* idiay Hawayen? Ania ti kukuae*m* ditoy?" Nagsasaruno ti saludsod*na*. Nagtipon ti napalalo a seddaaw ken ragsak*na*. "Ania ti kukuae*m* ditoy?" dinagullit*na* manen ti baro a nakaisemen.

"Sapsapule*k* ti balay*yo*," insungbat*ko*. "Sapsapulen*ka*." Nabang-aran*ak,* idi nakita*k* a saanen a makapungtot. Naragsakan*ak*.

"Dayta ti nanumo a balay*mi*," kinuna*na*, sa*na* intudo ti balay iti likudan*na*. Naatepan iti pan-aw ti balay, a tiangge ti sirok*na*.

"Itay pay la a sapsapule*k* ti balay*yo*. Agpakasdiay*ak* koman itay nadungpar*ka*," kinuna*k* kenkuana, nga itudtudo*k* ti bantay iti laud.

"Kaak-akar*mi* ditoy," insungbat*na*, "ta ngimmato ngamin ti abang*mi* idiay."

Pagammuan, adda nangngeg*ko* a pagpaggaak. Timmaliaw*ak*. Dagiti ubbing gayam a nagsaludsuda*k* ti agkatkatawa. Kitkitaen*dakami*. Kasta unay ti paggaak*da*. Ap-apputen*da* dagiti bibig*da*. Naipulagid ti pulburon kadagiti ruprupa*da*. ♣

VOCABULARY STUDY

A. In the story, find the Ilokano word for:

  1. roads　　_____

  2. you will reach　_____

  3. east　　_____

  4. finished　_____

Lesson 6 - Direksion Nga Awan Direksionna

5. smells of fish _____

6. to endure _____

7. walking _____

8. grass _____

9. with curtain _____

10. young girl _____

11. street _____

12. you will pass by _____

13. rent _____

14. ground, dirt, earth _____

15. basin _____

16. crocheted _____

17. in front of _____

18. confused _____

19. one by one _____

20. up and down _____

B. *Paris-Paris*. Match the words that are closest in meaning or are synonymous with each other.

    ___ naipakbo   1. adda atep*na*

    ___ tinaliaw   2. mapan idiay

    ___ naglaok   3. pannakakigtot

    ___ nabang-aran   4. limmag-an ti rikna

__ abang   5. nagtipon
__ naatepan   6. napunno ti danom
__ kanto   7. dinagullit
__ nalayus   8. kinita iti likudan
__ miningmingan   9. naibelleng
__ inulit-ulit   10. patakder
__ nakurtinaan   11. renta
__ kaak-akar   12. angot ti ikan
__ agdardaras   13. agpababa
__ pannakakellaat   14. kinita iti nabayag
__ pekkelen   15. pagpasensiaan
__ agpakasdiay   16. pespesen
__ dispensaren   17. agap-apura
__ sumalog   18. kaal-alis
__ ellek   19. adda kurtina*na*
__ pasdek   20. suli
__ napintaan   21. kasla nalipit a katawa
__ naiburais   22. adda pintura*na*
__ sumang-at   23. naiwaras
__ nalangsi   24. agpangato
__ natda   25. nabati

C. Look for these words in the story. Tell what they are referring to.

                                                Meaning   Referent

1. kapudutan
2. lalat
3. sumang-at-sumalog
4. naturod
5. bitbitbiten
6. bangketa
7. daya
8. simbaan
9. agpakasdiay
10. pasdek
11. naatepan iti pan-aw
12. palikaw-likaw
13. nakasuon
14. naipakbo
15. napatugaw
16. nagkalawikiw
17. agat-lames
18. nakagalgalis
19. naikkat ti isem*na*
20. nagkuretret

QUESTIONS FOR DISCUSSION

A. Iladawa*m* ti langa ni Maning? Apay ngata a sapsapulen*na* ni Romelia?
B. Apay a nakasuon ti baniera a napunno iti lames ti balasang?
C. Ania koma ti inaramid dagiti ubbing tapno saan a nataktak ti lalaki?
D. Anianto ngata ti pagbanagan ti panagsarak manen da Maning ken Romelia?
E. No kayat*mo* ti agsaludsod iti direksion iti maysa a ganggannaet, ania ti aramide*m*? Ti ibaga*m*? Ti saludsude*m*? Sinno ti pagsaludsuda*m*? Apay?

GRAMMAR NOTES

A. Directional Affix: *pa-*

The affix *pa-* functions as a verbalizing prefix which adds the meaning of "motion towards" to the word to which it is attached. It may be attached to locative nouns, such as *daya* 'east' to form the directional verb *padaya* 'go east.' It may be attached to place names, such as Waikiki to form the directional verb *paWaikiki* 'go to Waikiki.' It may also be attached to adverbs of manner, such as *kastoy* 'like this,' *kasta* 'like that (near),' *kasdiay* 'like that (far)' to form directional verbs such as *pakasta* 'go that way,' etc. Directional verbs may occur with or without the Actor-Focus prefix *ag-*, as the head of an intransitive construction, e.g., *Agpadayatayo*, or *Padayatayo* 'Let's go east.' They may also occur with the prefix *i-* to form the head of a transitive construction, to mean to take something some place, e.g., *Ipaigidmo dayta* 'Move that to the edge.'

Other examples:

Agpalaud*tayo*, tapno saan*tay'* a sangsanguen ti init ti agsapa.	'Let's go west, so we are not facing the morning sun.'
No mapan*ka* idiay balay*mi*, agpabantay*ka*.	'If you are going to our house, go towards the mountains.'

Exercises

1. The phrases below are examples of the *pa-* Directional form and other expressions for giving directions. Use combinations of them in sentences, using the *sa* sequence marker. The first one is done for you.

a. agpalaud 'toward the west'

    Agpalaud*ka*, sa*ka* agpabantay, sa*ka* agpakannawan a dagus.

'Go west, then go toward the mountains, then immediately turn right.'

b. agpaamianan 'toward the north'

_____

c. agpaWaikiki 'toward Waikiki'

_____

d. agpabantay 'toward the mountains'

_____

e. agpabaybay 'toward the ocean'

_____

f. agpakannawan 'toward the right'

_____

g. agpakannigid 'toward the left'

_____

h. agpaigid 'toward the edge'

_____

i. agpangato 'upward'

_____

j. agpababa 'downward'

_____

k. agpasuli 'toward the corner'

_____

l. agpasango 'go toward the front'

_____

m. sangsangue*m* ti bantay 'you are facing the mountains'

_____

n. lab(a)sa*m* ti ospital 'you will pass the hospital'

_____

o. aglikko 'to turn'

_____

p. makita*m* 'you will see'

_____

q. iyin-inayad*mo* 'slow down'

_____

r. agdiretso 'go forward'

_____

2. Translate the directions into Ilokano.

Write the directions on how to get to the University from your home or a location off-campus.

a. _____

b. _____

c. _____

d. _____

e. _____

f. _____

g. _____

3. Go on the Internet and find your State Capitol on the map. Find out how to get there from your University or home. On a separate sheet of paper, list the directions in Ilokano and number them.

B. Adjectival Affix: *agat-* or *aga*C

The *agat-* prefix is an adjectivalizer in a very limited way. It refers solely to the sense of smell. When attached to a consonant-initial word, the prefix is *agat-*, or *aga-* + the reduplication of the first consonant of the root word, as exemplified in the third sentence.

For example:

Agat-baybay ditoy.	'It smells of ocean here.'
Agat-ikan ti im*ak*.	'My hand smells of fish.'
Agabbaybay ditoy.	'It smells of ocean here.'

When attached to a vowel-initial word, *aga-*, with a glottal stop, is used interchangeably with *agat-*, but when *aga-* is used, a geminate glottal stop takes place.

For example:

| Aga-apoy ti aglawlaw. | 'The environment smells of fire.' |
| Agat-apoy ti aglawlaw. | 'The environment smells of fire.' |

Exercises

1. What does your sense of smell say about these objects?
   a. bangbanglo
   b. bugguong
   c. prutas a durian
   d. serbesa
   e. nalungsot a mansanas

durian

2. Game. Guess the smell of the objects inside the envelope. The one who correctly guesses the most wins points equivalent to the number of guesses.

C. Adjectival Affix: *sinan-*

Sinan- modifies the word it is attached to, adding the meaning "having the shape or look of." For instance, *Sinantao ti makitkitak idiay adayo* 'What I am seeing in the distance has the shape of a person.' When contradicting the statement with *sinan-*, such as the one given here, sometimes the prefix is used by itself, but with cvc reduplication. The response may be said this way: *Hmm, sinsinan laeng daydiay* 'Hmm, it only looks like it.'

Other examples:

Sinan-bituen dagiti parol*mi* no Paskua.	'Our lanterns at Christmastime are star-shaped.'
Nangaramid*ak* iti kahon a sinan-balay.	'I made a house-shaped box.'

Exercise

Sketch some pictures that have different shapes, or find a holograph, and have your classmates guess what the pictures look like.

D. Accidental Verbs: *naka-, nakai-*

An Accidental Verb indicates an involuntary action, or an action that is not expected or intended. As with most Ilokano verbs, Accidental Verbs have both Actor-Focus and Object-Focus forms. The Actor-Focus markers for this group are *naka-*, and *nakai-*, and the Object-Focus forms are *na-*, *nai-*, *na--an*, and the *napa-* Positional Verb, which will be discussed separately.

Lesson 6 - Direksion Nga Awan Direksionna

The verb form, *naka-* is derived from the *-en* and *-an* verbs (*dungparen* 'to hit,' *payatan* 'to step on,') and *nakai-* is derived from the *i-*verb (*ibelleng* 'to throw away'). Of the three, the *naka-* derivation of *-en* is used most frequently. Words for bodily functions usually take *naka-*, which is derived from *-an*. Some of them are *nakasarwa* 'accidentally vomited,' *nakatakki* 'accidentally defecated,' *nakaisbu* 'accidentally urinated,' *nakalugit* 'accidentally soiled pants.' Recall that in Lesson 4, we mentioned that the *i-* prefix does not get deleted with additional affixation.

Study these examples:

Actor-Focus: *naka-, nakai-*

Nakadungpar iti trak ti kotse ni Tata Angel.	'Uncle Angel's car accidentally hit a truck.'
Nakabaddek ni Julio iti lansa.	'Julio accidentally stepped on a nail.'
Nakaisbu ti tagibi iti lampin*na* idi kinili-kili*da*.	'The baby accidentally urinated in his/her diaper when they tickled him/her.'
Nakaibelleng*ak* iti kuarta a diak napupuutan.	'I accidentally threw out some money, without noticing it.'

Exercises

1. List ten Accidental Verbs with *naka-* and *nakai-*, and translate them into English. Use them in sentences, then put them together in a coherent paragraph.
2. Collect pictures of accidents and label them. Discuss them with the members of the class.

E. Accidental Verbs: *na-, nai-, na--an*

Ilokano uses these Object-Focus Accidental Verbs more often than the Actor-Focus forms. They usually occur in passive sentences.

There are distinct differences among these three verbal forms. The prefix *na-*, as mentioned in the previous section, is derived from the *-en* verb, the *nai-* from the *i-*verb, and the *na--an* from the *-an* verb.

Na--an differs from the other two in that the suffix *-an* appears to perform a prepositional function in certain verbs, such as *natuduan* 'accidentally rained on,' *naisbuan* 'accidentally urinated on,' *napinturaan* 'accidentally painted on,' *naikkatan* 'accidentally removed from,' and so on. It is also the affix of choice (with the na*in*-/*naim*-prefixes in some verbs), when describing psychological or religious frames of mind, such as *naispirituan* 'spiritual,' *nasantuan* 'holy,' *nainlangitan* 'heavenly,' *naimpusuan* 'wholeheartedly,' and so on.

For example:

Object-Focus: *na-*, *nai-*, *na--an*

Nabaddekan*na* ti gayadan ti bado*na*.	'She accidentally stepped on the hemline of her dress.'
Naidungpar*na* ti kotse*na* iti poste.	'S/He banged her/his car into a post.'
Napayatan*na* ti saka*k*.	'S/He accidentally stepped on my foot.'
Natinnag ti baso, ket nabuong.	'The glass fell and broke.'
Nadungpar ti karr*ok*.	'My car has been hit.'
Naipakbo ti gatas.	'The milk was accidentally spilled.'
Naibelleng ti bagas.	'The rice was accidentally spilled.'
Narugitan ti bado*na* a puraw.	'Her white dress got soiled.'
Nadanuman*na* ti kankanen.	'She accidentally poured water on the sweet rice cake.'
Natupraan*na* ti saka*na*.	'S/He accidentally spat on her/his foot.'
Naispirituan a panangagas ti nakapaimbag kenkuana.	'Spiritual healing was what made him well.'

Exercise

Select the verb that appropriately completes the sentence, and write it in the blank. Afterwards, write your own sentences using the rest of the words in similar sentences.

natulid	naitublak	natukkol	naman(t)saan
naalaan	naikkan	nauram	natupraan
nasuratan	naimpusuan	nakset	natupakan
naiduron	nadalapus	naigalis	naispirituan
nasantuan	nablo	nabaddekan	nakugtaran

a. _____ ti magmagna a lakay.

'The man, who is walking, fell over.'

b. _____ dagiti kaykayo idiay kabakiran.

'The trees in the forest burned down.'

c. _____ tay pinakbet.

'The *pinakbet* got burned.'

d. _____ ti ubing.

'The child fell on the ground.'

e. _____ ti kuko ti balasitang.

'The young girl's nail broke.'

f. _____ ti kusinero ti asin ti kape*na*.

'The cook accidentally put salt in his coffee.'

g. _____ -*ko* ti babai, ket natinnag iti pitak.

'I accidentally pushed the woman, and she fell in the mud.'

h. _____ ti lalaki iti baba.

   'The man down below was spat on.'

i. _____ ti bato ti ulo*na*.

   'A rock fell on his head.'

j. _____-*na* ti ubing, ket natumba.

   'He accidentally ran into the child, and (the child) fell.'

k. Makasagid-puso ti _____ a kansion*na*.

   'Her spiritual song touches the heart.'

l. _____ ti abbong ti lamisaan.

   'The tablecloth got stained.'

m. _____-*na* ti diding.

   'S/He accidentally wrote on the wall.'

n. _____ ti panagkararag*na*.

   'Her prayer was said wholeheartedly.'

o. _____ ti takiag ti barito.

   'The young man's arm was fractured.'

p. _____-*na* tay sabali nga atado.

   'She accidentally took from the wrong pile.'

q. _____ nga aldaw ti Paskua.

   'Christmas is a holy day for Christians.'

r. _____ ti lalaki.

   'The man slipped.'

Lesson 6 - Direksion Nga Awan Direksionna

F. Accidental-Positional Affix: *napa-*

Napa- is a combination of two affixes, *na-* Accidental or Involuntary and *pa-* Positional. Therefore, *napatugaw* means 'accidentally fell into a sitting position.' Its nonpast form is *mapa-*.

For example:

Napaidda ti lakay iti tengnga ti kalsada.	'The old man fell on his back in the middle of the street.'
Napakleb ti ubing nga agtartaray.	'The child, who was running, fell on his/her stomach.'

Exercise

Go back to the story and find all the *napa-* Accidental verbs. List them in the blank spaces below and use them to form your own sentences. The first one is done for illustration.

a. napaparintumeng   Napaparintumeng ti ubing idi naiduron*na*.

'The child fell on her/his knees when s/he accidentally pushed him.'

b. _____   _____

c. _____   _____

d. _____   _____

e. _____   _____

f. _____   _____

WRITING PRACTICE

A. Insert a prelude, a coda, and where appropriate, a flashback in the story.

B. Graffiti

On a poster-size paper, create a graffito from the perspective of the naughty boys on the street. Bring it to class and post it on the classroom wall; so everybody can read each other's graffiti.

C. Giving Directions

You are giving a party at your home. Draw a map showing how to get to your house from your school. Then at the bottom of the map, write down the directions on how to get there. Assign a number to each direction, and write the corresponding numbers on the map.

(Variation: Explain on the phone how to get to your house. Based on what you say, your group will write the directions and construct a map showing how to get there.)

Below is a list of direction words that you may use for this exercise.

agpakannigid	makita	madanon
laud	panurnuren/suruten	agpadaya
agpakannawan	daya	abagatan
likudan	ballasiw	asideg
sanguanan	umuna a kalye	abay
lasaten	kanto	amianan
labasan	agdiretso	nagsangaan ti dalan

D. Message by E-mail
   1. You are in Seattle and you plan to visit your friend in Hawai'i. Send her an e-mail message telling her of your trip, including the time and date of your arrival and departure, and other relevant flight information. You may include other important information.
   2. You are the friend in Hawai'i. Write this reply to her e-mail:

    You offer your home to your friend for the duration of her stay in Hawai'i. However, you cannot pick her up, but suggest she take a taxi or the shuttle bus, and you will leave the key to the house under the largest

Lesson 6 - Direksion Nga Awan Direksionna

potted plant behind the house. You also draw a map and write directions to your home from the airport, so she can direct the taxi driver to your house. You may add other pertinent information.

E. Write about an experience where you accidentally or inadvertently did something, using the *naka-*, *nakai-*, *na-*, *nai-*, and *na--an* Accidental Verbs.
F. A child accidentally shot (*napaltugan*) a member of his/her family. Explain to the police how the accident happened. Include four or more Accidental Verbs in your explanation.

FLUENCY PRACTICE

A. Message by Phone
Instead of sending an e-mail, call your friend in Hawai'i and tell him/her personally all the directions mentioned in your e-mail in the Writing Practice section above. Your secretary (the class) will take notes on your telephone conversation and repeat the information to you, which you will also write down. Afterward, compare your information with the class. If there is conflicting information, get a consensus from the class.
B. The three kids are on the street, talking and laughing about Maning. What do you suppose they are saying to each other? Create their conversation.

CULTURAL ACTIVITIES

Pagsasao
Translate the sayings, then perform the tasks as indicated below.

> **Ti tao a napinget,**
> **uray agpeggad,**
> **sumaranget.**

- Itarus*mo* iti Inggles:

_____

- Ania ti kayat*na* a sawen ti ...
    1. ... napinget?
    2. ... agpeggad?
    3. ... sumaranget?

- Ibaga*m* dagiti krisis wenno pagrigatan ti biag a gagangay a sarsarangten ti tao.

    1. _____
    2. _____
    3. _____

    **Iti sanguanan, nasayaat;
    iti likudan, kumagat.**

- Itarus*mo* iti Inggles:

    _____

- Pagsilsilpue*m* dagiti balikas iti baba tapno mabukel*mo* ti kaipapanan ti pagsasao.

    1. ngem no
    2. no adda iti sanguana*m*
    3. kenka
    4. a nasayaat
    5. adda tao
    6. nakatallikod*ka*n
    7. perperdien*naka*n

- Isurat*mo* ti binukel*mo* a palawag ti pagsasao iti rabaw ti linia:

    _____

- Itarus*mo* ti binukel*mo* a palawag ti pagsasao iti rabaw ti linia:

    _____

**Naim-imbag ti
agdadata a kabusor*mo*,
ngem tay gayyem
a saan a napudno.**

- Itarus*mo* iti Inggles:

  _____

- Pagsilsilpue*m* dagitoy a balikas tapno mabukel*mo* ti kaipapanan ti pagsasao.

    1. a saan*mo*
    2. ngem ti kabusor*mo*
    3. no saan a napudno
    4. narigat*mo* a maammuan
    5. ammom latta
    6. a mapagtalkan
    7. ti gayyem*mo*

- Isurat*mo* ti binukel*mo* a palawag ti pagsasao iti linia:

  _____

- Itarus*mo* ti insurat*mo a* palawag ti pagsasao ditoy linia:

  _____

- Mangisurat*ka* iti pakaammuan a kabusor*mo* ti maysa a tao.

    1. _____

    2. _____

    3. _____

- Mangisurat*ka* iti pakaammuan a gayyem*mo* ti maysa a tao.

   1. _____

   2. _____

   3. _____

   **Nasaysayaat ti naimbag a gayyem,
   ngem ti kabsat a mangirurumen.**

- Itarus*mo* iti Inggles:

   _____

- Pagsisilpue*m* dagiti balikas iti baba, tapno mabukel*mo* ti umuna kaipapanan ti pagsasao.

   1. nga awan
   2. ti kabsat*mo*
   3. naim-imbag pay
   4. kenka
   5. ti gayyem*mo*
   6. ti panagayat*na*
   7. a mapagtalka*m*
   8. ngem

- Pagsisilpue*m* dagiti balikas iti baba, tapno mabukel*mo* ti maikadua kaipapanan ti pagsasao.

   1. ti kabsatmo
   2. ti ugali
   3. no madi
   4. ti sabali
   5. kaykayatmo
   6. pay
   7. a tao

Lesson 6 - Direksion Nga Awan Direksionna

- Isurat*mo* ti binukel*mo* a palawag ti pagsasao iti linia:

  _____

- Itarus*mo* ti binukel*mo* a palawag ti pagsasao iti linia:

  _____

Burburtia

A. Fill in the boxes with the letters that form the words for the body parts that are being referred to in the riddles.

1. Dua nga tubong, napunno ti dagum.

2. Dua nga bulintik, sumirsirip.

3. Dua nga linia, agsarita.

B. Translate the riddles, then figure out the answers to them by studying the clues for each one.

Dua a barko, maymaysat' makalugan a tao.

- Itarus*mo* iti Inggles:

  _____

- Tulong iti panangsungbat:
    1. Adda natayag; adda nababa.
    2. Nadumaduma ti kolor*na*.
    3. Nadumaduma ti kadakkel*na*.
    4. Nadumaduma ti materiales*na*.
    5. Iyusok*mo*.
    6. Masapul a dua; saan a mabalin ti maymaysa.
    7. Mabalin a naaramid iti lalat; mabalin a naaramid iti tela; mabalin met a naaramid iti plastik.

- Ania ti sungbat*na*? | s | | | | | s |

Bagbagkate*k*; bagbagkaten*nak* met.

- Itarus*mo* iti Ingggles:

  _____

- Tulong iti panangsungbat:
    1. Ibaddek*mo*.
    2. Magna.
    3. Sangapulo ti ramay*na*.
    4. Adda nalukmeg; adda nakuttong.
    5. Adda dakkel; adda bassit.
    6. Adda kuko*na*.

- Ania ti sungbat*na*? | s | | a |

Kansion

Learn to sing the song, memorize the lyrics, and be prepared to sing the song in the following exercise.

Pick a partner, sing the song to him/her, then in your own words, repeat to him/her the promises made in the song.

Dungdunguenkanto

Dungdunguen*ka*nto unay, unay
Indayunen*ka*nto iti sinama-ay
Tultuluden*ka*ntot' naaluma-amay
Pagammuanen in*ka*nto mailibay.

Apaman nga in*ka*nto makaturog
Iyabbong*ko* ta rupa*m* daytoy panio*k*
Tapno dina*ka*nto kagaten ti lamok
Ket maimas*mo*ntot' maturog.

Annay, puso*k*, annay, annay!
Nasaem, naut-ut la unay
Itde*m* kaniak ti pannaranay
Ta kaasi-*ak* a maidasay. ♣

CULTURE NOTES

Filipinos have a unique way of giving directions that is not as specific as in Western countries. They usually give directions by using their lips, fingers, or eyes to direct somebody to a particular location. This is because in most cases, especially in rural communities, people know where someone is staying, making it unnecessary to give elaborate directions to strangers.

Today, population growth and urbanization have changed the nature of community life. This has resulted in crowded cities, making it difficult to locate people by just giving vague directions. It has therefore become necessary to install street signs and add numbers for home addresses. In time, however, these street signs deteriorate or disappear and are never replaced. This brings back the original problem of making it difficult to give specific directions.

LESSON 7

TI SEKRETO NI MANONG SIMO

READING

Pre-Reading Discussion
A. Divorce is a very common and widely accepted phenomenon in the United States. Statistics show that almost fifty percent of marriages end in divorce, and many have been through it more than once. What might be the root causes of divorce that make it so rampant in this culture and society? What effect does it have on families, on women, on men, on society, and the economy as a whole? Who usually loses in a divorce?
B. What is being done to avert or reduce the occurrence of divorce? How do the American people feel about divorce? How do Filipinos feel about it, being that most of them are Catholic?

Reading Tasks
A. Divide the story into two sections, one section for *Manang* Lupe, and the other for *Manong* Simo. Type all the dialogs of *Manang* Lupe under her name, and *Manong* Simo's under his. Have one-half of the class read *Manang* Lupe's lines, the other half *Manong* Simo's, or you may choose two students to portray each of the characters.
B. Have one-half of your group write an outline of all the information about *Manong* Simo's family. The other half should do the same with *Tata* Estong's family. Use your outlines to present your arguments in debating the two situations, specifically with regard to having children.

STORY

Ti Sekreto ni Manong Simo

Magusgustuak a kalanglangen da Manong Simo ken Manang Lupe, ta nasingpet ken naangawda. Nagadu ti nakakatkatawa nga is-istoriada no mapmapankami idiay Baguio. Masansan nga agkukuyogkami nga agbakasion, ta kadagiti amin nga agkakasinsin, dakami laeng kenni Manong Simo ti agkataeb ken agkadutdutan. Agkatunusanda. Saanda nga agap-apa.

"Karla, inkam' agbakasion kenni Manangmo. Umayka. Kumuyogka kadakami," iyawis ni Kasinsin Simo no kua.

"Ala wen. Ibagayonto latta no kaano," napardas met a sungbatko.

Nakapinpintas ti relasion da Manong Simo ken Manang Lupe. Uray naminsan, diak pay nakita ida a nagapa. Nabayagda a nagkasaren, ngem adu ti agkuna a kasla kakaskasarda, ta nakaromromantikoda. Pudno a napigsa ti panagtalekda iti tumunggal maysa.

Duapulo a tawenen ti napalabas, idi nagabayak iti kasarda idiay daan a katedral ti Vigan. Nagadu ti tattao a timmabuno. Lima a baboy, dua a nuang, ken dua a baka ti pinartida, sa nagpulpogda pay iti dua a kalding. Kas kinuna dagiti tattao idiay ili, enggrande kano ti kasarda.

Narang-ay ti biag da Manong Simo, ngem awan ti anak*da*, ket isu la daytoy ti paglidlidayan*da* no maminsan. Adu a tawenen a dagdagdagen dagiti pampamilia ken gagayyem*da* nga agawaan*da* ti "agaramid," tapno addanto mangtarabay kadakuada intuno bumaket ken lumakay*da*.

Masansan met a mangmangngeg*da* nga ibagbaga dagiti agassawa nga Estong ken Lucing, a kaarruba*da*, a dagiti annak*da* ti kinabaknang*da*. Sangapulo ket tallo ti annak*da*n, pito a lallaki ken innem a babbai ken masikog manen ni Nana Lucing.

Pudno a dagiti annak*da* ti ibakbaknang*da*, ta adu ti

katulungan*da* iti biag. Kadua ni Tata Estong dagiti tallo a baro*na* nga agtaltalon. Dagiti met uppat, nagasat*da* a nakastrek iti trabaho idiay munisipio. Inserrek ida ni Manong Simo, ta nangato ti saad ni Manong Simo idiay.

Dagitoy nga uppat ti tumultulong a mangpapaadal kadagiti in-inaudi a kakabsat*da* a babbai. Gapu iti kadakkel ti pamilia*da*, adu ti ubra iti balay, ngem saan unay a marigatan ni Nana Lucing ta adu ti katulungan*na* nga agtagibalay. Ket no met adda agsakit, adu*da* a mangsarsaranay.

Inar-arapaap met ni Manong Simo ti kastoy a kinabaknang, ngem daksanggasat, ta saan a nagbunga ti ayan-ayat*da* kenni Manang Lupe. Isu nga nangala*da* iti maysa a kaanakan ni Manang Lupe, nga imbilang*da* nga anak*da*. Tinaraken ken pinagadal*da* daytoy nga ubing.

Ngem maysa nga aldaw nga isasarungkar*ko* kadakuada, nadanuna*k* nga agan-anug-og ni Manang Lupe. "No apay met ngamin nga inang-angaw*ko*," intanabutob*na*. Dia*k* naawatan ti imbaga*na*. Nataldiapa*k* ni Manong Simo iti abay ni Manang Lupe. Ay-ayuen*na* ni Manang Lupe. Dinardaras*ko* ti nagpaka*da*, ta nadlaw*ko* nga adu pay laeng ti nasken a pagsaritaan*da*.

Idi nagkita*kami* manen kenni Manong Simo, inintuod*ko* no apay nga agsangsangit ni Manang Lupe idi dimmagas*ak* idiay balay*da*. Kastoy gayam ti napasamak. Nakakatkatawa a saan ti napasamak.

Alas singko ti malem idi. Nganngani lumnek ti initen. Kasangsangpet ni Manong Simo a naggapu idiay opisina. Kaserserrek*na* pay laeng iti paraangan, idi sinabat ni Manang Lupe.

"Adda surat*mo*," kinuna*na*.

"Ayan*na*?" sinaludsod ni Manong Simo, a nagtarus idiay kuarto*da*. Simmaruno ni Manang Lupe, ngem saan a simmungbat.

"Siguro naggapu idiay prinsipal idiay Sinait dayta. Nagsurat*ak* ngamin kenkuana itay napan a bulan, maipapan kadaytay anak ni Tata Estong," impugto ni Manong Simo.

"Saan. Naggapu idiay Vigan," insungbat ni Manang Lupe. "Personal. Derosas pay ti sobre*na*, ne," insungbat*na* nga iwaswasiwas*na* ti sobre. Naginsususpetsa. Nagin-iimon. Naginseseriosa. "Sinno daytoy a babai, nga L. T. ti inisial*na*?" naginkukuna a dinamag ni Manang Lupe.

"*Mu*dtoy man ta kitae*k*," kinuna ni Manong Simo. Inaon ni Manang Lupe ti surat iti bolsa*na*. Insubli*na* iti sobre. Tay sobre laeng gayam ti iwaswasiwas*na* itay.

"Binasa*m*, gayamen," kinuna ni Manong Simo a kasla maganatan a mangbasa iti surat.

"Sinno daytoy a babai?" sinaludsod*na* manen. "Adda gayam gayyem*mo* idiay Vigan. Apay di*mo* imbaga kaniak?"

"Ni Leticia Torres siguro," indayamudom ni Manong Simo.

"Ania? Ni Leticia Torres a kaeskuelaa*k* idi?" imbugtak ni Manang Lupe. Saan*na* a nateppelan ti simro a panagimon*na*n. Pudnon ti sakit ti nakem*na*. Saanen a naginkukuna. Saanen a nagin-iimon. Impalladaw*na* kenni Manong Simo ti sobre. Nagsangiten. Kasta unay ti anug-og*na*. Abus man pay ta, gagangay met a nasintir ni Manang Lupe. Masapul nga al-aluada*m* ti panagsasao*m* kenkuana.

"Salsaludsude*m* pay laeng ket ammo*m* la ngaruden. Adda la ngarud kenka dayta surat*na*n," kinuna ni Manong Simo.

"Nagtalek*ak* kenka," insangit ni Manang Lupe.

"Uray kaano man, saan*ko* a dinadael ti panagtalek*mo* kaniak. Nabayag daydiayen; saan*ta* pay a nagkasar idi. Agbasbasa*ta* pay la idiay Vigan idi. Dia*k* pay ketdi ammon no ayan*na* dayta a babain. Nabayagen a dia*k* nakitkita wenno nakasarsarita," impalawag ni Manong Simo.

"Hm, patie*m*! Isu met la a kanayon*ka* idiay Vigan kadagiti napalpalabas a bulan," kinuna ni Manang Lupe nga agtugtugawen iti sopa. Ginaw-at*na* ti gayadan ti bado*na*, sa*na* impunas iti agar-arubos a lua*na*. "Bisnis kano ket babai met gayam," kinuna*na* nga agsasaibbek. Kasta unay ti sakit ti nakem*na*.

"Saan*mo* a pakadanagan daydiayen, ta nalpasen daydiay. Nabayag

Lesson 7 - Ti Sekreto ni Manong Simo

daydiayen; awan daydiayen. Pudno nga adda as-asikasue*k* a bisnis idiay Vigan," inyay-ayo ni Manong Simo. Inaprosan*na* ti buok ni Manang Lupe, ngem inwalin ni Manang Lupe ti ima*na*. "Awan daydiayen. Idi pay la daydiay. Sa idi kakaskasar*ta*, napan*ko* la kinita iti naminsan, tapno ibaga*k* la nga adda asawa*ko*n," impalawag ni Manong Simo.

Kasta unay ti pauyo ni Manang Lupe. Managpauyo pay met a naminpinsan. Saan met a tinantanan ni Manong Simo ti panangay-ayo*na*, ingganat' di nagsardeng iti panagsangsangit*na*.

Idi kuan, naay-ayon ni Manang Lupe. Nakaisemen. "Mabisin*ak*on. Sika, haan*ka* pay a mabisin?" sidudungngo a sinaludsod*na* kenni Manong Simo.

"Itattay*ak* pay la a mabisin, ngem mabuteng*ak* a mangibaga, ta baka sabidungan*nak*," inyangaw ni Manong Simo, nga agkatkatawa.

"Kunam pay!" inyangaw met ni Manang Lupe a nakaisem. "Anattayen tay bisnis*mo* idiay Vigan, nga ilimlimed*mo* kaniak?" sinaludsod*na*, a nalawagen ti rupa*na*.

"Ala man laengen. Ibaga*ko*n, tapno agtalna*ka*n," kinuna ni Manong Simo. "Mangipatpatakder*ak* iti dakkel a balay, nga isorpresa*k* koma kenka iti anibersario ti kasarta, intuno umay a tawen," impalawag ni Manong Simo.

"Ket apay idiay Vigan ti nangipatakdera*m*?" sinaludsod ni Manang Lupe.

"Iyakar*dak*to ngamin idiay. Inikkan*dak* ti nangatngato pay a posision idiay," impalawag*na*. Inngato*na* ti ima*na* a kasla agsapsapata, sa*na* kinuna, "Sika laeng ti ay-ayate*k*, Lupe, awan sabali."

Kiniddil ni Manang Lupe ni Manong Simo. Naginnarakup*da*. "Kaanonto manen ti ipapan*mo* idiay Vigan, ta kumuyog*ak*to man, tapno makita*k* met daydiay balay?" sinaludsod ni Manang Lupe.

"Intuno umakar*ta* laengen. Lima pay a bulan, malpasto daydiayen," insungbat ni Manong Simo. Nagtakder ni Manang Lupe. Napan idiay kusinan, tapno idasar*na* ti pangrabii*da*. Idi nakapanawen, pinidot ni Manong Simo ti surat iti datar. Inagawaan*na* nga inukrad. Binasa*na*.

Septiembre 17, 1967

Pagraemak a Maestro,

    Kumustakayo dita? Sapay koma ta napiakayo amin dita a danunen daytoy suratko. No siak met ti kayatyo a damagen, kaasi ni Apo Dios, nakaradkadak met.

    Sapay koma a matandaanandak pay laeng. Siak tay estudianteyo idi 1960, idi mangisursurokay' pay laeng ditoy bariomi, a Kabaruan. Siak tay nagbalediktorian kadaydiay a tawen. Kalpasan ti panagturposko iti intermedia, nagsardengak a nagbasa, ta tinulungak ni Tatang iti taltalunenmi a daga iti tallo a tawen.

    Nakapagsuratak kadakayo, ta kayatko koma a maammuan no mabalin a tulungandak nga agsapul iti trabaho dita ili. Itan ta nakaturposakon iti sekundaria, masapul a siak metten ti tumulong kada Tatang ken Nanang a mangpaadal kadagiti kakabsatko. Siak ngamin ti inaunaan.

    Dispensarenyo koma daytoy derosas a sobre nga inusarko. Daytoy laeng ngamin ti nasapulak ditoy balay. Ammoyo metten ditoy away. Saan a kasla dita ili nga adu ti mabalin a paggatangan ti amin a masapsapul.

    Sapay koma ta maawatanyo daytoy kasasaadko, ket matulungandak. Agyamanak iti aniaman a maaramidyo para kaniak. Subalitanyo koma a daras daytoy suratko.

    Toy sidadayaw,

    Loreto Tomas ♣

VOCABULARY STUDY

A. List the different ways of saying "asked."
B. List the different ways of saying "said."
C. Choose a partner and say the lines to him or her in the moods indicated by the adjectives and expressions. Keep repeating each line until your partner has responded. Be a good sport. Have fun with it.

makaunget	'angry'
nadungngo	'affectionate'
awan bibiang	'not caring'
naemma	'demure'
naumbi	'sweet, loving'
suplada/o	'snobbish woman/man'
naayat	'loving'
aglaladut	'feeling lazy'

1. Adda surat*mo*; naggapu idiay Vigan.
2. Ayan*na*? Nangikabila*m*?
3. Linukata*mo*n ket, salsaludsude*m* pay laeng.
4. Sinno daytoy a babai, a nagsurat kenka?
5. Nabayag daydiayen. Saan*mo* a panpanunutenen.
6. Bisnis kano ket, saan met gayam.
7. Idi pay la agnobia*ta* daydiay.
8. Personal daytoy ta derosas ti sobre*na*.

D. Recall the information in the story that goes into the blank space. Refer to the story only if you can't remember the word.

1. _____ da Manong Simo ken Karla. Naiyanak*da* a dua idi Mayo 27, 1935.
2. Kadagupan*da* amin nga agkakasinsin, da Manong Simo ken Karla ti _____.
3. _____ da Manong Simo ken Karla. Saan*da* nga agap-apa. Saan*da* nga agkinkinnontra.
4. Napigsa ti _____ da Manang Lupe ken Manong Simo iti tumunggal maysa.
5. Duapulo a tawenen ti _____ manipud idi nagkasar da Manong Simo ken Manang Lupe.
6. Adu ti tattao a _____ iti kasar da Manong Simo ken Manang Lupe.
7. No awan ti anak, awan ti _____ no bumaket ken lumakay*tayon*.
8. _____ da Manong Simo ti maaddaan iti anak, ngem saan nga impatulnod ni Apo Dios.
9. Naammuan ni Karla no apay nga agsangsangit ni Manang Lupe idi _____ idiay balay*da*.
10. Rumabii idin, ta nganngani _____ ti initen.
11. _____ ni Manang Lupe ni Manong Simo idiay paraangan.
12. Saan a _____ ni Manong Simo no sinno ti naggapuan ti surat. Kamali ti pugto*na*.
13. _____ laeng ni Manang Lupe. Saan nga agpayso a nagimon.
14. _____ a nasintir ni Manang Lupe. Nalaka nga agsakit ti nakem*na*.
15. _____ ni Manang Lupe kenni Manong Simo; napigsa ti pammati*na* iti lakay*na*.
16. _____ ni Manang Lupe, ta pagarup*na* no adda nobia ni Manong Simo idiay Vigan.
17. _____ a kanayon ni Karla da Manong Simo. Agkadkadua*da* a kanayon, uray iti panagbakasion.
18. _____-*da*, isu nga kanayon*da* nga agkakatawa.
19. Inampon da Manong Simo ti maysa a _____ ni Manang Lupe.
20. Ti _____ ni Manong Simo ket, naggapu idiay prinsipal idiay Sinait ti surat.

21. Masapul kano nga _____ ti panagsao*m* kenni Manang Lupe, ta nasintir kano unay.

QUESTIONS FOR DISCUSSION

A. Ania ngata ti narikna ni Manang Lupe idi inawat*na* ti derosas a sobre iti kartero? Ania ngata ti simrek iti panunot*na*? No sika ni Manang Lupe, kasano ngata ti panagrikna*m*? Ania ngata ti sumrek iti panunot*mo*?

B. Agpayso kadi a saan pay a binasa ni Manang Lupe ti surat, idi simmangpet ni Manong Simo? Ikalintega*m* ti sungbat*mo*? Basae*m* ti parte ti istoria a mangpaneknek kadaytoy?

C. Pinanggep kadi ni Manang Lupe a tiliwen ni Manong Simo iti panaginkukuna*na* a babai ti naggapuan ti surat? Paneknekam ti sungbat*mo*?

D. Kasano koma a naliklikan ni Manong Simo ti nagbalin a problem*ada*? No sika ni Manong Simo, nagpudno*ka* kadi koma? Ania koma ti inaramid*mo*? No sika ni Manang Lupe, ania koma ti inaramid*mo* iti daytoy a situasion?

GRAMMAR NOTES

A. Pretend Verb: *agin*CV

The prefix *agin-* means 'to pretend' or 'to fake.' It is followed by a reduplication of the CV of the root word. Ilokano speakers would sometimes reduplicate the prefix itself, as in this sentence: *Agin-aagin laeng dayta.* 'S/He is only pretending to pretend.' This form is usually said in jest. Its past form is *nagin-*.

Exercises

1. Shorten each phrase into one word to form the verb which means 'to pretend.'

   a. aginkukuna nga agim-imon _____

   b. naginkukuna a nagpungtot _____

   c. aginkukuna a makagura _____

   d. aginkukuna nga agsangsangit _____

e. naginkukuna a nagpauyo _____

f. aginkukuna a mamati (use the root word *pati*) _____

_____

g. aginkukuna a matmaturog _____

h. aginkukuna a nagapa _____

i. aginkukuna a di*na* ammo (use *di-* without the pronoun) _____

_____

j. aginkukuna a makaluksaw _____

2. Act out a situation in front of the class, and the class will figure out what you are pretending to be or feel. For example: you fake a headache.

B. Plurals

Plurals are generally formed by reduplicating either the first CVC or CV of the root word: CVC for the noun, as in *luglugar* 'places,' and CV for affixless and *na-* affixed adjectives and the verb, as in *nalalaka* 'cheap ones,' *babassit* 'small ones,' and *aglalagto* 'jumping (plural),' respectively. It must be noted that only *ag*-verbs are pluralizable.

With most people terms, the first consonant is reduplicated in the middle of the root word, as in *lakay* 'old man,' > *lallakay* 'old men,' *baro* 'young/single man,' > *babbaro* 'young/single men,' *asawa* 'spouse,' > *assawa* 'spouses.' It is also formed by the plural markers, *dagiti* (singular: *ti*) and *kadagiti* (singular: *iti*), which precede the word.

With vowel-initial verbs and some *a*-initial adjectives, plurality is expressed with the prefix *ag-* + the first vowel (*ag*V) of the root word, indicating more than two actors being together or doing something together. For example: *agiinom* 'everybody drinking (liquor),' *agaasideg* 'all near each other,' *aguummong* 'all gathering together,' *agiistoria* 'all telling stories,' *agaangaw* 'all joking around.'

Normally, *a*-initial adjective types, as in *akaba* 'wide,' *ababa* 'short,' *akikid* 'narrow,' *adayo* 'far,' *asideg* 'near,' do not undergo reduplication, but they require a plural marker before the Subject. One of the rare exceptions is *atiddog* 'long' > *atitiddog* 'long (plural).'

For example:

Noun: tugaw > tugtugaw Narba dagiti tugtugaw.	'The chairs collapsed.'

Adjective:
  Affixless:
bassit > babassit
Babassit dagiti balbalay ditoy.
  ***Na*-Prefixed**:
pintas > napipintas
Pinili*da* dagiti napipintas a tagibi para iti kontes dagiti ubbing.
	'The houses here are small.'
	
	'They chose the beautiful babies for the children's contest.'

Verb: lumba > aglulumba Nadalapus*dak* dagiti aglulumba nga ubbing.	'The racing kids bumped into me.'
People Terms: balasang > babbalasang Naemma dagiti babbalasang idiay lugaryo.	'The young/single women at your place are demure.'
***ag*V+Vowel-initial Verb:** ayam > agaayam Agaayam dagiti ubbing iti kalsada. istoria > agiistoria Agiistoria dagiti babbaro nga agiinom ti arak.	'The children are playing in the street.' 'The young men, who are drinking liquor, are telling stories.'
***ag*V+Vowel-initial Adjective:** adayo > agaadayo Agaadayo dagiti balbalay.	'The houses are far apart.'

Exercise

Write a sentence exemplifying each of the plural types as illustrated in the table above. Examples are provided for illustration.

Noun:

Ipan*mo* dagita <u>tugtugaw</u> dita ruar.

Adjective:

    Affixless Adjective:

    Nagkampania*da* kadagiti <u>dadakkel</u> a siudad, ta adu ti botantes idiay.

    ***Na*-Affixed Adjective**:

    Naggian*kami* kadagiti <u>napipintas</u> a balbalay.

Verb:

    <u>Nagtataray</u> dagiti ipes idi pinasuyutan*da* iti "Raid."

People Terms:

    Tinapatan dagiti <u>babbaro</u> dagiti <u>babbalasang</u>.

AgV+Vowel-initial Verb:

    <u>Agiinom</u> dagiti lallaki iti sanguanan ti tiangge ni Nana Trining.

AgV+Vowel-initial Adjective:

    Agaasideg dagiti balbalay idiay lugar*mi*.

WRITING PRACTICE

A. Construct a dialogue between *Manong* Simo and *Manang* Lupe as indicated in the following situations:

1. Sinaludsod ni Manong Simo ti naggapuan daydiay surat a derosas.

    Simo: _____

    Lupe: _____

2. Isutsutil ni Manang Lupe daydiay L.T. a nagsurat kenni Manong Simo.

    Lupe: _____

    Simo: _____

3. Bisnis kano laeng daydiay, ken awan kano ti pakadanagan*na*, ta nalpas daydiayen, ngem saan a mamati ni Manang Lupe.

    Simo: _____

    Lupe: _____

4. Impakaammo ni Manang Lupe a natakuatan*na*n ti sekreto ti asawa*na*.

    Lupe: _____

    Simo: _____

5. Sinaludsod ni Manong Simo kenkuana no apay a binasa*na* ti surat, ket saan*na* met a kukua.

    Simo: _____

    Lupe: _____

6. Siluluksaw nga inyawat ni Manang Lupe kenni Manong Simo ti surat.

    Lupe: _____

    Simo: _____

B. If you were Leticia Torres, the young lady suspected of sending the pink letter, what would you have said in the letter? Write the letter.
C. Pretend you are *Manong* Simo or *Manang* Lupe. Compose a six-line song or poem for or about your wife or husband. Choose a classmate and sing your song, or recite your poem, to him/her in class. Have fun with it.

FLUENCY PRACTICE

A. Below is a dialog between *Manang* Lupe and *Manong* Simo. Supply the word or phrase that completes the sentences in the blank space.

1. Lupe: Adda _____, Simo!

2. Simo: Mudtoy _____ ta kita*ek*.

3. Lupe: _____ idiay Vigan.

4. Simo: _____ ngatan, ania, ta inikkat*mo*n iti sobre*na*?

5. Lupe: _____ iti sobre*na*, ngem dia*k* binasa.

6. Simo: Saan*ka* man nga _____.

7. Lupe: Adda _____ gayyem*mo* a sarsarungkara*m* idiay!

8. Simo: Kitae*m* man, _____ gayamen.

B. Answer **A** for *Agpayso* if the statement is true and **SA** for *Saan nga Agpayso*, if the statement is false. If it is false, give the correct answer.

1. _____ Nagapa da Manong Simo ken Manang Lupe gapu iti panagbarbartek ni Manong Simo.

2. _____ Ammo ni Manang Lupe a saan a ni Leticia ti naggapuan ti surat ngem naginkukuna latta a nagimon.

3. _____ Napugtuan ni Manong Simo no sinno ti naggapuan ti derosas a surat.

Lesson 7 - Ti Sekreto ni Manong Simo

4. _____ Nagsurat ni Loreto Tomas iti maestro*na* tapno agpatulong nga agbirok iti pagtrabahuan*na*.

5. _____ Sigud/Dati nga estudiante ni Manong Simo ni Leticia Torres.

6. _____ Mapmapan ni Manong Simo idiay Vigan idi, gapu iti bisnis*na*.

7. _____ Awan a pulos ti relasion da Leticia Torres ken Manong Simo itan.

8. _____ Adda pay la relasion da Leticia Torres ken Manong Simo.

C. Give a statement or question that precedes each of the following sentences.

1. Lupe:

2. Simo: Naggapuan*na*?

3. Lupe:

4. Simo: Ni Leticia Torres ngata.

5. Lupe:

6. Simo: Saan*ko* a nobia dayta.

7. Lupe:

8. Simo: Nabayag daydiayen.

D. The quoted statements are taken directly from the story. Answer the questions within the brackets.

1. "Nabayag daydiayen."

   [Ania ti nabayagen?] _____

2. "Salsaludsude*m* pay laeng ket ammo*m* la ngaruden."

   [Ania kano ti ammo ni Manang Lupen?] _____

Lesson 7 - Ti Sekreto ni Manong Simo

3. "Isu met la a kanayon*ka* idiay Vigan!"

   [Ania ti impagarup ni Manang Lupe?] _____

4. "Sapay koma (maestro) ta maawatan*yo* daytoy a kasasaad*ko*."

   [Ania ti kasasaad ni Loreto Tomas?] _____

5. "Naimbag koma pay no dia*k* inang-angaw."

   [Ania ti inyangaw ni Manang Lupe?] _____

6. "Saan*mo* a pakadanagan daydiayen ta nalpasen."

   [Ania ti nalpasen?] _____

7. "Bisnis kano ket babai met gayam."

   [Bisnis kano ti ania?] _____

8. "Ala man laengen. Ibaga*k* man laengen."

   [Ania ti ilimlimed*na*?] _____

9. "Binasa*m* gayamen."

   [Ania ti impagarup ni Manong Simo?] _____

10. "*Mu*dtoy man ta kitae*k*."

    [Ania ti dawdawaten*na*?] _____

E. Conversation Starters. Give a convincing alibi to your girlfriend/boyfriend denying the evidence of a possible affair in the following situations:

   1. Apay adda mantsa ti lipistik iti kuelio ti polo*m*?
   2. Apay adda numero ti telepono ken inisial iti pitaka*m*?
   3. Apay adda posporo ti hotel iti bag*mo*/bolsa*m*?
   4. Akinkua kadaytoy panyo a nabordaan iti B.M.?
   5. Apay naladaw*ka*? Nabayagak nga agur-urayen.

Lesson 7 - Ti Sekreto ni Manong Simo

F. Improvise the following scene:

> Kasta unay ti pauyo ni Manang Lupe. Kasta unay
> ti sakit ti nakem*na*. Managpauyo pay met a namimpinsan.
> Kasta unay met ti pa nangay-ayo ni Manong Simo kenkuana.
> Saan*na* a tinantanan ingganat' di nagsardeng a nagsangit.

CULTURAL ACTIVITIES

Pagsasao

What is the first saying referring to? What lesson can be learned from the second saying? How so?

Bay-a*m* ti agipato, no napudot pay ti ulo.

- Itarus*mo* iti Inggles:

  _____

- Pagsisilpue*m* dagiti balikas, tapno mabukel*mo* ti kaipapanan ti pagsasao. Isurat*mo* ti binukel*mo* a sarita iti linia iti baba.

  1. sakbay nga
  2. tapno saan
  3. agdesision*ka*
  4. nga agriro
  5. wenno manghusga*ka*
  6. urayem
  7. ti ulo*m*
  8. a lumamiis
  9. ti desision*mo*

- Palawag ti pagsasao:

  _____

- Sungbata*m* dagitoy a saludsod:

    1. Ania dagiti nasayaat nga aramide*m* no "napudot ti ulo*m*"?
    2. Ania dagiti mabalin a mapasamak no napudot ti ulo*m*, ket sa an*mo* a maigawid ti bagi*m*?
    3. Ania koma ti nasayaat nga aramide*m* no napudot ti ulo ti kasarsarita*m*?

        Ti nalamuyot a sao,
        lunagen*nat*' natangken a puso.

- Itarus*mo* iti Inggles:

    _____

- Pagsisilpue*m* dagiti balikas, tapno mabukel*mo* ti kaipapanan ti pagsasao. Isurat*mo* ti binukel*mo* a sarita iti linia iti baba.

    1. ti riribok
    2. no al-aluada*m*
    3. maliklika*m*
    4. ti panagsasao*m*

- Isurat*mo* ti pinagsisilpo*m* a balikas ditoy linia:

    _____

Burburtia

A. Fill in the squares with the missing letters to arrive at the answers to the riddles.
B. Memorize the riddles verbatim, so you can include them in your social conversations.

    Nagluto ni ama;
    nakusel, nabasa;
    kinnan*na* pati banga.

- Itarus*mo* iti Inggles:

    _____

Lesson 7 - Ti Sekreto ni Manong Simo

- Tulong iti panangsungbat:

    1. Nagbukel.
    2. Adu ti bukel*na*.
    3. No maminsan, nasam-it.
    4. No maminsan, naalsem.
    5. Maaramid nga inumen.
    6. Maaramid a sinam-it.

- Ania ti sungbat*na*? | b | | y | | b | | s |

**Surot a surot ni Juan,
uray sadinnot' papana*m*.**

- Itarus*mo* iti Inggles:

  _____

- Tulong iti panangsungbat:

    1. Nangisit.
    2. Naingpis.
    3. Makita*m*, ngem saan*mo* a maiggaman.
    4. No maminsan, adda iti sikiga*m*;
       no maminsan, adda iti likuda*m*.
    5. No maminsan, adda iti sanguana*m*
    6. No maminsan, akaba; no maminsan, akikid.

- Ania ti sungbat*na*? | | n | n | | n | | | n |

**Rumuar*da* iti rabii;
no aglawagen, in*da* agkubli.**

- Itarus*mo* iti Inggles:

  _____

- Tulong iti panangsungbat:

  1. No maminsan, agtinnag.
  2. Agsilap-silap.
  3. Pangibagaa*m* kadagiti kalikagum*mo*.
  4. Mapukaw no agtudo.
  5. Sinurot kano dagiti pastores idi naiyanak ni Jesus.

- Ania ti sungbat*na*? | b | | t | u | | n |

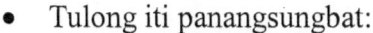

**No tiritire*k* ta ima*m*,
agarubusen ti lua*m*.**

- Itarus*mo* iti Inggles:

  _____

- Tulong iti panangsungbat:

  1. Naaramid iti landok.
  2. No lukata*m*; agtedted ti danom.
  3. Adda napintas; adda naalas.
  4. Adda aglati; adda saan.
  5. Adda dakkel; adda bassit.
  6. Lukata*m* no agdigos*ka*.
  7. Usare*m* no agugas*ka*.

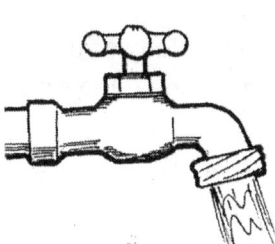

- Ania ti sungbat*na*? | | r | | p | |

Lesson 7 - Ti Sekreto ni Manong Simo

- Sungbata*m* dagitoy a saludsod.

    1. Ania ti ibagbaga*na* nga "ima"?
    2. Ania ti ibagbaga*na* a "lua"?

        Naglemmeng ti kuna*na*, ngem rumrumuar met ti ulo*na*.

- Itarus*mo* iti Inggles:

    _____

- Tulong iti panangsungbat:

    1. Usare*m* no agaramid*ka* iti balay.
    2. Natirad.
    3. Natangken.
    4. Adda nakuttong; adda nalukmeg.
    5. Adda ababa; adda atiddog.
    6. Makatudok.
    7. Usaren ti karpintero.
    8. Naaramid iti landok.
    9. Adda bassit; adda dakkel.
    10. Mabalin a makadunor wenno makatudok.

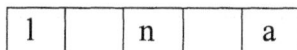

- Ania ti sungbat*na*? | l | | n | | a |

Kansion

A. Listen to the melody of the song, then write down the visual images it conjures up.
B. Tell the story behind the song.

- Sungbata*m* dagitoy a saludsod:

    1. Ania ti pakaammuan nga agar-arem pay laeng ti baro iti balasang?
    2. Ania dagiti inkarkari ti baro iti balasang?

Ilokana A Nasudi

Ilokana a napnuan sudi
Sapata*m* ay, nakapapati
Toy puso*k*, in*nak* ken*k*a in*k*ari
Sika, sika, awan sabali
Ti innak ay-ayaten
Ken pagserbian tungpal tanem.
Ay, wen.
Ilokana a naemma
Dia*k*to agayaten
No di*nak* aklunen
Ilokana a naregta
Dia*k*to agbiagen
No di*nak* ay-ayuen.
Ay, wen. ♣

CULTURE NOTES

As explained in the story, traditional Filipinos consider their children to be the wealth and backbone of the family. This is especially true of people who are poor or those who farm the land. The children can help take care of the business and tend the farm. The older children try to find work to help their younger siblings get an education. For these reasons, Filipinos are not averse to having many children. Perhaps this is one reason family planning has seen little success in the Philippines, apart from the fact that the Catholic religion has consistently been in the way of its implementation.

At an early age, children are taught family responsibilities, whether it is a business, taking care of family members, or maintaining a home. It is not unusual to see a nine-year-old doing the laundry or helping prepare meals. Children do chores as their share of family responsibility. For survival, they pull together as a unit.

LESSON 8

IPABPABALAYMO

READING

Pre-Reading Discussion

A. How do you feel about having house guests? Would you limit the number of days that they can stay with you? Would you limit the number of people? Would you limit the number of times within a period that they could come to visit? How do you feel about guests or close friends staying for long periods? How would you treat them? Would you provide them with food and other basic needs? Would you treat them as family? Would you charge them? Would you make them buy their own food? Would you expect them to share the housework?

B. How about you as a guest? How should you be? What are your responsibilities to your hosts? Would you offer to share the expenses? Would you offer to pay rent? Would you offer to help with the household chores? What if your host does not accept those offers? How can you reciprocate the hospitality of your hosts without offending them?

Reading Tasks

A. Read the story and discuss fully the following questions.

- *Ania ti makunam kadagitoy a tattao?*

  1. Sinno ni Ricky Monreal?
     a. Taga-ano isuna?
     b. Mano ngata ti tawen*na*?

c. Taga-ano dagiti dadakkel*na*?
   d. Pagbasbasaan*na*? Ania ti kurso nga al-alaen*na*?
   e. Apay nga adda idiay Vigan? Ania ti panggep*na* idiay?
   f. Apay nga idiay Vigan ti napanan*na*?
   g. Kaano ti isasangpet*na* idiay Vigan?
   h. Kasano nga naam-ammo*na* da Nana Sabel?
   i. Ania dagiti insursuro dagiti Pilipino a gagayyem ni Ricky maipanggep iti kultura dagiti Pilipino? Husto kadi amin dagiti imbaga*da*?
   j. Ania ti nagbalin a problema*na* idiay balay da Nana Sabel idi kasangsangpet*na*?
   k. Apay a saan a napan a dagus idi inayaban ni Nana Sabel a mangan?
   l. Ania dagiti naobserbaran*na* a kultura dagiti Pilipino idiay Vigan?

2. Sinno ni Noel?
   a. Ania ti relasion*na* kenni Ricky?
   b. Kasano*da* nga nagam-ammo kenni Ricky?
   c. Kapin-ano*na* ni Nana Sabel?
   d. Kapin-ano*na* dagiti annak ni Nana Sabel?
   e. Ania ti inaramid*na* a pabor kenni Ricky?

3. Sinno ni Nana Sabel?
   a. Mano ti annak ni Nana Sabel? Mano ti lallaki ken mano ti babbai?
   b. Sinno ti asawa ni Nana Sabel?
   c. Ania ti inaramid ni Nana Sabel idi kasangsangpet ni Ricky?
   d. Apay nga katkatawaan dagiti annak*na* ni Nana Sabel?
   e. Ania dagiti impakan*da* kenni Ricky?
   f. Ania ti ar-aramiden ni Nana Sabel idi mangmangan ni Ricky?

4. Sinno ni Tata Minting?
   a. Ayan ni Tata Minting?

5. Sinno ni Rex?
   a. Ania ti trabaho ni Rex?
   b. Maikamano ni Rex kadagiti agkakabsat?
   c. Mano ngata ti tawen ni Rex?
   d. Kapin-ano ni Rex ni Noel? Da Joel ken Abe?
   e. Ania ti inaramid ni Rex tapno saan a mabain a mangan ni Ricky?

6. Sinno ni Cristina?
   a. Sinno ti kataeb ni Cristina?
   b. Sinno ti in-inauna, ni Cristina wenno ni Rex?
   c. Mano ngata ti tawen ni Cristina?
   d. Kasano nga impakita ni Cristina kenni Ricky ti nasayaat a panangsangaili iti sangsangailien?

7. Sinno ni Libay?
   a. Maikamano ni Libay kadagiti agkakabsat?
   b. Ania ti pudno a nagan*na*? Apay a Libay ti awag*da* kenkuana?
   c. Ania ti inaramid*na* para kenni Ricky?

8. Sinno da Joel ken Abe?
   a. Sinno ti in-inauna, ni Joel wenno ni Abe?
   b. Kasano*da* a tinulungan ni Ricky idi simmangpet?

- Ipalawag*mo* dagitoy a banbanag a nasao iti istoria. Ania ti pakausaran*da*?

1. maleta   _____
2. komedor   _____
3. eroplano   _____
4. arnibal   _____
5. bugguong   _____
6. dudol   _____
7. nakarti-kartib a plastik   _____
8. kape   _____
9. bagas   _____
10. ules   _____

B. Read the story again, then write a work outline with your group that will help you present the story.
C. List twenty adjectives from the story and use each one to tell parts of the story.

D. Give the information Ricky would tell his family in the United States about his hosts.
E. Write what the family would tell their neighbors about Ricky. (Variation: List what Cristina would tell her girlfriends about Ricky.)
F. List three analysis questions you can ask for class discussion. Write the answer to each question for your reference, so that you can correct the answer when it is wrong, or ask follow-up questions when the answer is incomplete.

STORY

Ipabpabalaymo Latta

Alas dos iti malem. Mierkoles. Dose ti Disiembre. Kasangsangpet ni Ricky Monreal idiay balay da ikit*ko* a Sabel, idiay Vigan. Ita*da* pay laeng a nagkikita, ta nagsinsinnurat*da* laeng idi. Inyam-ammo*k* ni Ricky kadakuada babaen met laeng iti surat.

Balo ni Nana Sabel. Kaasi ni Apo Dios, dadakkelen dagiti annak*na* idi natay ni Tata Minting nga asawa*na*. Lima ti annak*da*.

Amerikano ni Ricky, a naiyanak idiay New York, ngem taga-Meksiko ti puon*na*. Duapulo ket uppat ti tawen*na*. Soldado ni Tatang*na*. Naam-ammo*k* isuna idi agbasbasa*kami* pay laeng iti sekundaria ditoy Honolulu. Antropolohia ti kurso nga al-alaen*na* itatta iti Unibersidad ti Haway. Idiay

Vigan ti napili*na* a lugar a pagsukisukan iti ug-ugali ken pampammati dagiti Pilipino.

"Nakasaysayaat ti pinangsarabo kaniak dagiti kakabagia*m*, Noel, ngem saanna*k*ton a mailasin intuno makita*nak*, ta kankanayon ti padaya ditoy," kinuna kano ni Ricky, nga agkatkatawa, idi nagtelepono*ak* kadakuada idiay Vigan iti naminsan a rabii. Daytoy ti istoria*na*.

Apagsangpet*da* kano idiay balay*da* a naggapu idiay estasion ti Times Transit, inyuli kano dagiti kakasinsin*ko* a singin, da Joel ken Abe, dagiti nadadagsen a maleta*na*. Dagus*da* kano nga inyuneg iti kuarto*na*. Nagtarus kano met ni ikit*ko* idiay komedor, ta inasikaso*na* kano ti naidasaren a kanen*na* iti lamisaan. Katugtugaw*na* kano pay laeng ket nangngeg*na* kano ni Nana Sabel a mangaw-awis a manganen.

"Ala, Nana, mangan*kay*' lattan, ta saan*ak* pay a mabisin," inyulbod kano ni Ricky. Ngem itay pay la nga agsarsaraaw ti buksit*na*, ta idiay pay la eroplano ti naudi a pannangan*na*, ket agarup sangapulo ket lima nga oras daydiayen.

"Ay, saan*ka* nga agbabain ditoy, Baro*k*. Ipabpabalay*mo* latta ditoy. Pil in da pamili wey," kinuna kano ni Nana Sabel. "Umay*ka* ketdi manganen, Baro*k*," impapilit*na* kano.

Nagkakatawa kano dagiti kasinsin*ko*. Nairuam*da*n a makangkangngeg iti naidumduma nga Inggles ni Inang*da*. "Yu ar layk anader," kuna*na* kano pay no maminsan, a ti kayat*na* a sawen ket "Kasla*ka* la sabsabali." Nakikatawa kano met latta ni Ricky, ngem di*na* naawatan ti kayat a sawen ni Nana Sabel. Idi impalawag*da* kano kenkuana, kasta unay ti paggaak*na*.

"Umay*ka* manganen," inulit kano ni Nana Sabel a makikatkatawa met.

"Mangan*kay*' latta, Nana. Dios ti agngina. Sibubussog*ak* pay laeng. Pinakan*dakami* ngamin idiay eroplano," insungbat*na* kano.

"Umay*ka*n, ta lumamiis daytoy kanen. Umay*ka*n ket ngilawen daytoy kanen," inyawis kano manen ti baket,

bayat iti panangbugaw Cristina iti ngilaw. Ti kadawyan a pagbugbugaw*da* iti ngilaw idiay ket nakarti-kartib a supot nga plastik, a naigalut iti atiddog a bislak.

"Maikatlo daydiayen. Mapan*ak*on," nakuna kano ni Ricky iti nakem*na*. Insuro ngamin dagiti gagayyem*na* a Pilipino idiay Amerika a masapul nga urayen*na* ti

maikatlo nga awis, no adda mangawis kenkuana a mangan. Ngem mainsulto kano met dagiti mangsangsangaili, no saan a mangan ti sangsangailien. Isu nga, uray no di*mo* kano kayat ti mangan, mangan*ka* latta. Ken uray no di*mo* kayat ti kanen, kane*m* latta. Simmango ni Ricky iti lamisaan.

"Ket dakayo ngay? Apay maymaysa ti pinggan, ket nagadu ti sida?" sinaludsod*na* kano.

"Nangan*kami*n. Itattay pay laeng. Nangan*kami* itattay, sakbay a sinabat*daka* idiay estasion," insungbat kano ni Cristina, a nakatakder iti abay ti lamisaan. Nakatakder kano met idiay ni Nana Sabel, ta kayat*na* a masigurado a mangan ni Ricky.

Ninayunan*na* ti innapoy ken sidsida iti pinggan ni Ricky, idi nakita*na* a sangkabassit laeng ti ikabkabil*na* iti pinggan*na*.

"Di*ka* agbabain ditoy, Nakkong," kinuna ni Nana Sabel.

"Huston, Nana, nagadun. Diakto maibus, ket kailala," kinuna kano ni Ricky.

Nagadu kano ti linuto ni Nana Sabel a kanen: delata a karne norte a nalaukan iti repolio, naprito a bangus, ken sawsawan*na* a binugguungan a kamatis ken lasuna, relieno a tarong, pinindang a karne ti baka, lauya a manok a nalaukan iti bulong ti marunggay, ken nasarangsang a lumpia. Nagapoy met iti nakabangbanglo a nalabbaga a bagas a kaan-ani. Nangaramid pay iti espesial a mainum a sago a pinasam-it ti arnibal.

Adda pay la idiay erport ni Ricky ket, naidasaren nga agur-uray kenkuana dagiti nakaluban a kanen iti lamisaan. Nalamiis nga agpayson.

"Nalamiisen, ne. Agurayka ta ipapudotko," inyuprisir kano ni Nana Sabel.

"Saanen, Nana, saanen," insungbat kano ni Ricky, bayat iti pinangigawid*na* iti malukong iti ima ni Nana Sabel.

"Naim-imas no napudot," insungbat kano met ni Nana Sabel, sa napan idiay kusina.

"Mangmangan*ka* iti bugguong, Ricky?" sinaludsod kano ni Abe.

"Dia*k* pay nakaraman," insungbat*na* kano. Nadlaw*na* kano a nakatakder*da* amin nga agbuybuya kenkuana. "Maysansa a wagas ti panangsangaili daytoy," nakuna*na* kano iti nakem*na*. "Umay*kay*' mangan ta saan a sisiak la ti mangmangan," inyawis*na* kano kadakuada.

Lesson 8 - Ipabpabalaymo

"Iyalaan*nak* man ti pinggan, Libay, ta kaduae*k* man a mangan ni Ricky, tapno saan a mabain," imbaon kano ni kasinsin*ko* a Rex iti buridek*da*. Ni Rex ti inauna kadakuada amin nga agkakabsat. Kartero idiay ili*mi*. "Libay" ti awag*da* kenni Marina, ta tur-og.

"Ammo*m*, Ricky, nakaraman*ka* iti bugguungen, ngem di*mo* la ammo," kinuna kano ni Rex, a nakaisem, idi makita*na* a nangisubo ni Ricky iti lauya a manok.

"Apay, adda bugguong ditoy?" sinaludsod*na* kano a sapsapulen*na* ti bugguong iti lamisaan.

"Addayta, ne," kinuna kano ni Rex nga itudtudo*na* ti lauya a manok.

"Ay wen, naimas, ngem awan met ti raman*na* a bugguong," insungbat*na* kano.

"Talaga nga saan*mo* a maramanan ti bugguong no nailauken," impalawag*na*.

Pinilit kano ni Ricky nga inwalin iti panunot*na* ti bugguong nga inkari*na* a saan*na* pulos a kanen, ta inistoria*da* kenkuana idi no kasano ti pannakaaramid*na*. Ibadde-baddek*da* kano tapno nalaka a maigamer ti asin. Siguro ang-angaw*da* laeng ta agkakatawa*da* met no is-istoriaen*da*, ngem uray no kasta, di*na* latta mairusok a kanen, ta kasla makitkita*na* dagiti narugit a saksaka*da* a

mangpayat-payat kadagiti babassit nga ikan.

"Kayat*mo* a ramanan ti kinirog a dudon ken abal-abal? Naimas. Nasarangsang," kinuna ni Rex.

"Ania, Manong? Dudon? Abal-abal?" sinaludsod ni Ricky.

"Libay, mangiyeg*ka* man ti dudon ken abal-abal, ta iparaman*tay*' kenni Ricky," imbaon*na* kenni ading*na*.

Dagus a napan ni Libay iti kusina. Idi

Lesson 8 - Ipabpabalaymo

agsubli, indisso*na* ti sangapinggan a kinirog a dudon ken abal-abal iti sanguanan ni Ricky.

"Saan pay laeng, Manong, ta nagadu ti kanen ditoyen," kinuna*na*. Inyadayo*na* ti platito. Inkabil*na* iti likudan ti dakkel a malukong. Gimmaw-at iti lumpia, sa kimmagat iti nakadakdakkel, tapno maiwaksi*na* iti panunot*na* dagiti dudon ken abal-abal iti pinggan.

"Libay, alae*m* man daytoy platito ta isubli*m* idiay kusina," imbaon ni Nana Sabel.

"Ket dakayo, ngay? Mangan*kay*' metten, a," inyawis*na* kano manen.

"Alan, ta nabsug*kami* pay. Dina*kam*' pakadanagan. Mangan*ka* latta," insungbat kano ni Cristina, tay adien ni Rex. Agkataeb*da* kenni Ricky.

"Mangala*ka* iti karne norte. Naimas daytoy," kinuna kano ni Nana Sabel, a nangikabil iti sangakutsara a karne norte iti pinggan ni Ricky. Maysa pay, tallo, uppat a kutsaran.

"Isu*na*n, Nana," kinuna*na* kano ket inngato*na* ti ima*na*. Gimmaw-at kano manen iti lumpia, ti paborito*na* a sida. Kada kano makita ni Nana Sabel nga apagguduan ti naggian iti pinggan*na*, ikkan*na* kano manen.

"Dia*k* ammo no maibus*ko* pay daytoy, Nana. Nabsug*ak* unayen," kinuna*na* kano a kasla saan a makaangesen iti bussog*na*. Ngem inibus*na* kano met laeng ti linaon ti pinggan*na*, ta nalagip*na* kano ti imbaga*da* a kababain no mangibati*ka* ti kanen iti pinggan*mo*. Siguro, gapu ta narigat ti biag idiay, ket saan*da* a kayat a makita nga adda masayang a taraon, nakuna*na* kano iti nakem*na*.

Idi nalpas a nanganen, nagtig-ab kano ni Rex iti nakapigpigsa. Tinulad kano met ni Ricky. Pinilit*na* kano met ti nagtig-ab. "Nagadu ti nakan*ko*," kinuna*na* kano nga ap-aprusan*na* ti buksit*na*.

Naragsakan kano ni Nana Sabel a nakangngeg iti napigsa a tig-ab ni Ricky, ngem saan pay a napnek, ta inikkan*na* kano manen ti sida ken innapoy ti pinggan*na*.

"Mangan*ka* pay, ne. Saan*ka* nga agpabpabisin, ta amangan no agsakit*ka*," imbalakad kano tay baket.

"Saanen, Nana. Bumtak daytoy tian*ko*n," kinuna*na* kano, ket imparabaw*na* dagiti ramay*na* iti pinggan*na*, tapno saanen a maikkan iti kanen. Kinnan kano met laeng ni Ricky ti kanen iti pinggan*na*. Inibus*na* kano amin. Agpaypayso kano a kasla bumtak ti tian*na*n!

Kalpasan ti agarup maysa nga oras a panagtutungtong*da* iti salas, simrek kano ni Cristina. Awit*na* ti maysa a pinggan a

napunno iti kankanen. "Ramana*m* daytoy dudol, ne. Naimas," nakaisem kano nga imbaga ti balasang.

"Ne, kape," kinuna kano met ni Libay, kagiddan iti pinangiyawat*na* iti kape kenni Ricky.

Saan kano a maibaga ni Ricky a saan a pulos nga umin-inom iti kape, ta agsaraaw ti buksit*na* no uminom iti kape. Ininom*na* kano met laeng ti kape, ngem inin-inut*na*. Nganngani kano di*na* maigup ti nagadu ti asukar*na* a kape.

"Saan*ak* a makapanganen, ta talaga a nabsuga*ko*n. Bay-a*m* ta pammigat*ko*nto laengen intuno bigat," kinuna kano ni Ricky kenni Cristina. Ap-aprusan*na* ti tian ken barukong*na*.

"Ramana*m*, uray bassit laeng. Sangaiwa laeng," impapilit kano ni Cristina. Immiwa kano iti dudol, inkabil*na* iti platito, sa*na* inted kenni Ricky.

"Apo, nagdakkel metten ti sangaiwa*na*!" intanamitim ni Ricky.

Awan kano ti naaramid ti piman a sangaili. Inibus*na* kano ti dudol iti platito*na*. Awan kano a pulos ti natda nga angin iti buksit*na* nga itig-ab*na*n.

"Adda pay lutluten ni Nanang nga aroskaldo. Merienda*tayo*nto kano intuno madamdama," kinuna kano ni Rex nga agkatkatawa.

"'Po unayen," nakuna kano ni Ricky.

"Mangrabii*tayo*nto kano amin idiay balay ni kabagis*ko* intuno rabii, ta kayat*daka* kano met a maam-ammo, Ricky," kinuna kano ni Nana Sabel.

Saan kano a simmungbat ni Ricky. Immisem laeng. Nganngani kano saan a makaangesen, gapu iti kaadu ti kinnan*na*. Nganngani saan a makagunay idi timmakder tapno alaen*na* dagiti pasarabo*na* kada Nana Sabel.

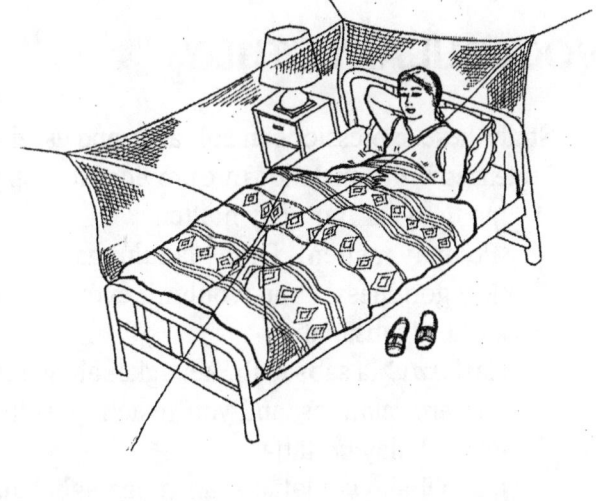

Idi nagawid*da* manipud idiay balay ti kabsat ni Nana Sabel iti daydiay a rabii, apaprusan kano ni Ricky ti nakasaksakit a tian*na*, a nakumutan iti abel-Iluko nga ules. Panpanunuten*na* kano ti sumaruno nga innem a bulanto pay a panaggian*na* idiay. Panpanunuten*na* ti kabigatan*na*, a ruginto manen iti awan sardeng a pannanganan. ♣

VOCABULARY STUDY

A. Study these expressions and phrases, and use them to create a coherent dialog. Example sentences with translations are provided to help you understand their meaning.

1. 'po unayen/ 'po unay metten
   'Po unay metten! Di*nak* la tulungan.
   'My goodness! You wouldn't even help me.'
2. kasla la sabsabali
   Kasla*kay*' la sabsabali, ket agkakabagian*tayo*.
   'We are relatives, and you're acting as though you're not family.'
3. ipabpabalay*mo* latta
   Ipabpabalay*mo* latta; saan*ka* nga agbabain.
   'Feel at home; don't be shy.'
4. di*ka* agbabain
   Di*ka* agbabain, ta haan*ka* a sabsabali.
   'Don't be shy, because you're family.'
5. ket dakayo, ngay
   Ket dakayo, ngay, kayat*yo* ti agbuya ti sine?
   'And what about all of you, would you like to see a movie?'
6. di*mo* la ammo
   Sao*ka* a sao; di*mo* la ammo no kasano ti rigat*ko*.
   'You talk and talk; you just don't know how difficult it is for me.'
7. isu*nan*
   Isu*nan*, ta umanamong*ak*on.
   'That's enough (already), because I agree (already).'
8. awan a pulos
   Awan a pulos ti kuarta*ko*n.
   'I have absolutely no money anymore.'
9. saan a pulos
   Saan a pulos a mabalin ti sumrek ditoy.
   'It is absolutely not possible to enter here.'
10. metten, a
    Ala metten, a, kuyugen*nak*on ta mabuteng*ak*.
    'Come on (why don't you?). Accompany me now because I'm afraid.'

B. *Paris-Paris*. Match the left column with the right.

__ platito	1. tian
__ nakaluban	2. inaudi
__ sangaili	3. naluto nga asukar
__ kayat a sawen	4. estilo
__ adda angin ti tian	5. nabati
__ indasar	6. kaipapanan
__ ugali	7. agsukimat
__ nasayaat	8. kostumbre
__ agsukisok	9. inserrek
__ inyuneg	10. agsarsaraaw
__ ngilawen	11. sinaggabassit
__ wagas	12. inkabil iti lamisaan
__ arnibal	13. kanen amin
__ buridek	14. bisita
__ inin-inut	15. adda kalub*na*
__ ibusen	16. bassit a pinggan
__ natda	17. ibaddek
__ buksit	18. naimbag
__ inggiddan	19. mangilaw
__ payatan	20. inggidiato

C. See if you can remember the word or phrase from the story that fits the context of the sentence. Write the word in the blank space. Go back to the story and look for the words that you missed only after completing the exercise.

1. _____ -dakami idiay eroplano.

2. _____ ni Ricky idiay Vigan.

3. _____ ni Noel ni Ricky kada ikit*na*.

4. _____ dagiti kakasinsin ni Joel dagiti maleta*na*.

5. _____ dagiti maleta ni Ricky, isu nga marigatan da Joel ken Abe a mangbagkat.

6. Nakasaysayaat ti _____ -*da* kenni Ricky.

7. Saanto kano a _____ ni Joel ni Ricky no agkita*da*nto manen.

8. Adda idiay _____ ti lamisaan a nangidasaran ni Nana Sabel ti kanen ni Ricky.

9. _____ ni Nana Sabel ni Ricky nga umay mangan.

10. "Saan*ka* nga _____, Baro*k*," kinuna ni Nana Sabel.

11. Naawatan ni Ricky ti _____ a _____ ni Nana Sabel idi nagingles.

12. Saan a _____ ni Nana Sabel, ta inikkan*na* manen ti kanen ti pinggan ni Ricky, uray no nagtig-aben.

13. _____ dagiti annak ni Nana Sabel a makangkangngeg iti nakakatkatawa a panaging-ingles*na*.

14. _____ ti kayat a sawen ti "Yu ar layk anader," ni Nana Sabel.

15. Maysa a pinggan a napunno ti kankanen ti _____ ni Cristina idi simrek iti sala.

16. _____ nga umin-inom ni Ricky ti kape, ta alerdyik iti kape.

Lesson 8 - Ipabpabalaymo

17. Nganngani saan a _____ ni Ricky ti kape ta adu unay ti asukar*na*.

18. _____ laeng ti inted ni Cristina a dudol kenni Ricky, ngem nagdakkel.

19. Nakarti-kartib a supot nga plastik ti _____ iti ngilaw.

20. _____ kano ti mangsangsangaili no saan a mangan ti sangsangilien.

21. Da Nana Sabel ti mangsangsangaili; ni Ricky ti _____.

22. _____ ni Nana Sabel nga ipapudot*na* ti nalamiis a kanen.

23. Saan kano pay a _____ ni Ricky iti bugguong.

24. _____ da Ricky ken Cristina.

25. Idi nalpas a nangan, pinilit ni Ricky ti _____ iti nakapigpigsa.

26. No kano _____, agsakit*ka*.

D. Study the words and phrases beforehand in preparation for the exercise below. Person A will call out any word or phrase on the list, and person B will say the word or phrase in the story that is associated with it. The first one is done.

A	B
1. karne norte	nalaukan ti repolio
2. saan a makaanges	_____
3. naprito	_____
4. nakabangbanglo	_____
5. nalabbaga ken kaan-ani	_____
6. ngilawen	_____
7. nasarangsang	_____

Lesson 8 - Ipabpabalaymo

8. mainom _____

9. ap-aprusen _____

10. abel-Iluko _____

11. lauya _____

12. merienda _____

13. ibugbugaw _____

14. uppat a kutsara _____

15. matilmon _____

16. piman _____

17. bumtak _____

E. Explain the difference between the words in the first and third columns, and then write the English translation of those in the fourth column.

No ti	ket…,	ania ti…?	Inggles
1. baro	'young man'	barito	_____
2. uneg	'inside'	iyuneg	_____
3. ruar	'outside'	iruar	_____
4. ulbod	'a lie, liar'	inyulbod	_____
5. balay	'house/home'	ipabpabalay	_____
6. kartib	'scissors'	nakartib-kartib	_____
7. sangaili	'guest'	mangsangaili	_____
8. panangsangaili	'manner of treating a guest'	sangailien	_____
9. ngilaw	'a fly'	ngilawen	_____

10.	am-ammo	'to know a person'	iyam-ammo	_____
11.	awat	'to receive; to understand'	naawatan	_____
12.	awis	'invitation'	agawis	_____
13.	bigat	'morning'	pammigat	_____
14.	kutsara	'spoon'	sangakutsara	_____
15.	agbati	'to stay behind'	nabati	_____
16.	sango	'in front of'	simmango	_____
17.	galut	'a string/rope'	naigalut	_____
18.	awag	'to call/phone'	awagan	_____
19.	innapoy	'cooked rice'	agapoy	_____
20.	kalub	'lid, cover'	kaluban	_____

QUESTIONS FOR DISCUSSION

A. Ania dagiti impakpakan da Nana Sabel kenni Ricky? Apay a nagadu ti indasar*da*? Kasano ti wagas wenno estilo ti panangsangaili da Nana Sabel?

B. Ania ngata dagiti impasarabo ni Ricky kenni Nana Sabel ken dagiti annak*na*?

C. Ania dagiti nasursuro ni Ricky maipanggep iti kultura ti Pilipino? Ania dagiti naobserbaran*na* a saan*da* nga imbaga kenkuana idi?

D. Anianto ngata ti mapasamak iti sumaruno pay nga aldaw? Iti sumaruno pay nga innem a bulan? Anianto ngata ti aramiden ni Ricky? Ania ngata ti kapanunutan ni Ricky maipapan iti kultura ti Pilipino itan?

E. Agbaliwto met la ngata ti panangestimar*da* kenni Ricky? Kasanonto ngata nga agbaliw? Nasayaat kadi ti kastoy a panangestimar iti sangaili? Ipalawag*mo* iti bukod*mo* a sarita.

F. Ania ngata dagiti impasarabo ni Ricky iti pamilia.

GRAMMAR NOTES

A. Instrumental-Focus Verbs: *pag-*, *pang-*

Pag- (derived from *ag-*) or *pang-* (derived from *mang-*) is prefixed to the verb when the central point of the sentence is the object being used. Their past forms are *pinag-* and *pinang-*, respectively.

For example:

Ania ti pagsursurat*da* idi un-una*na*?	'What did they use for writing in the old days?'
Dayta a bolpen ti pangpirma*m* iti nagan*mo*.	'Use that ballpoint pen to sign your name.'
Ania*nto* ti pangnagan*mo* iti negosio*m*?	'What name will you use for your business?'
Bato ti pinangtaltal*ko* iti bawang.	'What I used to crush the garlic was a stone.'

B. Adverbial Affix: *apag-*

Apag- is normally prefixed to a verb and sometimes to an adjective. It translates into the English phrase 'as soon as.'

Here are sample sentences:

Apagkaan*na* ket pimmanaw.	'As soon as s/he finished eating, s/he left.'
Apaggraduar*na* ket nangasawan.	'As soon as he graduated, he got married.'
Apagadu ti tattao ket pimmanawa*kon*.	'As soon as the (number of) people increased, I left.'

Exercise

Write the *apag-* form of the verb in parentheses and use it in a sentence. A sample sentence is provided for illustration.

1. Apag-<u>uli</u> pay laeng ni Julian, ket sinarabo*da*n.
   'As soon as Julian came up, they immediately welcomed him.'

2. (tugaw) _____
3. (ruar) _____
4. (serrek) _____
5. (turog) _____

C. Benefactive-Focus Verb: *i--an*

The object of a Benefactive-Focus Verb is the beneficiary of the action, as in *ilutuan* 'to cook for.' The past tense form is the circumfix *in--an*, and the continuous-action form is *i*CVC for consonant-initial words and *iy*VC for vowel-initial words. Notice that a glide (y) is inserted after the prefix in vowel-initial root words. Root words with a CV sequence undergo CV reduplication and lengthening of the reduplicated vowel. For example, *idaitan* 'to sew for' becomes *ida**da**itan* 'sewing for.'*

Other examples:

Iyalaan*nak* man iti danom.	'Please get me some water.'
Inyalaan*nak* iti danom.	'S/He got me some water.'
Iyal-alaan*nak* iti danom.	'S/He is getting me some water.'
Iteddaan*mi* ida iti kanen.	'We will save some food for them.'
Itedteddaan*mi* ida iti kanen.	'We are saving some food for them.'
Inteddaan*mi* ida iti kanen.	'We saved some food for them.'

*Letter in boldface indicates syllable stress or lengthening of the vowel.

Exercise

Any of the verbs within the parentheses can be substituted for the underlined verb in the model sentence. Write their Benefactive forms. Examples are done for you.

1. <u>Idawatan</u> ni Jose iti pangaldaw ti anak*na*.
   'Jose will ask for some lunch for his child.'
2. (gatang) _____

3. (tedda) _____

4. (dasar) _____

5. (luto) _____

6. <u>Iyaramid*an*</u> ni katuganga*k* iti bado ti apuko*na*.
   'My mother-in-law will make a dress for her grandchild.'

7. (ala) _____

8. (laba) _____

9. (dait) _____

D. Locative-Focus Circumfix: *pag--an, pang--an*

The *pag--an/pang--an* nominalized verb is basically a locative verb, with a focus on the location of the action, as in the sample sentences below. The past forms are *nag--an* and *nang--an*, respectively.

| Idiay kuarto*k* ti pagturugan*ta*. | 'In my room is where we will sleep,' or 'We (you and I) will sleep in my room.' |
| Idiay balay*da* ti panganan*tayo*. | 'At their house is where will eat.' or 'We will eat at their house.' |

Pag--an/pang--an also denotes location in terms of topic or subject, as illustrated in *pagtungtungan* 'topic of conversation,' *pagsukisukan* 'subject of research.'

For example:

Dagiti isyu ti pagsasaritaan*tayo*.	'The issues are what we are to discuss.'
Ania ti pagdaksan ti panagdurug?	'What's bad about drugs?'
Ania ti pagsayaatan ti panagwatwat?	'What's good about exercising?'

It can also express reason for a psychological state, as in *pagdanagan* 'to worry about.' With certain verbs, the prefix *paka-* (as in *pakadanagan*) is used alternately with *pag-*.

For example:

| Saan*mo* a pagdanagan dayta./Saan*mo* a pakadanagan dayta. | 'Don't worry about that.' |

It can also denote the central object of an action, *pagtulungan* 'to collectively help,' *pagrambakan* 'occasion to enjoy or celebrate festivities together.'
For example:

| Pagtutulungan*yo* nga ipatakder ti balay. | 'You (all) help each other build the house.' |
| Ania ti pagrarambakan dagiti tattao idiay Pilipinas no fiesta? | 'What do people in the Philippines celebrate during fiestas?' |

Exercise

Examine the model sentences, and then substitute the verbs in parentheses for the underlined words to form sentences with *pag--an* nominal verbs.

1. Idiayto balay*da* ti pag<u>watwatan</u>*mi* intuno rabii.
   'At their house is where we will exercise tonight.'

2. (sala)

   _____

3. (kan/kaan)

   _____

4. (ited)

   _____

5. (luto)

   _____

6. Anianto ti pag<u>saritaan</u>*yo*?
   'What will you talk about?'

Lesson 8 - Ipabpabalaymo

7. (tungtong)

   _____

8. (tsismis)

   _____

9. (sukimat)

   _____

10. Saan*yo* a pag<u>danag</u>an/paka<u>danag</u>an dayta.
    'Don't worry about that.'

11. (sakit ti nakem)

    _____

12. (ringgor)

    _____

13. (danag)

    _____

14. (sakit ti ulo)

    _____

15. Pag<u>tutulungan</u>*tayo* daytoy, tapno malpas.
    'Let's all help with this, so it gets done.'

16. (bingay)

    _____

17. (sango)

    _____

18. (rambak)

_____

E. Causative-Object/Patient-Focus Verbs: *pag--en, pa--en, ipa-*

The *pag--en, pa--en,* and *ipa-* verbs are a combination of the causative *pa-* or *pag-* and the object-foci *-en* and *i-*verbs. *Pag--en,* and sometimes *pa--en,* indicate that a command will be given. Read the following examples:

Ana: Pagbasae*m* ni Sarah.	'Have Sarah read.'
Ben: Agbasa*ka*, Sarah.	'Sarah, read.'
Sarah: Dia*k* kayat; masaduta*k*.	'I don't want to; I feel lazy.'

Pag--en is derived from the *ag-*verb, *pa--en* from the *-um-, mang-,* and *ma-* verbs, and *ipa-* from the *i-*verb. Notice these examples:

Pagtugawe*m* dayta ubing.	'Have the child sit down.'
Papane*mon*on dayta ubing.	'Have the child go now.'
Pakane*m* dagiti aso.	'Feed the dogs.'
Paglutue*m* ni Irma.	'Have Irma cook.'
Ipatugaw*mo* dayta ubing.	'Sit the child down.'

Exercises

1. Replace the root word in the model sentence with those in parentheses to create new sentences with *pa--en* verbs.

   a. Pa<u>turu</u>gen ni Carmen ti anak*na*.
      <u>'Carmen will make her child sleep.'</u>

   b. (kan/kaan)

   _____

   c. (pan)

   _____

d. (inom)

   _____

2. Replace the root word in the model sentence to create new sentences with *pag--en* verbs.

   a. Pagtugawen ti pulis ti lalaki.
      'The policeman will have the man sit down.'

   b. (lagto)

      _____

   c. (watwat)

      _____

   d. (trabaho)

      _____

3. Verb Review. Translate the English verbs and write their correct forms in the blank spaces. Study the sentences very well as they provide an insight into the correct verb forms that you will use to complete them. Also note the proper tense of the verb.

   a. **arrive**

      _____ ni Alfredo idiay balay*mi* idi lawas*na*. Rabii ti _____. Idi _____-*na* pay laeng mababain unay. _____-*na* ket simrek a dagus idiay kuarto*na*.

   b. **smile**

      Kanayon nga _____ ni Letty. Maysa a malem, _____-*na* ni Roberto. "Nagpintas*ka*," kinuna ni Roberto a nakaisem. _____ latta ni Letty a kumitkita kenkuana.

c. **eat**

Idi napan*ak* idiay balay*da*, _____-*dak*. Dia*k* koma kayat ti _____ ngem impapilit*da*. Inyin-inutko laeng ti _____-*ko*, ta saan*ak* met a mabisin.

d. **cry**

Maysa nga aldaw, _____ ni Irma. Nakapigpigsa ti _____-*na*, ngem _____ laeng gayam. Saan met gayam a pudno.

e. **visit**

Adda manen ti _____ da Manang Pining. Kanayon*da* a _____ ta adu ti gagayyem*da* a _____-*da*.

f. **give**

No _____ iti tao ti serbisio*m*, _____-*naka* ni Apo Dios ti naimbag a gasat, sa _____-*ka* pay ti adu a gagayyem.

g. **get, take**

_____-*nak* man ti kagay*ko* ta malammin*ak*. Nalam-ek ti tiempo; agkutkutimermer*ak*. _____-*ka* ti panateng, no saan*mo* nga aluadan ti bagim. Ay, _____-*ka* man pay ti maysa a kallugong dita. Daydiay dakkel ti _____.

h. **taste**

_____-*k* man daytoy. Ne, naapgadsa.

_____-*k*on. Naapgad nga agpayso.

'*Mo* ta siak ti _____. Mm, nagimas ti _____-*na*.

Lesson 8 - Ipabpabalaymo

i. **cool, cold**

_____-ak. _____ ngamin ti tiempo ita. Ne, kitae*m*, _____ dagitoy saka*k*.

j. **mix**

Apay nga awan ti _____-*na* a karne dayta lauya? _____ ti karne ti baka. Tay natulang ti _____-*mo*.

WRITING PRACTICE

A. Select a special occasion, and write a letter inviting friends or relatives to come and share it with you, or invite a friend to stay with you during the summer or Christmas break. Be very sincere and persuasive.

B. Ricky's research focus is on Filipino customs and way of life. Write his initial draft based on his experiences with his host family.

C. You are Ricky Monreal. Write your autobiography.

D. Sitcom in the Classroom

1. Write a script (comedy) based on the story, using the material developed in the improvisations below. If additional natural lines emerge, include those, too. Keep revising the script until it reaches final form. You must keep to a small number of characters to limit the cast to a manageable size.

2. Create a storyboard* in preparation for the video shoot. Make the sketches simple and clear, and at the bottom of each box, write captions to guide you, the "director," on how the scenes will be shot. To insure that the camera recording is up to speed and to allow enough lead for editing, you should have at least ten seconds of recording before action starts. Also continue recording for at least five seconds after the action, for ease of editing.

3. Rehearse the videoscript in preparation for the shooting. Shoot the videoplay and get it to the post-production facility of your school.

---

*A storyboard is a series of simple sketches depicting the sequence of shots for a film or video, which can be arranged in frames or on index cards.

FLUENCY PRACTICE

A. Divide into groups and choose a situation from the list to improvise in front of the class.

1. You are Ricky. Telephone your school buddy and tell him about your first day with your host family. Tell him, in particular, about the daughter, Cristina.
2. You are Cristina, tell your girlfriend about Ricky's first day with you. Tell her about your impression of Ricky.
3. Get a group of "neighbors" and gossip about Ricky.
4. You are Ricky's stomach. Complain about what's happening with you, and give Ricky some advice as to how he can alleviate the problem.
5. Ricky is having lunch and everyone is eager to please him.

B. Divide into groups and prepare to stage the story.

1. Improvise the mini-scenes in the story in Ilokano. (The script will be developed from the dialog generated from the improvisations, to be tape-recorded and transcribed later on.)
2. When the script is completed, do a playreading.
3. When the final revision is completed, cast the roles.
4. Do the rehearsals.
5. Perform the mini-play.

CULTURAL ACTIVITIES

Pagsasao

A. Explain in Ilokano what these words (*napait, bunga, nasam-it*) represent in real life.

> **Ti panaganus napait,**
> **ngem ti bunga*na* nasam-it.**

- Itarus*mo* iti Inggles:

_____

Lesson 8 - Ipabpabalaymo

- Pagsisilpue*m* dagitoy a balikas, tapno mabukel*mo* ti kaipapanan ti pagsasao.

    1. ti agubra
    2. agballigi*ka*
    3. ikarkarigata*m*
    4. tapno

- Isurat*mo* ti binukel*mo* a kaipapanan ti pagsasao ditoy:

    _____

- Itarus*mo* ti binukel*mo* a kaipapanan ti pagsasao ditoy linia:

    _____

    No ammo*m* ti agidulin,
    adayo ti in*ka* panagbisin.

- Itarus*mo* iti Inggles:

    _____

- Pagsisilpue*m* dagiti balikas tapno mabukel*mo* ti kayat a sawen ti pagsasao. Isurat*mo* ti binukel*mo* a sarita iti linia iti baba.

    1. tapno addanto
    2. unay a nagastar
    3. no adda
    4. masapul*mo*
    5. makaut*mo*
    6. saan*ka*

Lesson 8 - Ipabpabalaymo

- Isurat*mo* ti binukel*mo* a palawag ti pagsasao ditoy:

  _____

- Itarus*mo* ti binukel*mo* a palawag ti pagsasao ditoy:

  _____

- Sungbata*m* dagiti saludsod iti baba.

  1. Iti daytoy a pagsasao, ania ti kayat a sawen ti "agidulin?" Agipakni wenno agurnong?
  2. Agidulin iti ania? Ania dagiti masapul*tayo* nga idulin?
  3. Ania dagiti pagsayaatan ti panagidulin?
  4. Adda kadi pagdaksan iti napennek a panagidulin wenno panagurnong?
  5. Ania dagiti nadumaduma a wagas ti panagidulin wenno panagurnong iti daytoy moderno a tiempo?

  Ti saan a matimtimek,
  nauyong no makaunget.

- Itarus*mo* ti pagsasao:

  _____

- Pagsisilpue*m* dagiti balikas tapno mabukel*mo* ti kayat a sawen ti pagsasao.

  1. a maun-uni
  2. nga agpungtot
  3. ti tao
  4. mabalin a
  5. nalaka

Lesson 8 - Ipabpabalaymo

- Isurat*mo* ti binukel*mo* a palawag ti pagsasao ditoy:

  _____

- Itarus*mo* ti binukel*mo* a palawag ti pagsasao ditoy:

  _____

B. Continue the phrases to make complete sentences.

1. Ti ubing a nasadut,

   _____

2. Ti tao a nagaget, saan nga

   _____

3. Ti tao a managbabain,

   _____

4. Ti tao nga awan bain,

   _____

5. Ti tangatang no nakaul-ulimek ken nakasipsipnget,

   _____

C. Discuss the following questions.

1. Apay a no maminsan, saan a matimtimek ti maysa a tao?
   a. _____
   b. _____
   c. _____

2. Kayat*mo* kadi ti tao a saan a matimtimek? Apay (saan)?

   a. _____

   b. _____

Burburtia

Fill in the boxes with the missing letters to arrive at the answers to the riddles. Memorize them verbatim, so you can include them in your social conversation.

Natay no iggem;
mabiag no maibelleng.

- Itarus*mo* iti Inggles:

  _____

- Tulong iti Panagsungbat:

  1. Agpulpuligos no ipuruak*mo*.
  2. Adda tali*na*.
  3. Kadawyan a naaramid iti kayo.
  4. Mabalin a naaramid iti plastik.
  5. Ay-ayam.

- Ania ti sungbat*na*? | s | | n | | y |

Bola ti prinsesa, nabukel, narasa
naalsem ti sam-it*na*.

- Itarus*mo* iti Inggles:

  _____

Lesson 8 - Ipabpabalay*mo*

- Tulong iti Panangsungbat:

    1. Prutas nga adu ti babassit a bukel*na*.
    2. Nagbukel.
    3. Adda al-alsem*na*.
    4. Adda samsam-it*na*.
    5. No maminsan, nakaal-alsem.
    6. Maaramid nga inumen ti tubbog*na*.

- Ania ti sungbat*na*? | b | | | | | s |

Kansion

A. Get together in a group and create new stanzas for the song *Timpuyog*. Keep it simple. Follow the theme and intent of the song: teaching pronouns. You may use other pronoun types.

Timpuyog
Music and Lyrics: Precy Espiritu

No in*ka*, in*nak* met
In*ta* a dua
No in*da*, in*ka* met
In*kay*' latta.

No in*ka*, in*kam*' met
In*tay*' amin
Agraragsak, agdadaya
Ingganat' agsapa.♣

B. This song teaches conjunctions. Add another stanza to it and introduce other conjunctions that have not been used here.

Sika ti Gayyemko

Music and Lyrics: Precy Espiritu

No sika ti gayyem*ko*
Nagasat*ak* a tao
Ta nasingpet*ka* ngamin
Ken naimbag a kadua.

Ngem no di*mo* met kayat
Ti makigayyem kaniak
Ladingite*k*, gayyem*ko*
Ta sika ti kayat*ko*.

No umay*nak* awisen
A mapan agpaspasiar
No kuna*k* a diak kayat
Di*mo* latta patpatien.

Ta ti pudno, gayyem*ko*
Ti pudno a kayat*ko*
Agkadkadua*ta* koma
Ingganat' inggana.

Uray no awan*ak*ton
Di*nak*to kad' lipaten
Di*ka*nto met lipaten
Uray no kaano man.

Namnamae*k*, gayyem*ko*
Nga iti masakbayan
Ket agkita*ta*nto manen
Ta di*ta* agsinan. ♣

CULTURE NOTES

Foreigners who visit the Philippines often talk about Filipino hospitality. Indeed, Filipinos will do everything possible to make their guests and visiting relatives comfortable. They may even resort to borrowing to provide the best food and comfort that they themselves cannot afford. However, guests may actually feel uncomfortable or even embarrassed, when the hosts overdo their hospitality.

In the story, all the members of the family were making a concerted effort to please their new guest. They prepared lavish and special foods for Ricky. The mother kept refilling his plate in spite of Ricky's polite protests. And foods were offered one after another to make sure he did not miss any delicacies. This kind of attentiveness may overwhelm a guest who is not accustomed to this kind of hospitality.

One value that is commonly practiced in Philippine culture is the sharing of one's fortune or resources. A manifestation of this is the Ilokano *Padigo*, which is sharing what you have just cooked with your neighbor. This is a reciprocal, voluntary practice that contributes warmth to a relationship. It is part of a sharing culture that binds people together and sustains community harmony.

In Philippine society, people are sometimes embarrassed to enter into contractual relationships, especially among family members and close friends, because it is seen as somewhat offensive and interpreted as distrusting the other person. This attitude often leads to the break-up of friendships and family relationships because many verbal agreements do not get fulfilled, and the problems get messy.

LESSON 9

TAWAR A TAWAR

READING

Pre-Reading Discussion
A. What type of societies practice haggling? Why do you think it exists in some societies and not in others? What kind of economic system allows haggling? How do people haggle in societies where it is accepted?
B. How do you feel about haggling? Are you comfortable with this system? What is the Western attitude toward it? What is the non-Western attitude?

Reading Tasks
A. Write down the haggling strategies employed in the story.
B. Locate the sections where *Apong* Berta is expressing frustration. How did she express it? What is insinuated? How is it diffused in a Filipino way to maintain a good relationship?
C. List all the words, phrases, and sentences uttered by both speakers that were said with tact in the haggling process.
B. Group the lines of *Apong* Berta and Pilang separately. Underline all the complaint language you find in both. How different are their styles in expressing their complaints? Which one do you prefer? Why?
D. List all of the items Pilang bought in the <u>first</u> column, their volume in the <u>second</u> column, the initial price in the <u>third</u> column, the final price in the <u>fourth</u> column, and the discount she received in the <u>fifth</u> column.

Ania dagiti ginatang ni Pilang?	Kasano ti kaadu ti ginatang ni Pilang?	Ania ti gatad/presio ti lako ni *Apong* Berta?	Mano ti imbayad ni Pilang kadagiti ginatang*na*?	Mano ti namenos ni Pilang?
Bilang*na*: _____		Dagup*na*: _____	Dagup*na*: _____	Dagup*na*: _____

D. Construct questions based on the information in the chart and ask your partner to answer them.

STORY

Tawar A Tawar

"Naimbag nga aldaw*yo*, Apong Berta," inkablaaw ni Pilang.

"Kasta met, balasang*ko*," insungbat ti baket a madama nga agur-urnos iti lako*na* iti bassit a tiangge*na*.

"Daytoy ni Edwin a kaanaka*k*. Naggapu idiay Amerika. Kasangsangpet*na* idi kalman," impadamag ni Pilang.

"Kasta, aya? Isu kadi ni Edwin a barito pay laeng idi napan idiay Amerika?" sinaludsod ni Apong Berta. "Ket apay a pimmugot*ka* met idiayen?" imparaipus*na*. Immisem laeng ni Edwin. Inyawat*na* kenni ikit*na* a Pilang dagiti botelia ti serbesa. Imparabaw ni Pilang iti estante a sarming.

"Ikkan*dak* man ti salapi a suka, pisos a manteka, ken treinta a taw*yo*, Apong," kinuna*na* iti baket.

Kinargaan ni Apong Berta dagiti botelia iti suka, manteka ken tawyo.

"Ayna, Apo! Limlima a tedted met laeng dayta. Nayunan*yo* met bassit, a, Apong," inkiddaw ni Pilang.

"Adu la ngarud daytoyen. Nayuna*m* ti bayad*na* ta nayuna*k* ti ikabil*ko*," naalumamay a kinuna ti baket. "Dies pesos ti pinanggatang*ko* iti maysa a botelia. Saan met a mabalin nga awan ti gananasia*k*, uray no sangkabassit laeng," nakaisem nga impalawag*na*.

"Di pay umanay a pangtempla*k* dayta iti maysa a sida, Apong," inreklamo*na* manen.

"Ay, Apo, malugi*ak* no kasta, Kabsat. Dakkel ti puunan*mi* kadagitoy, ta nagngina ti magatgatang itan. Nangina pay ti plete," naalumamay nga impalawag ti baket. Ninayunan*na* met laeng, ngem bassit laeng ti innayun*na*.

"Ania metten! Awan pay ti sangkatedted dayta innayun*yo*," nakaisem a nagreklamo manen ni Pilang.

"Aysus, in*ka* latta idiay sabalin, 'la. In*ka* dita bangir, ta kitae*m*, nanginngina pay nga amang dita ayan da Baket Busiang," kinuna ti baket. Idi kuan, kinuna*na*, "Isubli*k* ngarud daytoyen no di*mo* kayat."

"Ne, apay, Apong?" sinaludsod*na*.

"Ana, kayat*mo* met laeng, Nakkong?" sinaludsod ti baket.

"Wen, Apong, alae*k* daytan," insungbat ni Pilang, sa*na* ginaw-at met laeng dagiti botelia*na*.

Itay pay la a makakatkatawa ni Edwin nga agbuybuya iti panagtintinnawar da Apong Berta ken ni ikit*na*, ngem tepteppelen*na* latta ti katawa*na*.

"Ikkan*dak* man pay ti sangabukel a bawang, ken sangareppet a lasuna, Apong," kinuna ni Pilang.

"Ne, pisos ti bawang, uno singkuenta ti lasuna," kinuna ti baket, sa*na* impisok iti uneg ti supot a papel ti bawang ken lasuna.

"Apo, nagngina metten!" nagreklamo manen ni Pilang. "Idiay tiendaan ket awan pay ti pisos*na* dayta lasuna. Sagsasalapi laeng ti bawang idiay."

"Inka ngarud laengen idiay tiendaan, Nakkong, no nalaklaka idiay," nakaalumamay nga insungbat ti baket.

"Pisos laengen daytoy lasuna, sa binting daytoy bawang, Apong, a?" sibabain nga intawar ni Pilang.

"Ay, saan, Kabsat, ta nangato ti presio ti bawang ken lasuna ita. Dia*k* ammo man ketdi. Patinayon a ngumatngato amin a magatgatang," insungbat ti baket. Idi kuan,

nagkedked met laeng. "Ala, ikkatan*ta* ti piseta daytoy bawang, ken binting daytoy lasuna. Dos singko*da* a dua," kinunan*a*.

"Di pay la dos, tapno awan ti sursurok*nan*? Apay nga adda pay la lima a sentimo*na*? 'Po unay metten!" intawar nga inreklamo manen ni Pilang.

"Ala man laengen. Ala, alae*m*on, Nakkong," kinuna ni Apong Berta, sa*na* inyawat ti bawang ken lasuna kenni Pilang. Innala ni Pilang dagiti ginatang*na* a bawang ken lasuna, sana impisok iti bay-on*na*.

"Sagmamano dagitoy kamatis, Apong?" sinaludsod ni Pilang.

"Saglilima a pisos, Nakkong," insungbat ti baket.

"Ania, Apong? Lima a pisos ti maysa?" napamulagat ni Pilang.

"Lima a pisos ti sangaatado," insungbat ti baket.

"Nagngina metten, Apong! Nagbabassit, sa dudduddua pay. Awan tawar*nan*?" sinaludsod ni Pilang.

"Ay, awanen, Balasang*ko*. Ultimo*nan*. Nangina ti kamatis ita, ta naperdi amin a mulmula iti bagio. Agkarabagio ngamin," impalawag*na*.

"Awan nayon*nan*, Apong? Alan, a, nayunan*yo*n," inkiddaw ni Pilang. Sinamsam-itan*na* ti panagsasao*na*.

"Ala wen la," insungbat ti baket, sa nangala iti bassit a naluom a kamatis. "Ne," kinunan*a*, sa*na* inyawat kenni Pilang.

Minirmira ni Pilang ti kamatis. Mabain koma nga agreklamon,

ngem di*na* met la nateppelan ti nagsao. "Nakabasbassit met daytoy innayon*yo*, Apong. Sa nalungsotsa pay," kinuna*na*, sa nainayad a gimmaw-at iti maysa a dakkel iti sabali nga atado.

"Ay, saan a mabalin, Nakkong," kinuna ti baket, sa*na* inggawid ti ima ni Pilang. "Agpapada ti timbang*na* dagita," naalumamay nga imbaga ti baket. "Saan a nalungsot dayta. Naimas nga ipakbet dayta kasta a naluom," kinuna*na*, sa*na* inkabil ti bassit a kamatis iti bay-on.

Inibbatan ni Pilang ti dakkel a kamatis. Insubli ti baket iti atado a naggapuan*na*.

"Ala, tres pisos ngaruden, Apong," intawar ni Pilang.

"Ay, saan, Nakkong, ta saan pay a naipuunan," insungbat ti baket, a pimmigsa ti timek*na*. "Nakanginngina ti kamatis ita, Nakkong. Pasaray awan pay maala*m*."

"Ala ngaruden, ta inn*ak*on. Ilista*yo* man pay, Apong. Apong, agan-anus*kay'* la kadakamin, a? Ammo*yo* metten ti rigat*mi*," impakpakaasi ni Pilang.

"Atiddog daytoy listaan*yo* ditoyen. Nasurok a sangaribo ti utang*yo*n," impalagip ni Apong Berta.

"Ay, Apo, malugi ti piman a baket," insampitaw ti babai iti abay ni Pilang. Naklaat ni Pilang. Saan*na* a nadlaw ti iseserrek ti biangot a babai.

"Apay, sinno ti paspasagida*m*, biangot a babai?" insalangad ni Pilang. Kinusilapan*na* ti babai.

"Adda kadi dakes nga imbagak? Awan ti agsida ti sili a saan a magasangan gayam," impasagid manen ti entremetida a babai.

"Isunan, Bining, ta saan a dumakkel ti riri," inyanawa ni Apong Berta.

Saan a simmungbat ni Pilangen.

"Ne, Pilang, iyawidmo dagitoyen," kinuna ti baket, sana inlista met laeng dagiti ginatang ni Pilang.

"Bay-anyo ta bayadakto ti kagudua ti utangmi intuno agsueldo ni lakay," inkari ni Pilang.

"Saanmo a liwliwayan ti agbayad kada agtapos ti lawas, Nakkong, uray no sangkabassit laeng, tapno saan unay a dumakkel ti utangyo. Ammom, ket, awan met unay ti puunak kadagitoy," impalawag ti baket.

"Bay-anyo, Apong, ta ikarkarigatak nga in-inuten a bayadan," kinuna ni Pilang a nagyaman, sa nagpakada.

"Nagkirmet ket daydiay a babain!" kinuna tay babai kenni Apong Berta, idi nakapanawen ni Pilang.

"Adu ngamin ti annakna, sa bassit ti sueldo ni lakayna. Kaasida met, piman," insungbat ni Apong Berta iti tsismosa a babai, a saanen a naguni. Kasla napabainan iti kinabiangotna.

Idi agawiddan, kinuna ni Edwin, "Nagkirmetka a talaga, Anti. Tawarka a tawar. Naimbag la ta naanus daydiay baket. Saanda kadi malugi, no kasdiay nga agkaratawar dagiti gumatang?" sinaludsod ni Edwin.

Nabayag a saan a nakauni ni Pilang. Napamulagat iti kinaprangka ni Edwin. Idi kuan, simmungbat, "Saanda a malugi, ta dagita babassit a tiangge, nangina ti panagprespresioda. Bassit laeng ngamin ti lakoda, isu nga bassit met ti ganansiada. Sa awan unay ti puunanda. Sa no madadael ti lakoda, lugidan," impalawag ni Pilang.

"No nangina ti lakona, apay nga dita pay la ti paggatangam ngarud, Anti? Apay dika mapan idiay tiendaan?" sinaludsod ni Edwin.

Lesson 9 - Tawar A Tawar

"Agan-anus*ak* a gumatgatang dita, uray no nanginngina bassit, ta idiay tiendaan, saan*ka* a makautang, ket dita makautang*ka*. No bayada*k* amin a gatange*k*, saan a makaanay ti sueldo ni angkel*mo* iti makabulan a gastos*mi*," impalawag ni Pilang iti kaanakan*na*.

"Nakasingsingpet daydiay a baket," kinuna ni Edwin.

"Pudno dayta kuna*m*. Isu nga, amin a tao ditoy ket, dita ti papanan*da* a pakitiendaan," inyanamong ni Pilang. "Managtulong pay kadagiti tattao ditoy. Nalaka nga utangan no adda emerdiensi*m*. Kitae*m*, uray no dia*k* nakabayad idi bulan, pinautangan*nak* met laeng," impalawag ni Pilang.

"Ngem no siak, dia*k* la ketdi maitured ti agtawar. Mabain*ak*," kinuna ni Edwin.

"Apay, nalipata*m*on ti kultura*tayo*, Edwin? Amerikano*ka* ngaminen. Awan, aya, ti agtawtawar idiay Amerika?" sinaludsod ni Pilang.

"Awan. Saan*kami* nga agtawtawar idiay, malaksid no gumatang*ka* idiay 'flea market,' wenno no gumatang*ka* ti balay wenno kotse," insungbat ni Edwin. "No agtawar*ka* idiay, kitaen*daka* a kasla naggapu*ka* iti sabali a planeta. Saan*da* ngamin a ruam ti agtawtawar," insungbat*na*.

"Masapul nga tumawar*ka* ditoy, Edwin," impalawag ni Pilang. "Ingato*da* ti presio*da*, ta ammo*da* a tumawar*kanto* met laeng. No saan*ka* a tumawar, malugi*ka*. Nangnangruna pay a, no ammo*da* nga istetsayd*ka*, inginngina*da* pay nga amang ti presio*da*."

"Ammo*k*, ngem dia*k* a ruam ti agtawtawar," insungbat ni Edwin.

"Isu pay a mamenos*mo* no agtawar*ka*," impalawag ni Pilang.

"Kuyugen*nak*to man ngarud intuno mapan*ak* agsiaping iti ipasarabo*k* idiay Haway, ta sikanto ti paratawar," inkiddaw ni Edwin. "Ta no siak, sigurado a malugi*ak*," kinuna*na*.

"Ay, nalaing*ak* nga agtawar," impangas ni Pilang. "Dakkel ti mamenos*mo*, no ni Kirmet ti kadua*m*," impannakkel*na*.

"Isu ngarud. Intanto agsiaping diay 'Shoe Mart' ti ipasarabo*k*," kinuna ni Edwin.

"Ay, pakpakawan! No agtawar*ka* idiay SM, kuna*da*nto a naggapu*ka* iti sabali a planeta. No kayat*mo* ti agtawar, inka idiay Dibisoria," insungbat ni Pilang.

"Kasta, aya?" insungbat ni Edwin. Nagkinnita*da*, sa*da* nagkatkatawa. ♣

VOCABULARY STUDY

A. Answer the following questions without referring back to the story. You may check your answers with the story only after completing the exercises.

1. Ania ti ur-urnusen ni Apong Berta iti tianggena?

2. Kasano ti kabayag ni Edwin idiay Pilipinasen?

3. Ania dagiti gatgatangen ni Pilang a maikabil iti botelia?

4. Mano a tedted ti inkabil ni Apong Berta kadagiti botelia?

5. Mano ti puunan ti maysa a botelia a suka, manteka, wenno tawyo?

6. Ania ti aramiden ni Pilang iti suka ken tawyo?

7. No nayunan ni Apong Berta ti adu dagiti gatgatangen ni Pilang, ania ti mabalin a mapasamak iti negosiona?

8. Ania ti mapasamak iti negosio dagiti aglaklako no maperdi ti lakoda?

9. No ikompararmo ti presio ti lako ni Apong Berta iti lako ni Baket Busiang, ania ti nanginngina?

Lesson 9 - Tawar A Tawar

10. Ania ti marikrikna ni Edwin idi buybuyaen*na* ti panagtintinnawar da Pilang ken Apong Berta?

    _____

11. Mano ti surok ti dos pesos a gatad ti gatgatangen ni Pilang?

    _____

12. Ania ti nangikabilan ni Pilang kadagiti ginatang*na*?

    _____

13. Ania ti awag dagiti Pilipino kadagiti taga-Amerika?

    _____

14. Mano ti sangabukel a bawang?

    _____

15. Apay a naperdi dagiti mulmula idiay ayan*da*?

    _____

16. Ania ti awag*mo* iti tao nga sumagsagpaw iti saritaan ti sabali?

    _____

17. Apay nga idiay tiangge ni Apong Berta ti paggatgatangan ni Pilang, a saan nga idiay dakkel a tiendaan ti ili?

    _____

18. Kaano a baybayadan ni Pilang ti utang*da* kenni Apong Berta?

    _____

19. Apay a pinasagidan ti babai ni Pilang?

    _____

20. Sinno ti pinasagidan ti babai a gumatgatang?

    _____

21. No ammo dagiti aglaklako idiay Pilipinas nga istetsayd*ka*, ania ti aramiden*da*?

    _____

22. Mano amin ti namenos ni Pilang kadagiti ginatangna?

    _____

23. Kasano ti kadakkel ti ganansia dagiti babassit a tiangge?

    _____

24. Ania ti awag dagiti Ilokano iti tao a tawar a tawar?

    _____

25. Ania ti narikna ti biangot a babai idi impalawag ni Apong Berta no apay a kaasian*na* ni Pilang?

    _____

26. Ania ti kayat ni Pilang nga aramiden ni Apong Berta kadagiti ginatang*na*?

    _____

B. The story has many more ways of saying "said." List them in the left column and give their added meaning in English in the right column. For review, do not skip the old ones.

   1. _____ _____
   2. _____ _____
   3. _____ _____
   4. _____ _____
   5. _____ _____

Lesson 9 - Tawar A Tawar

6. _____ _____
7. _____ _____
8. _____ _____
9. _____ _____
10. _____ _____
11. _____ _____
12. _____ _____
13. _____ _____
14. _____ _____
15. _____ _____

C. Divide into small groups. When your teacher calls out a word from the list, write the meaning in English beside the word. The group with the most correct answers wins.

1. botelia _____   11. agtawar _____
2. estante _____   12. nagkirmet _____
3. singkuenta _____   13. ultimo*nan* _____
4. nayuna*m* _____   14. imparabaw _____
5. gatangen _____   15. kamatis _____
6. nangina _____   16. manteka _____
7. malugi*ak* _____   17. lasuna _____
8. ilista*m* _____   18. sangareppet _____
9. atiddog _____   19. sagsasalapi _____
10. Insik _____   20. kababain _____

D. Match the words in Column I with those in Column II that are related or have the same meaning.

I	II
___ gimmaw-at	1. nangala
___ bawang	2. awan ti maganansia
___ ninayunan	3. sangareppet
___ balangeg	4. kapital
___ utang	5. kuarta nga inggatang
___ binting	6. sangatali
___ tienda	7. bayad iti lugan
___ nakirmet	8. sangabukel
___ manteka	9. presio ti ginatang
___ gatad	10. inikkan pay
___ plete	11. lako
___ sangareppet	12. tawar a tawar
___ malugi	13. ibukbok iti botelia
___ puunan	14. saan pay a nabayadan/bayadanto

E. Give a brief definition or explanation of the following words and expressions in Ilokano.

1. ultimo*n*an _____

2. ilista _____

3. pasarabo _____

4. ikarkarigatan _____

5. saan pay a naipuunan _____

Lesson 9 - Tawar A Tawar

6. surok _____

7. agkarabagio _____

8. minirmira _____

F. Write a simple dialogue using the words below in any form that is contextually appropriate and grammatically accurate.

1. Luz: Tawyo. _____

2. Tan: Mano? _____

3. Luz: Kuarenta. _____

4. Tan: Ania pay? _____

5. Luz: Nayuna*m*. _____

6. Tan: Lugi. _____

7. Luz: Tawar? _____

8. Tan: Ultimo. _____

9. Luz: Bay-a*m*on _____

10. Tan: Kirmet! _____

G. Circle the best interpretation of the utterances inside the quotation. The underlined words can serve as your cue.

1. "Ania <u>pay</u> ti gatange*m*?" sinaludsod ti Apong Berta.
   a. Awan pay ti nagatang ni Pilang.
   b. Nakagatangen ni Pilang.
   c. Mapan ni Pilang iti sabali a tiendaan.

2. "<u>Nagngina</u> metten," kinuna ni Pilang.
   a. Nangato unay ti presio*na*.
   b. Nagadu metten ti inkabil*yo* a kamatis.
   c. Nababbaba idi ti presio*na*.

Lesson 9 - Tawar A Tawar

3. "Ultimo*nan*," kinuna ni Apong Berta.
   a. Saan*ko* nga ibaba ti presio*ko*n.
   b. Maudi a kamatis daytan.
   c. Darse*m* ta agrikep*ako*n.
4. "Ilista*yo* man pay dagitoy, Apong," imbaga ni Pilang.
   a. Isurat ni Apong Berta a nagbayaden ni Pilang.
   b. Ibaga ni Apong Berta no mano ti utang ni Pilang.
   c. Ilista ni Apong Berta ti baro nga utang ni Pilang.

5. "Amerikano*ka* gayamen," kinuna ni Pilang a siiisem.
   a. Agtawtawar ni Edwin idiay Pilipinas idi.
   b. Saan nga agtawtawar ni Edwin idiay Pilipinas idi.
   c. Mabain ni Edwin nga agtawar idiay Pilipinasen.

H. Take notes on an impromptu conversation between two members of your group, and then take a partner and tell each other what those two talked about. Use the "said" words you listed above in your conversation.

QUESTIONS FOR DISCUSSION

A. Ania ngata dagiti kultura ti Pilipino a naipalagip kenni Edwin idi nagbisita idiay Pilipinas?
B. Ania ti katatao ni Apong Berta? ni Pilang? ni Edwin? Tay babai a gumatgatang?
C. Ania kano ti gapu*na* nga immannugot met laeng ti aglaklako nga ilista*na* ti baro nga utang ni Pilang?
D. Kasano nga ammo*m* no nangina unay ti presio ti gatgatange*m*? Kasano nga ammo*m* no mano ti itawar*mo*? Kasano nga ammo ti aglaklako no mano ti presio nga ikabil*na* iti lako*na*? Mano nga porsiento ti kalalainga*nna* nga itawar?
E. Ania a paglakuan ti mabalin a pagtawaran? Kaspagarigan, idiay tiendaan ti ili, idiay tiangge, wenno idiay moderno a tiendaan ("department store"). Ania dagiti saan a mabalin a pagtawaran?
F. Ania dagiti naipakita nga ug-ugali dagiti tattao iti daytoy nga istoria?
G. Kayat*mo* kadi daytoy a kadawyan a panagtawar? Apay (saan)? Napadasa*m* kadin ti nagtawtawar? Sarita*em* ti padas*mo*.
H. Ipalawag*mo* ti kaipapanan ti imbaga ti biangot a babai: "Awan ti agsida iti sili a saan a magasangan gayam."

Lesson 9 - Tawar A Tawar

GRAMMAR NOTES

A. Numeral Distributive Adjective: *sag*CV

The *sag*CV numeral adjective indicates equal distribution of object. It is normally used in pricing and equal apportioning of items. Its best English equivalent is 'each.'

For example:

Sagbibinting ti saba.	'The bananas are twenty five centavos each.'
Mangalakayo iti sagdudua.	'You (all) take two each.'
Ikkan*kayo* ti saggatlo a dulse.	'I will give you three candies each.'

Exercises

1. Study the list of distributive numbers to prepare for the following exercises.

saggaysa	sagsasangapulo
sagdudua	sagduduapulo
saggatlo/sagtatallo	sagtatallupulo
saggapat/sag-uuppat	sag-uuppat a pulo
saglilima	saglilimapulo
sag-iinnem/sagnenem	sag-iinnem a pulo
sagpipito	sagpipitupulo
sagwawalo	sagwawalupulo
sagsisiam	sagsisiam a pulo
sagsasangapulo	sagsasangagasut
sagsasangapulo ket maysa	sagsasangaribo
sagduduapulo ket siam	sagmimilion, sagsasangariwriw
sagtatallupulo ket innem	sagbibilion

2. Draw pictures to show the distribution of the items as stated in the sentences and work with your partner to describe what you drew.

   a. Saglilima*da* iti bola. 'They have five balls each.'
   b. Sag-iinnem*da* iti lapis. 'They have six pencils each.'
   c. Sagsasangapulo ket walo*da* iti lolipap. 'They have eighteen lollipops each.'
   d. Sagduduapulo*da* iti lansa. 'They have twenty nails each.'
   e. Saggapat dagiti aso iti tulang. 'The dogs have four bones each.'

3. Use pictures or actual materials (e.g., candies) to create communication activities using the distributive numbers listed above.

Note: Many elementary school math books have visual materials that can be used in communication activities using distributive numbers.

B. Reflex Action Verb: *napa-*

A sudden reaction or reflex action would be described in Ilokano with a *napa-* prefix.

For example:

Napamulagat ni Juan iti nangngeg*na*.	'Juan's eyes popped from what he heard.'
Napangangaa*k* iti imbaga*na*.	'My mouth dropped open from what s/he said.'
Napakatawa ni Lita iti nakita*na*.	'Lita suddenly laughed from what she saw.'
Napakidem ti ubing iti kigtot*na*.	'The child blinked when startled.'
Napataliaw idi nangngeg*na* ti nagan*na*.	'She suddenly looked back when she heard her name.'
Napatangad idi nagdisso ti bukel it*i* ulo*na*.	'He looked up quickly when a seed landed on his head.'
Napariyaw ti balasang idi naitublak.	'The girl let out a scream when she fell down.'
Napalagto ni Julian idi kinilikili ni Joe.	'Julian flinched/jumped when Joe tickled him.'

Exercises

1. List the possible reactions of the people in these pictures, using the *napa*-verbs on the next page. There are more possible answers than there are pictures. Cross out the ones that don't apply.

L9-9 _____   L9-14 _____

L9-10 _____   L9-15 _____

L9-11 _____   L9-16 _____

L9-12 _____   L9-17 _____

L9-13 _____   L9-18 _____

napatakder	napakidem	napaidda
napatangad	napanganga	napamulagat
napalagto	napatugaw	napariyaw
napataliaw	napamisuot	napakleb

2. Using *napa*-verbs, give the reactions of the referents in the questions following the situations below.

   a. Idi timmaliaw ti babai, nakita*na* ti agtatakaw nga agkalkalay-at iti tawa. 'When the woman looked back, she saw the burglar climbing up the window.'

   Ania ti reaksion ti babai?

   _____

   b. Naigalis ti lalaki idi napayatan*na* ti ukis ti saba. 'The man slipped when he stepped on the banana peel.'

   Ania ti reaksion*mo*?

   _____

Lesson 9 - Tawar A Tawar

c. Naitublak dagiti ubbing iti pitak. 'The children fell in the mud.'

   Ania ti reaksion dagiti ubbing?

   _____

d. Kinilikili*k* ti tagibi. 'I tickled the child.'

   Ania ti reaksion*na*?

   _____

e. Pagammuan ta nagtedted ti danom iti ulo*na*. 'Suddenly, water dripped on her head.'

   Ania ti reaksion*na*?

   _____

C. Emotional State: *maka-, maka*CVC

The prefix *maka-*, when attached to some adjectives and verbs, describes a psychological state. Its past form is *naka-*.

For example: *Nakarurod ti estudiante ta ininsulto/pinabainan ti maestrona.*
'The student got upset because his/her teacher insulted him/her.'

Makarurod ni Nana Lucia iti kaarruba*na*.	'Nana Lucia is annoyed with her neighbor.'
Makasangsangit ti lakay idi nagpa-Amerika ti baro*na*.	'The old man felt like crying when his son went to America.'
Makaunget ni Tatang*na*, ta ginastar*na* ti kuarta a pangmatrikula*na*.	'Her/His father is angry, because s/he spent her/his tuition money.'
Makaluksaw ti ubing gapu iti panagang-angaw*da*.	'The child is annoyed by their teasing.'
Makagura ti aglaklako, ta tawar a tawar ti gumatgatang.	'The vendor is irritated, because the buyer keeps haggling.'

Exercises

Complete the sentence with a subordinate clause. The first one is done.

a. Nakarurod ti estudiante, ____ta naladaw a simmangpet ti gayyemna.____

b. Makapungtot ti katuganganna, ta _____ .

c. Makaluksaw ni Elvie, no _____ .

d. Makaunget ti inana, kada _____ .

e. Nakakatawaak, ta _____ .

f. Nakasangit ti balasang, ta _____ .

D. Recurrent Verb: *agkara-*

The prefix *agkara-* is one way of pluralizing a verb and often requires a plural subject. It is used when repeated actions occur, usually in a sequence. It is the equivalent of the English expression "one after another."
For example:

Nagkaratinnag dagiti delata nga ur-urusenna iti estante.	'The canned goods that s/he was arranging in the cupboard, fell one after another.'
Agkarasangit dagiti ubbing.	'The children keep crying..'

Exercises

1. Fill in the blank with an *agkara-* verb that logically fits the context of the sentence.

   a. Kada ibati*mi* dagiti ubbing, _____-*da*.

   b. _____ dagiti prutas iti daga no maluom*da*n.

   c. _____-*ak*, ta adda 'sleeping sickness' *ko*.

d. No mangan*ka* ti adu a kamutig, _____-*ka*.

e. Apay nga _____ ket, saan met a tiempo ti tudo?

f. _____-*da*, ta awan ti kuarta nga igatang*da* ti kanen.

g. Marurod*ak* ta _____ ditoy balay*mi* ti tarabitab a kaarruba*k*, ket awan ti maubra*k*.

h. _____ ditoy balay*mi*, ta malidliday idiay ayan*da*.

i. No nakapudpudot ti tiempo, _____-*da* idiay karayan.

j. _____ ti piman nga ubing, ta nakapsut ti bagi*na*.

2. With your partner, write sentences using each of the words and expressions you used to fill in the blanks above.

WRITING PRACTICE

A. Write a response to the situation following the instruction in parentheses.
   1. Nakabaybayag nga agpili iti saba ti gumatgatang. (Kumbinsire*m* a gumatang.)
   2. Ipangina ti aglaklako ti presio ti maysa a kilo a bagas. (Agriri*ka*.)
   3. Gumatgatang*ka* ti sangakilo a lansones nga agbalor iti singkuenta pesos ti sangakilo, ket manmano laeng ti inted ti aglaklako. (Tawara*m*.)
   4. Kayat*mo* ti gumatang ti natnateng, ngem saan nga umanay ti kuarta*m*. (Ipalawag*mo* no apay a masapul a tumawar*ka*.)
   5. Saan nga maawatan tay gayyem*mo* nga Amerikano ti ugali a panagtawar. (Ipalawag*mo* kenkuana, sa*mo* kumbinsiren nga agtawar.)

lansones

B. Buying and Selling Real Estate. Talk to a real estate agent, and find out how the buying and selling of a house is done, so that you can do the following exercises effectively.

Day 1: You are a real estate agent selling a house. Write up a fact sheet describing all the features of the house. For example, the number of rooms, bathrooms, etc. Quote a high price for it. Give the fact sheet to your client. (Note: Various fact sheets are easily obtainable from real estate agents conducting open houses and offer-to-purchase forms are available in office supply stores or real estate offices.)

Day 2: You receive a fact sheet from a real estate agent. After reading the description, you decide that the house is not worth the price. Write the agent and make a lower offer. Develop an offer form to fill out. (Look at the actual offer forms used by real estate agents, and create a simplified one.)

Day 3: Write the real estate agent of the prospective buyer a letter diplomatically refusing the offer of his/her client.

Day 4: Role-play or discuss the real estate negotiations that you developed.

FLUENCY PRACTICE

A. *Tinnawaran*. The purpose of this communicative exercise is to learn how to haggle in a culturally sensitive way. A video-viewing on haggling in an Ilocos market may precede this activity to show examples of appropriate and inappropriate ways to haggle or bargain in the Philippines.

Rules of the game:

1. Break up into two groups. Half will be vendors; the other half will be buyers.*

   a. Each vendor will play the role of a certain commodity store, i.e., grocery store, clothing store, drugstore, open market, and so on. For convenience, you may use print ads showing individually priced merchandise. You may have separate vendors specializing in different categories of merchandise, e.g., fruits, produce, canned goods, meats, grains, clothing, footwear, appliances, and others.
   b. Depending on the prices, each buyer will have a budget of P250.00, which s/he will use to buy a minimum of two items from each vendor.
   c. The buyers must bargain with the vendors in a culturally and linguistically correct way.

d. Every name of the object purchased, as well as the original price, the final purchase price, and the amount saved after the discount, must be listed in a chart. Write the corresponding totals in the appropriate columns.
e. Compare your figures with the other groups to find out which group bought the most items with the most savings.
f. The group with the most purchases and the most savings wins the game.

*Small groups of two or three could be buyers. This will allow communication among the members of the group to keep computing and negotiating among themselves the prices and the amount of money they need to spend for each item without going over the budget. All negotiations must be done in Ilokano.

B. Alter Ego. Take the dialogs of *Apong* Berta and Pilang that you grouped separately in the Reading Task section to be read in role-play. Have the characters of Edwin and the other woman buyer in the story stand behind the main characters and provide subtexts for the dialogs. Make the subtexts funny. Here's an example of how it works.

Minda: Helo, kumusta?

Lucia: Ay, sika gayam! Naimbag man ta immay*ka*. Sumrek*ka*, sumrek*ka*.

(Lucia's alter ego: "Ay, Apo, diak pay nakadigos. Kababain.")

Minda: Bisi*ka*nsa?

(Minda's alter ego: "Apo, saan*ak* koma nga immay. Baka haan pay a nakapagsipilio. Adunsa ti trabaho*na*.")

Lucia: Saan met. Agtugaw*ka*, ta agmerienda*ka*.

(Lucia's alter ego: "Apo, saan*ko* a malpas daytoy trabaho*k*. Mapuyatan*ak*to manen.")

Minda: Hm, dudol; nagimas. Paborito*k* ti dudol. (Ramanan*na*.) Nagimas.

(Minda's alter ego: "Nakurangsa ti asukar*na*. Natamnay.")

CULTURAL ACTIVITIES

Pagsasao

A. Before doing the exercises, read all the sayings, and try to apply them to any of the characters in the story after discussing what they did and said.

> **Ti tao a nadayaw,**
> **adayo a mauyaw.**

- Itarus*mo* iti Inggles:

  _____

- Ania dagiti ug-ugali a pakaammuan a nadayaw/saan a nadayaw ti maysa a tao? Nayuna*m* dagiti nailanad iti baba.

  Tao a nadayaw
  1. nasayaat a makisao
  2. adda konsiderasion*na*
  3. ag-Dios Apo no sumarungkar iti balay
  4. saan a birngas
  5. agmano kadagiti lallakay ken babbaket
  6. _____
  7. _____

  Tao a saan a nadayaw
  1. sungba-sungbatan*na* dagiti dadakkel*na* ken dagiti nataengan
  2. agtabbaaw ken agsao iti dakes
  3. nabirngas no makisao
  4. _____
  5. _____

- Ania dagiti mabalin nga ibagbaga dagiti tattao no uyawen*da* dagiti tattao a saan a nadayaw? Nayuna*m* dagiti nailanad iti baba.

    1. bastos
    2. kasla awan sursuro*na*
    3. awan nakem*na*
    4. awan bain*na*
    5. awan respeto*na* iti sanikua ti sabali
    6. awan respeto*na* iti pada*na* a tao
    7. saan a mapati ti sao*na*
    8. _____
    9. _____

- Isurat*mo* ti palawag ti pagsasao ditoy:

    _____

    **Pili a pili;
    makapili iti kugganggi.**

- Itarus*mo* iti Ingges:

    _____

- Isurat*mo* ti palawag ti pagsasao ditoy:

    _____

- Mangted*ka* iti dua a situasion a mangipalawag iti kaipapanan ti pagsasao. Saritae*m* a nalaing ti napasamak iti istoria*m*.

Lesson 9 - Tawar A Tawar

Umuna a situasion:

_____
_____
_____

Maikadua a situasion:

_____
_____
_____

> **No adda utang,**
> **adda met bayadan.**

- Itarus*mo* iti Inggles

  _____

- Sungbata*m* dagitoy a saludsod:

  1. No adda utang*mo* a kuarta, ania ti namnamaen ti nakautanga*m* a pagbayad*mo*?

     _____

  2. Ngem no awan ti kuarta*m*, ania ti mabalin a pagbayad*mo*?

     a. _____

     b. _____

  3. Mangted*ka* ti dua a pakakitaan iti utang a naimbag a nakem.

     a. _____

     b. _____

4. No kaspagarigan awan ti kuarta*m* nga igatang*mo* iti agas ti anak*mo* a masakit, ket immutang*ka* iti gayyem*mo* iti kuarta nga igatang*mo*, ania dagiti utang*mo* kaniana itan?*

   a. _____

   b. _____

Kaniana is a variant form of *kenkuana*.

**Ti tao a riri a riri,
sao*nat'* di mapati.**

- Itarus*mo* iti Inggles:

  _____

- Pagsisilpue*m* dagitoy a sarita tapno mabukel*mo* ti kaipapanan daytoy a pagsasao. Isurat*mo* ti binukel*mo* a sarita iti linia iti baba.

   1. a sao
   2. awan
   3. ti mamati
   4. no sao*ka*
   5. kenka

- Isurat*mo* ti palawag ti pagsasao ditoy:

  _____

   1. ti kinatarabitab*mo*
   2. saan*daka*
   3. a denggen
   4. no napalalo
   5. dagiti tattaon

- Isurat*mo* ti kayat a sawen ti pagsasao:

  _____

Burburtia

A. Figure out the answers to these riddles, memorize them, and then try them on your classmates.

> **Sangkaputed*ak* a bislak;**
> **matiradan ti saka*k*,**
> **agsarita no magna*ak*.**

- Itarus*mo* iti Inggles:

  _____

- Tulong iti panangsungbat:

  1. Mabalin nga atiddog; mabalin nga ababa
  2. Mabalin a nalukmeg; mabalin a nakutt
  3. Mabalin a natangken ; mabalin a naluk
  4. Nadumaduma ti kolor*na*.
  5. Nalaka ti gatad*na*.
  6. Usarem no agsurat*ka*.

- Ania ti sungbat*na*? | l | | p | | s |

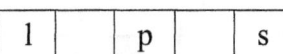

> **Nagsusukot ti kudil*na*;**
> **ti mangsukag, aglua.**

- Itarus*mo* iti Inggles:

  _____

Lesson 9 - Tawar A Tawar

- Tulong iti panangsungbat:

    1. Rekado ti lutuen.
    2. Adda puraw wenno nalabbaga.
    3. Adda nagasang; adda nasam-it.
    4. Adda dakkel; adda bassit.
    5. Dekolor ti ukis*na*.
    6. Naingpis ti ukis*na*.
    7. Nagbukel.
    8. Makasakit iti mata no iwae*m*.
    9. Pagsangiten*naka*.

- Ania ti sungbat*na*? | s | | b | | | i | | s |

**Balay ni Juana, nalukneng,
nabasa; puraw ti diding*na*.**

- Itarus*mo* Ingggles:

  _____

- Daytoy ti sungbat*na*: | k | a | l | o | g |

- Isurat*mo* dagiti tulong iti panangsungbat a mangiturong iti sungbat a "kalog."

    1. _____
    2. _____
    3. _____
    4. _____
    5. _____

Kansion

A. Assume the characters of the vegetables and dramatize the song.

Tarong, Kamatis, Paria

Maysa a bigat nga agsapa
Agtamtamdag*ak* man idiay tawa
Adda da tarong, kamatis, paria
Nangngeg*ko* ida nga agsarsarita.

Ti kuna ti tarong kadakuada,
"Siak ti kaimasan kadakay' a dua."
Ket ni met Paria simmungbat ita,
"Bay-a*m* man, Tarong, napalangguad*ka*."

Ni met kamatis immisem laeng
"Ay, kakabsat*ko*, di*kay'* agparbeng,
Ta no adda*ak* iti dinengdeng
ket ti pinakbet, naim-imas laeng." ♣

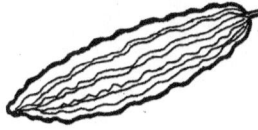
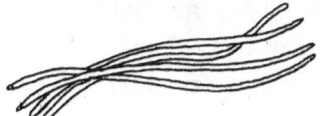

B. Draw a short comic strip illustrating the verbal exchange among the three vegetables in the preceding song. Draw bubbles and put the dialog inside them. Using your comic strip, tell the story.

Pinakbet

No sidsidat' pagsasaritaan
Daytoy ammo*k* ti kaimasan.
Pinakbet ti Kailukuan
Nasustansia ken nananam.

Namnamae*k* nga in*kay*' magustuan
Pakbet nga ipangan.
Maragsakan uray sinno
Nga addaan sentimiento.

Ti panagluto ti pinakbet
In*tay*' laeng paglalauken
Tay tarong, paria, ken okra
Utong ken bassit a laya.

Ikkan*yo* met ti bugguong
Baboy wenno sitsaron.
Uray inaldaw nga agluto*ka*
Ti pinakbet di*kay*' mauma.
Uray inaldaw nga agluto*ka*
Ti pinakbet di*kay*' mauma. ♣

C. Write the recipe for the *Pinakbet* dish as presented in the song. Find out from Ilokanos what other vegetables could be added to the ingredients mentioned above.

CULTURE NOTES

Haggling or bargaining is a system used in many cultures to negotiate a price. It is common in societies where resources are scarce, and people's day-to-day budgets are not enough to buy even the basic necessities. In the Philippines, it is a way of life and people are very skillful in the technique and art of haggling. The buyer tries to determine what the fair price is, testing it by telling the seller what s/he thinks the merchandise is worth. In many instances, the buyer tries to bring the price down because s/he has only so much money. That is why the buyer insists on the lowest price. The seller, on the other hand, is also testing the buyer to see how high the buyer can go, but usually the seller will deliberately overprice, knowing that the price has to come down. Sometimes there is a deliberate attempt to take advantage of a buyer who is not native to the place because there is not a fixed price to a commodity. It usually depends on the transaction. In some cases the buyer displays a characteristic of being *nakirmet*, a cheapskate, which sometimes elicits an insult from the seller. It is not uncommon to hear an irate seller say to a buyer who keeps on haggling: "Why don't you just eat your money?"

The Filipino *suki* system has developed to minimize this kind of haggling. The buyer just feels more confident that the *suki* or regular customer will not cheat him or her. S/He would rather go to the *suki* than to someone else, because s/he knows s/he can get a better price.

With the advent of Western style shopping centers and department stores in cities, however, haggling is slowly becoming a vanishing art. People are becoming accustomed to a more sophisticated way of buying. But in the rural areas, haggling is still very common, another way of life.

LESSON 10

NATAMAY

READING

Pre-Reading Discussion
A. Do you believe in witchcraft? Is it always bad like they say? Is an exorcist a witch? Tell your story if you have experienced being under the spell of witchcraft, or know someone who has been.
B. Tell some common ghost stories. How do you think these stories came about? Do you think they are real, or are they all made up? Do you think there is a purpose for these ghost stories? If so, what might that be?
C. View a film or video depicting the celebrations and rituals for "All Soul's Day" in the Philippines, or ask someone to talk about it. Discuss your reactions with the class.

Reading Tasks
A. Read the story and give it a different title. Explain why you chose that title.
B. Construct fifteen simple questions and five analysis questions based on the story.
C. Break into small groups and together divide the story into main topics. Next, write a detailed outline of each of the topics.
D. Now, using your outline, take turns telling the story. The rest of the class will listen for any errors or gaps, and offer corrections.

STORY

Natamay

Pinaayaban ni Nang*ko* ni Apo Lakay nga albulario iti lugar*mi*, ta nakaam-amak ti napasamak iti kasinsin*ko* a Rosing. Pukkaw a pukkaw, sa tabbaaw a tabbaaw. Ikkis nga ikkis. Sa no maminsan, agpaspasikkil, sa agsangit, agtigerger, ken agpangki-pangkis.

No maminsan met, saan a makakuti, ngem makasarita. Nakabutbuteng ti itsura*na* ken dagiti ar-aramiden*na*, ta kumagat, kumugtar, agkatawa, agsangit, agkanta, ken kayat*na* ti kumabil. No maminsan, maawanan-puot. Intuno kua, tumangken manen.

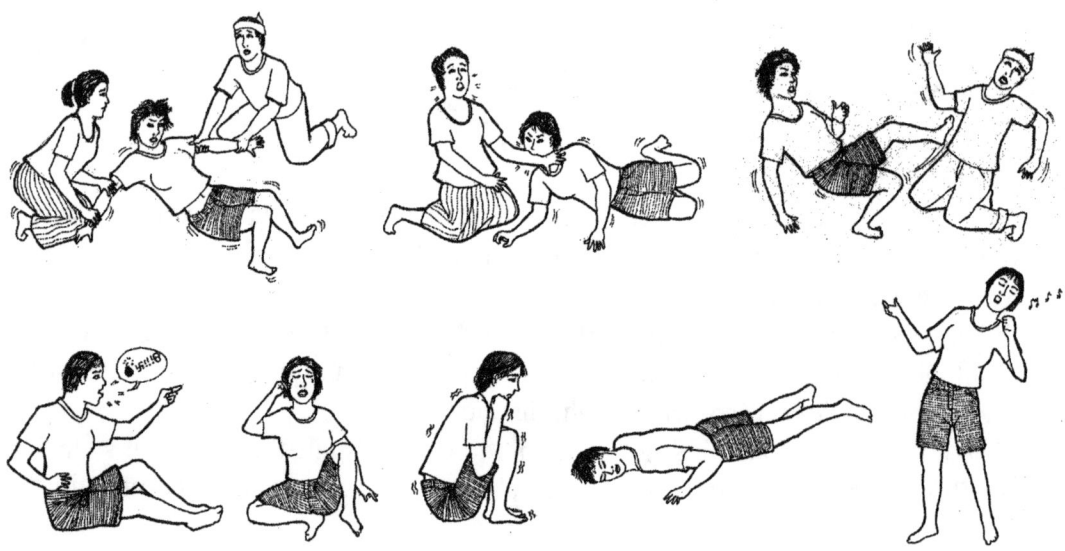

Imbaga ti kasinsin*ko* nga adda makitkita*na* a naisalsalumina a tattao iti tawa. Adda kano kararua ken al-alia nga agkalkalumbitin* iti paladpad ti tawa. Ngem awan met ti makita*mi* kada Nanang. Imbaga*na* pay nga adda makitkita*na* a nakabutbuteng nga anniniwan, nga agkulkulambitin kadagiti sanga ti mangga iti arubayan*da*. Kayat*na* a gammatan. Gaw-a-gaw-aten*na*, ngem di*na* magaw-at.

Kuna ni Apo Lakay a naluganan kano iti saan a katata-uan ti kasinsin*ko*. Nalungugan kano iti sairo. Kinuna*na* pay, a masapul kano nga agpalualo ken agatang*kami* tapno agtalaw daytoy.

---

*Other dialects of Ilokano use *agkulkulimbitin* and *agkulkulambitin*.

Nagpaatang a dagus ni Nanang, sa nagpalualo iti daydiay met la a rabii. Kalpasan ti palualo ken panagatang*da* iti sirok ti puon ti mangga, pinuuran ti mangngagas a lakay ti maysa a bato, a kasla bulintik ti kita*na*. Idi nauramen, timpuar ti maysa a rupa ti tao a kaas-asping ti maysa a kaarruba*mi*. Isu kano daytoy ti nanggamud iti kasinsin*ko*.

Idi nagawan ti asuken, napan kinita da Nanang daydiay a kaarruba*mi*. Kinasao*da*. Nagpakpakaasi*da* kenkuana a panawan*na* ti bagi ti kasinsin*ko*. Ngem saan*na* nga impangag tay pakaasi*da*, ta saan kano met nga isu ti nanggamud.

"Siguro, adda tao dita a nakagura kenkuana. Nakasupsuplada ngamin dayta balasang*yo*," kinuna*na*. "Kasarita*m* ket di*naka* pay sungbatan."

Idi impapilit*na* nga awan ti basol*na* iti napasamak, pimmanaw*dan*.

Apagsangpet*da* idiay balay, inayaban*nakami* amin nga agkakabbalay tay lakay a mangngagas. Pinatakder*nakami* nga agsasango. Pinagtugaw*na* ni kasinsin*ko* iti bangko iti uneg ti sirkulo, a kasla agkakapsut ti langa*na*n. Walo*kami* amin iti sirkulo.

"Agtakder*kay*' latta dita. Saan*kayo* nga agsasao. Saan*kayo* nga agkutkuti," imbilin*na*.

Maganatan*ak* a makaammo no ania ti sumaruno nga aramiden*na*. Nakatakder*ak* latta idiay nga agsipsiput. Ubing*ak* pay la ngamin idi, ket adu pay laeng ti dia*k* maaw-awatan.

Ingato*k* koma ti ima*k* tapno kudkude*k* ti nagatel nga ulo*k*, ngem minulagatan*nak* tay lakay. "Ay wen, gayam!" nakuna*k* iti nakem*ko*. Nalipata*k* ti bilin*na* a saan*kami* nga agkutkuti. Imbaba*k* met laeng ti ima*k* iti sikiga*k*. Kinita*k* dagiti kakadua*k*. Kasla*da* la

naipasdek iti pagtaktakderan*da*, malaksid kenni kasinsin*ko*, a kasla aglusdoyen. Agkakapsuten.

Inasitgan ti lakay ti maysa kadakami. Pinisel*na* ti tammudo*na*. Saan a nagkuti. Saan a nagsao. Napan iti maysa pay. Saan met a nagkuti. Saan met a nagsao. Sinaggaysa*nakami* amin. Awan latta ti naguni. Kamaudianan*na*, inasitgan*na* ti kasinsin*ko*. Idi pinisel*na* ti tammudo*na*, nagriyaw iti nakapigpigsa. Riyaw a riyaw nga awan sardeng*na*.

"Saanen, Apo! Pakawanen*dak*! Apo, Pakawanen*dak*! Pakawanen*dak*!" inulit-ulit*na* nga inyikkis.

Tinungpa-tungpa tay lakay iti nakapigpigsa ti kasinsin*ko*. Induron*na*. Yinugyug*na*. Pinungut-pungotna. Ngem kasla awan ti narikna ti kasinsin*ko* kada madissuan*na*. Idi pinagsasaruno ti lakay ti panangtungpa*na*, nagriyaw daytoy iti nakapigpigsa.

"Pangngaasi*yo*, ta isardeng*yo*n. Huston, Apo!" inulit-ulit*na* nga impakpakaasi. "Pumanaw*ak*on. Pumanaw*ak*on. Panawak ni Rosingen. Isardeng*yo*n, Apo!" inriyaw*na*. Sipaparintumeng a dimmawat iti pakawan.

"Agpayso kadi ta kuna*m*?" insalangad tay lakay. "Ta no saan, patayen*ka*," inyunay-unay*na*.

Kinita*k* dagiti kakadua*k* iti sirkulo. Agsangsangit*da* amin. Pati siak, nakalua*ak* metten.

Idi kuan, pagammuan, ta nagkissiw ni kasinsin*ko*. Napaidda iti datar. Naawanan-puot. Saan*kami* a nagkuti. Binuybuya*mi* latta, ta imparit ti lakay nga arayaten*mi*. Nakatakder met latta daydiay lakay a kitkitaen*na* ni Kasinsin, a kasla matmaturog. "Natay sa ketdin," nakuna*k* iti nakem*ko*.

Kasta unay ti amak*ko*, ta amangan no agpayso a natayen ni kasinsin*ko*.

Pagammuan, nagkuti ni kasinsin*ko*. Nagsuyaab, sa bimmangon. Kasla nakariing iti napaut ken naimas a turog. Kinita*nakami* a kasla awan ti napasamak. Di*na* ammo no ania ti napasamak.

"Apay adda*ak* ditoy?" dinamag*na*. "Ni, apay agsangsangit*kayo*? Apay agsangsangit*ka*, Lita?" sinaludsod*nak*. Kasta unay ti seddaaw*na*.

Nagtaray*kami* amin a nangarakup kenkuana.

"Ala, kasta ngaruden. Inn*ak*on," impakada tay lakay. ♣

VOCABULARY STUDY

A. The situations depicted here are loosely taken from the story. Supply the missing parts to complete the sentences. You may refer back to the story if you don't remember the answer, but only after you have finished the exercise.

1. Kayat*na* a gammatan_____.

2. Kinuna*na* pay, a masapul kano nga _____ tapno agtalaw ti saan a katata-uan.

3. Kinasao*da* _____.

4. Ngem saan nga inkaskaso tay kaarruba*mi* ti kiddaw da Nanang, ta saan kano nga isuna ti nanggamud _____.

5. Nakasupsuplada ngamin dayta balasang*yo*, isu nga _____
_____.

6. Idi impapilit*na* nga awan ti basol*na* _____
_____.

7. Magansatan*ak* a maammuan no ania ti aramiden*na*. Nakatakder*ak* latta idiay
_____.

8. Ubing*ak* pay la ngamin idi, ket adu pay la ti _____

   _____.

9. Kinita*k* dagiti dadduma

   _____.

10. Kasla*da* l a naipasdek a nakatakder, m alaksid kenni kasinsin*ko*, a kasla

    _____.

11. Napan iti maysa pay _____.

12. Sinaggaysa*nakami* amin _____.

13. Awan latta _____.

14. Awan kutkuti*mi* _____.

15. Natay sa ketdin _____.

16. "Apay adda*ak* ditoy?" dinamag*na* _____.

17. "Ni, apay agsangsangit*kayo*?" sinaludsod*na* _____.

18. "Ala, kasta pay ngaruden. Inn*ak*on," _____.

19. "Dia*k* maaw-awatan," _____.

20. "Daydiay met la a," _____.

B. Describe what the girl was doing when the old man arrived. Write your answers on the lines below.

   1. _____
   2. _____
   3. _____
   4. _____

5. _____

6. _____

7. _____

8. _____

9. _____

10. _____

C. In what four ways did the old man try to bring the girl out of her possessed state?

1. _____

2. _____

3. _____

4. _____

D. These questions are based on the story. Try to answer them without referring back to the story. You may check with the story to see if your answers are accurate, but only after you have completed the exercise.

1. Ania ti nakaam-amak a napasamak? _____

2. Sadinno ti pagkalkalumbitinan ti al-alia? _____

3. Ania ti inaramid ti mangngagas iti bato? _____

4. Ania ti itsura ti tao a timpuar wenno nagparang iti nauram a bato? _____
_____

5. Ania ti impakpakaasi*da* iti kaarruba*da*? _____

6. Ania ti inyikkis ti balasang a naluganan idi pinisel ti lakay ti tammudo*na*? _____
_____

7. Ania ti mapaspasamak kadagiti adda iti sirkulo, idi kabkabilen ti lakay ti kasinsin ni Lita?
   _____

8. Ania kano ti masapul nga aramiden*da* tapno agtalaw ti dakes nga ispiritu?
   _____

9. Ania ti inaramid ti lakay kadagiti tammudo*da*? _____

10. Idi nagsubli ti puot ni Rosing, ania ti inaramid*na*? _____

11. Ania ti inaramid dagiti kakabagian ni Rosing, idi nakita*da* a nalaingen?
    _____

12. Sinno ti pinaayaban ti baket? _____
    _____

13. Ania ti itsura ti balasang? _____
    _____

14. Ania ti ar-aramiden ti al-alia? _____
    _____

15. Ania ti kayat ti balasang a gammatan? _____
    _____

16. Ania ti limmugan iti balasang? _____
    _____

17. Ania dagiti impaaramid ti lakay? Ibaga*m* ti dua nga impaaramid*na*.
    _____

18. Sinno ti nangpuor iti bato? _____
    _____

19. Ania ti imbaga ti manggagamud nga ugali ti balasang? _____

20. Idi agtaktakder*da*n, ania ti imbaga ti lakay a saan*da* nga aramiden?

    _____

21. Apay a kayat koma ni Lita nga ingato ti ima*na*? _____

    _____

22. Apay a kayat*na* a kudkuden ti ulo*na*? _____

23. Ania ti inaramid ti lakay iti rupa ti balasang? _____

    _____

24. Ania ti inaramid ti lakay iti buok ti balasang? _____

    _____

25. Ania ti inaramid ti balasang idi kinabkabil ti lakay? _____

    _____

26. Ania ti imbagbaga ti balasang idi tinungpa-tungpa ti lakay? _____

    _____

27. Ania ti napasamak iti balasang idi napaidda iti datar? _____

    _____

28. Ania ti narikna ni Lita idi buybuyaen*na* ti mapaspasamak iti kasinsin*na*? ___

    _____

29. Ania ti narikna ti natamay a balasang idi buybuyaen*na* dagiti kakabagian*na* nga agsangsangit? _____

    _____

Lesson 10 - Natamay

30. Kaano nga inayaban ti baket ti lakay nga arbulario? _____

    _____

E. Have fun testing your recall of words you encountered in the story. Figure out the words that complete the sentences without the help of clues. The contexts and sentences are not all from the story, but it might be useful to look at their use in the text to help you arrive at the correct answers.

1. Nagparintumeng a _____ ti lakay iti mannamay, ngem di*na* inkaskaso ida.

2. _____ ni lakay*ko* a naggapu iti trabaho ket, dagus a nagsukat iti bado*na* a nabasa iti tudo.

3. Kasta unay ti _____ -*ko* idi napukaw ti kuarta*k* iti sanguana*k*.

4. Nagatel ti bukot*na*, isu nga _____ -*na*.

5. Sinaludsod*na* _____ ti kayat*ko*.

6. _____ -*ko* latta ti kayat*ko*, isu nga nakagura.

7. _____ ken nakadagdagsen ti dakkel a bato.

8. Mapan*kami* koma agpasiar, ngem _____ ta nagtudo metten.

9. Sika _____, impapilit*mo* ngamin. Basol*mo*.

10. _____ no ania ti damag.

F. The words below are answers for the preceding exercise. Look at this list to check your answers only after completing the exercise above.

1. pagammuan
2. ngamin
3. no ania
4. kinudkod
5. dinamag
6. impapilit
7. nagpakpakaasi
8. seddaaw
9. nakatangtangken
10. apagsangpet

G. *Paris-Paris*. Match the words in the left column with those in the right column. Some of the words are synonymous; others are merely closely related.

1. ramay   ___ kasta unay
2. kita   ___ nagpukaw
3. napalalo   ___ kinita a napaut/nabayag
4. gapu ta   ___ agpatpatangken
5. mannamay   ___ nalungugan
6. pinerreng   ___ nakasupsuplada
7. aggunggunay   ___ imbaga
8. imbaon   ___ dimmawat
9. nagkiddaw   ___ pagammuan
10. ibati   ___ kuna*k* no
11. nagsangit   ___ pakawanen
12. intalmeg   ___ impaaramid
13. idi kuan   ___ naisangsangayan
14. dispensaren   ___ agkutkuti
15. nakatangtangsit ___ manggagamud

Lesson 10 - Natamay

16. sinaludsod   __ kararag
17. nagriyaw   __ nagibit
18. kinuna   __ pinis-it; pinisel
19. pati   __ langa
20. impagarup*ko* no   __ dinamag
21. nagawan   __ tammudo
22. naluganan   __ nagikkis
23. agpaspasikkil   __ ngamin
24. naisalsalumina   __ agraman
25. lualo   __ panawan

H. Translate the underlined words, then give a word or an Ilokano expression that is synonymous or similar to the underlined word as used in the sentence. Feel free to ask a native speaker to assist you. Be sure to know the meaning of the words.

1. Idi kuan, sabalin ti <u>napasamak</u> iti kasinsin*ko*.
2. <u>Impagarup</u> ni ikit*ko* nga agtagtagainep laeng ti kasinsin*ko*.
3. Adda <u>al-alia</u> nga agin-indayon iti sanga ti mangga.
4. Kinuna ti baket nga adda <u>limmugan</u> a saan a katataoan iti kasinsin*ko*.
5. <u>Agtalaw</u> ti espiritu a simrek kenkuana, no agpalualo ken agpaatang*ka*.
6. Idi nauram ti baton, <u>nagparang</u> ti maysa a tao.
7. Napan*da* kinita ti tao a <u>nangtamay</u> kano kenkuana.
8. Kalpasan*na*, <u>limmaing</u> ti kasinsin*ko*.
9. Nakabutbuteng ti kasinsin*ko*, ta <u>agikkis</u> ken agsangit.
10. Maagasan kano ti kasinsin*ko* no <u>agkararag</u> da ikit*ko*.
11. <u>Nalungugan</u> kano ni kasinsin*ko* iti dakes nga espiritu.
12. Kada <u>kabilen</u>*na* ti balasang, agikkis.

QUESTIONS FOR DISCUSSION

A. Ania ti napasamak iti kasinsin ni Lita? Ania dagiti pakakitaan nga adda napasamak kenkuana? Ania ti mangpaneknek a naluganan?

B. Ania ti inaramid ti lakay nga arbulario tapno maammuan*na* no sinno ti nanggamud kenni Rosing? Mamati*ka* kadi iti pannakabalin ti arbulario a mangagas iti kastoy? No agpayso daytoy a kababalin ti arbulario, kasano*na* ngata a naala ti pannakabalin*na*?

C. Ania dagiti impaaramid ti arbulario kenni Nanang ni Lita? Mamati*ka* kadi a ti panagatang ken paglualo k et adda p annakabalin*na* a mangagas? Kasano a makaagas ti panagatang? Ipalawag*mo* ti sungbat*mo*.

D. Ania dagiti taraon ken banbanag nga iyat-atang*da*? Kasano ti panangiyatang*da* kadagiti mainom, makmakan, ken dagiti dadduma pay a maikabil iti atang.

GRAMMAR NOTES

A. Causative Affix: *pa-*

Causative Verbs occur in situations where someone has another person do something. *Pa-* can be attached to most verb forms, such as those that are listed in the table.

agpa-, mangpa-	Actor-Focus-Causative
ipa-, ipai-, pa--an	Object-Focus-Causative
pagpa--an	Locative-Focus-Causative
panagpa-	Time-/Manner-Focus-Causative
ipa--an	Benefactive-Focus-Causative
makapa-	Abilitative-Causative
makipa-	Request-Causative

B. Actor-Focus-Causative Verbs: *agpa-, mangpa-*

The *pa-* affix can be combined with any of the focus markers. In the examples below, it is attached to *ag-* and *mang-* affixes to form Actor-Focus-Causative *agpa-* and *mangpa-* verbs. Their past forms are *nagpa-* and *nangpa-*, respectively.
For example:

agpaala	'to have someone get'
agpagatang	'to have someone buy'
agpapukis	'to have someone cut one's hair'
agpaaramid	'to have someone make'
agpaayab	'to have someone call'
mangpapudot	'to heat up'
mangpalamiis	'to make something cool/cold'

Exercises

1. Add your own sentences and translations to these sample sentences.

   a. Agpaala*ka* ti bulong ti bayabas, nga angeren*tayo*. 'Have someone get some guava leaves that we will boil.'
   b. Agpapukis*ka*n; atiddog ta buok*mo*n. 'Get a haircut now; your hair is long already.'
   c. Agpagatang*ka* man ti miki. 'Please have someone buy noodles.'
   d. Ilokano: _____
      English: _____
   e. Ilokano: _____
      English: _____
   f. Ilokano: _____
      English: _____

2. Answer the questions based on the sentence.

   Lyndy: Violeta, in*ka* man mangpapudot iti danom.

   a. Sinno ti imbaon ni Lyndy? _____

   b. Sinno ti mangpapudot iti danom? _____

   Mercy: Ana, agpaala*ka* man kenni Andong iti nateng dita arubayan.

   c. Sinno ti nangibaon kenni Ana? _____

   d. Sinno ti imbaon ni Ana? _____

   e. Sinno ti mangala iti nateng? _____

3. What will each addressee say in these situations?

   a. Vera: Daling, agpaluto*ka* man kenni Leon iti pangaldaw.

      Daling: Leon, agluto*ka* kano iti pangaldaw kuna ni Manang Vera.

   b. Agnes: Daling, agpagatang*ka* man kenni Belen iti bagas dita tiangge.

      Daling: _____

   c. Abe: Daling, agpapuros*ka* man kenni Trining iti kalamansi.

      Daling: _____

   d. Nelia: Jaime, in*ka* man agpaala kenni Patricio iti sabong dita ruar.

      Jaime: _____

   e. Kim: Marisa, agpadawat*ka* man iti danom kenni Ocel dita kaarruba.

      Marisa: _____

C. Reflexive-Causative Verb: *agpa-*

A Reflexive-Causative form is also possible; that is, one can cause something to oneself, as in *agpatayag* 'to make oneself tall.' Its past form is *nagpa-*. These reflexives are usually adjective-based.

For example:

agsikkil		'to become stiff'
>	agpasikkil	'to make oneself stiff'
agkuttong / kumuttong		'to become slender'
>	agpakuttong	'to make oneself slender'
pumudaw		'to become light-skinned'
>	agpapudaw	'to make oneself fair-skinned'

Exercise

Add your own sentences and translations to the model sentences.

1. Agpasikkil ti babai a naluganan. 'The possessed woman is making her body stiff.'
2. Apay a kayat*na* ti agpapudaw, ket napintas met ti kayumanggi? 'Why does s/he want to have fair skin, when brown is also beautiful?'
3. Agpakuttong*ak*, tapno umanay dagiti bado nga inted*mo*. 'I will make myself slender, so I can fit the clothes that you gave me.'

4. Ilokano: _____

   English: _____

5. Ilokano: _____

   English: _____

6. Ilokano: _____

   English: _____

D. Object-Focus-Causative Verb: *ipa-*

When the affix *pa-* is atttached to *-en* and some *-an* verbs, they form the Object-Focus-Causative Verb *ipa-*. Its past form is *impa-*.

For example:

aramiden		'to make/do'
>	ipaaramid	'to have (it) made/done'
lutuen		'to cook (it)'
>	ipaluto	'to have (it) cooked'
alaen		'to get (it)'
>	ipaala	'to have (it) gotten/taken'
ikkaten		'to remove (it)'
>	ipaikkat	'to have (it) removed'
labaan		'to launder (it)'
>	ipalaba	'to have (it) laundered'

Exercises

1. Add your own sentences and translations to the model sentences.

   a. Masapul nga espesialista ti mata ti ipaayab*mo* a doktor. 'The doctor you have someone call must be an eye specialist.'

   b. Ipaaramid*mo* dagiti parolen. 'Have the Christmas lanterns done now.'

   c. Saan*yo* kadi pay nga ipaluto dagiti sida? 'Aren't you going to have the dishes cooked yet?'

   d. Ipaala*yo* kadakuada dagiti sabsabongen. 'Have them get the flowers now.'

   e. Ilokano: _____

      English: _____

f. Ilokano: _____

   English: _____

g. Ilokano: _____

   English: _____

2. Complete the exchange with a response to the request. The first one is done for illustration.

   a. Manang Bella: Lucia, ipadait*mo* man kenni Ramon daytoy napigis a kurtina.

      Lucia: <u>Ramon, daite*m* kano daytoy napigis a kurtina, kuna ni Manang Bella</u>.

   b. Manang Bella: Lucia, ipaluto*m* man kenni Maris daytoy ikan.

      Lucia: _____

   c. Manang Bella: Lucia, in*ka* man ipalaba kenni Myrna daytoy ules.

      Lucia: _____

E. Object-Focus-Causative Verb: *ipai-*

The combination affix *ipa-* is attached to the Object-Focus *i-* verb to form the Object-Focus-Causative *ipai-* verb. Its past form is *impai-*.

For example:

idulin		'to put (it) away'
>	ipaidulin	'to have someone put (it) away'
ibelleng		'to throw (it) away'
>	ipaibelleng	'to have someone throw (it) out'
iserrek		'to bring in (it)'
>	ipaiserrek	'to have someone bring (it) inside'

Exercise

Add your own sentences and translations following the model sentences.

1. Ipaidulin*mo* dagita kanenen, tapno saan a mabangles. 'Have someone put away the food now, so it does not spoil.'
2. Ipaibelleng*mo* dayta basura kenni Juling. 'Have Juling throw away the garbage.'
3. Ipaiserrek*mo* kadakuada dagiti lupot, ta agtudtudon. 'Have them bring in the clothes, because it is already raining.'

4. Ilokano: _____

    English: _____

5. Ilokano: _____

    English: _____

6. Ilokano: _____

    English: _____

F. Object-Focus-Causative Verb: *pa--an*

Here, the affix *pa-* is prefixed to the Object-Focus *-an* verb to form the Object-Focus-Causative *pa--an* verb. Its past form is *pina--an*, as in *pinaayaban* 'had someone called.'

For example:

ayaban		'to call (it)'
>	paayaban	'to have (it) called'
bayadan		'to pay (it)'
>	pabayadan	'to have (it) paid'
labaan		'to launder (it)'
>	palabaan	'to have (it) laundered'
dalusan		'to clean (it)'
>	padalusan	'to have (it) cleaned'

Exercise

Add your own sentences and translations to the examples.

1. Paayaban*yo* ti mangngagas, ta nangato ti gurigor*na*. 'Have someone call the doctor, because s/he has high fever.'
2. Pabayada*m* ti utang*n*an, ta nangabak iti supistek. 'Have her pay her debt now, since s/he has won the sweepstakes.'
3. Palabaan*mi* dagiti ules, ta narugitan*da*. 'We will have the blankets laundered, because they got soiled.'

4. Ilokano: _____

   English: _____

5. Ilokano: _____

   English: _____

6. Ilokano: _____

   English: _____

G. Locative-Focus-Causative Verbs: *pagpa--an, pangpa--an*

Here, the Causative affix *pa-* is inserted in the Locative-Focus circumfix *pag--an* and *pang--an* to form the Locative-Focus-Causative *pagpa--an* and *pangpa--an* verbs. The location could be a place or a person. Their past forms are *pinagpa--an* and *pinangpa--an*, respectively.

For example:

pagbuludan		'place/person to borrow from'
>	pagpabuludan	'place/person to have someone borrow from'
pagdaitan		'place to sew'
>	pagpadaitan	'place/person to have someone sew'
pagtakderan		'place to stand'
>	pagpatakderan	'place to have someone stand or erect something'
pagpidutan		'place to pick up from'
>	pagpapidutan	'place to have someone pick up'
pangaramidan		'place for doing/making'
>	pangpaaramidan	'place to have someone do/make'
pangalaan		'place to get'
>	pangpaalaan	'place to have someone get'

Exercise

Add your own sentences and translations to the model sentences.

1. Idiay Pilipinas ti pagpadaitan*mi* ti bado*mi*, ta nalaklaka ti dait idiay. 'In the Philippines is where we have our clothes sewn, because it is cheaper there.'
2. Ditoy ti pagpatakderan*tayo* ti balay*tayo*. 'Here is where we will have our house built.'
3. Ni Belen ti pagpabuluda*m* ti kuarta, ta nabaknang. 'Have someone borrow money from Belen, because she is rich.'

4. Ilokano: _____

   English: _____

5. Ilokano: _____

   English: _____

6. Ilokano: _____

   English: _____

H. Time/Manner-Focus-Causative Verbs: *panagpa-, panangpa-*

As illustrated in the sentences below, the Causative affix *pa-* is attached to the Time- and Manner-Focus verbs, *panag-* and *panang-* to form *panagpa-* and *panangpa-*. Their past forms are *pinagpa-*, and *pinangpa-*, respectively.

For example:

panagtrabaho		'time/manner of working'
>	panagpatrabaho	'time to or manner of having someone work'
panaggatang		'time/manner of buying'
>	panagpagatang	'time/manner of having someone buy'
panangaramid		'time/manner of making/doing'
>	panangpaaramid	'time/manner of having someone make/do'
mangdigos		'to bathe someone'
>	panangpadigos	'time/manner of having someone take a bath'

Exercise

Add your own sentences and translations to the example sentences.

1. Inoras ti panagpatrabaho*da*. 'They make them work by the hour.'
2. Istrikto ti panagpatrabaho*da*. 'They are strict in the way they make them work.'
3. Itay ti pinangpagatang*na* iti tinapay. 'A while ago was the time she had someone buy some bread.'
4. Kastoy ti panangpaluom*ko* Iti prutas. 'This is how I have fruits ripen.'

5. Ilokano:_____

   English:_____

6. Ilokano:_____

   English:_____

7. Ilokano:_____

   English:_____

I. Benefactive-Focus-Causative Verb: *ipa--an*

As illustrated in the sentences below, the Causative affix *pa-* is attached to the Benefactive-Focus *i--an* verb to form the Benefactive-Causative *ipa--an*. Its past tense form is *impa--an*.

igatangan		'to buy for'
>	ipagatangan	'to have someone buy for'
ilabaan		'to launder for'
>	ipalabaan	'to have someone launder for'
iyaramidan		'to make/do for'
>	ipaaramidan	'to have someone make/do for'

Exercise

Add your own sentences and translations following the model sentences.

1. Ipagatangan*yo* ida iti sagut. 'Have someone buy them a gift.'
2. Ipalabaan*yo* ida ta masakit*da*. 'Have someone launder for them because they are sick.'
3. Ipaaramidan*yo* ti lamisaan dagita kakaskasar. 'Have a table made for the newlyweds.'
4. Ilokano: _____

   English: _____

5. Ilokano: _____

   English: _____

J. Abilitative-Causative Verbs: *makapa-, makapagpa-*

The Actor-Focus-Abilitative verbs *maka-* and *makapag-* can be combined with the Causative affix *pa-,* to form the Abilitative-Causative Verbs *makapa-* and *makapagpa-*. These affixes can be attached to nouns, adjectives, and verbs. Their past forms are *nakapa-* and *nakapagpa-* respectively, and their Object-Focus form is *mapa-* (past form: *napa-*).

For example:

nasalun-at		'healthy'
>	makapasalun-at	'can cause/bring good health'
	mapasalun-at	'can make (it) healthy'
napudaw		''light-skinned'
>	makapapudaw	'can lighten complexion'
	mapapudaw	'can lighten complexion'
agluto		'to cook'
>	makapaluto/ makapagpaluto	'can have someone cook'
agkanser 'to have cancer'		
	makapakanser	'can cause cancer'

Exercise

Add your own sentences and translations following the model sentences.
1. Makapasalun-at ti turog. 'Sleep can cause/bring good health.'
2. Adu ti makmakan a makapakanser. 'There are many foods that can cause cancer.'
3. Makapagpaluto*ak* koma no adda rekado. 'I could have someone cook, if there were ingredients.'

4. Ilokano: _____

    English: _____

5. Ilokano: _____

    English: _____

6. Ilokano: _____

    English: _____

K. Request-Causative Verb: *makipa-*
This affix combination of *maki-* and *pa-* form the Request-Causative *makipa-* verb. Its past form is *nakipa-*.

For example:

makipaala	'to request someone to get'
makipaluto	'to request someone to cook'
makipadait	'to request someone to sew'

Exercise

Add your own sentences and translations to the example sentences.
1. Makipaala*ka* iti kawayan idiay kabakiran. 'Ask someone to get bamboo from the forest.'
2. Nakipaluto kaniak iti sopas ti masakit a gayyem*ko*. 'My sick friend asked me to cook some soup.'
3. Makipadait*ka*nto kenkuana iti uniporme*m* intuno masango*na*. 'Ask her to sew your uniform when she can attend to it.'

4. Ilokano: _____

   English: _____

5. Ilokano: _____

   English: _____

Lesson 10 - Natamay

WRITING PRACTICE

A. Assume the role of the girl's mother in the story and fill out the form for the hospital/police report.

Ospital ti Ili / Pulisia ti Ili

1. Nagan*mo*: 1. _____
2. Tawen*mo*: 2. _____
3. Petsa: 3. _____
4. Aldaw: 4. _____
5. Oras: 5. _____
6. Paggigianan: 6. _____
7. Trabaho: 7. _____
8. Pagub-ubraan/Pagtrabahuan: 8. _____
9. Ayan ti babai idi naluganan: 9. _____
10. No ania ti ar-aramiden ti babai idiay ayan*na*: 10. _____
11. Ti ibagbaga ti babai: 11. _____
12. Ti rikriknaen ti babai: 12. _____
13. Ti nakita ti babai: 13. _____
14. Ti itsura ti nakita ti babai: 14. _____
15. Ti lawlaw ti ayan ti babai: 15. _____
16. Ti naayaban a tumulong: 16. _____
17. Ti inaramid ti nangagas: 17. _____
18. Ti natakuatan ken ebidensia: 18. _____
19. Ti kondision ti babai ita: 19. _____
20. Ti nangranggas iti babai: 20. _____

B. You are a tabloid journalist. Write an article about the story for a local tabloid newspaper, using the information gathered from the form. Feel free to embellish the story to make it interesting.

C. Get into groups of three and find the words in the chart that correspond with the numbers, then connect the words to form your horoscope. Afterwards, replace the words for each number to make an updated horoscope for each member of the group.

GASAT KEN TAGTAGAINEP

Tapno maammuanyo ti gasatyo, basaenyo dagiti balikas a nanumeruan iti babaen ti nagbaetan ti dua a petsa a makasakop iti aldaw a nakayanakanyo.

ARIES — Marso 21-Abril 20
2-17-33-44-57-68-79

TAURUS — Abril 21-Mayo 20
8-21-28-41-52-73

GEMINI — Mayo 21-Hunio 21
7-18-35-46-61-72-80

CANCER — Hunio 23-Hulio 23
3-19-26-43-37-55-66-77

LEO — Hulio 23-Agosto 23
11-22-37-53-64-75

VIRGO — Agosto 24-Sep. 22
5-14-29-38-51-62-76

LIBRA — Sep. 23-Okt. 22
4-12-25-34-45-54-67

SCORPIO — Okt. 23-Nob. 22
13-27-36-47-56-65

SAGITTARIUS — Nob. 23-Dis. 21
9-20-30-40-49-58-71

CAPRICORN — Dis. 22-Enero 20
6-16-31-42-59-70-78

AQUARIUS — Enero 21-Pebrero 19
15-24-39-48-63-69

PISCES — Pebrero 20-Marso 20
1-10-23-32-50-60-74

1. masikuran*ka*
2. adda
3. lipate*m*
4. awate*m*
5. ipaay*mo*
6. nalaka
7. sumken
8. adda
9. agsubad
10. iti
11. katimbeng
12. ti
13. pagbutnga*m*
14. ti
15. agayat*ka*
16. nga
17. manen
18. ti
19. koma
20. ti
21. banag
22. ti
23. pitik
24. ket
25. karit
26. ti
27. unay
28. a
29. panawen*mo*
30. tao
31. ikkate*m*
32. ti
33. kabarbaro
34. ti
35. lagip
36. ti
37. panangisagut
38. iti
39. adda
40. a
41. parnuaye*m*
42. ti
43. gura*m*
44. a
45. maysa
46. ti
47. iyar-arasaas
48. met
49. pinautanga*m*
50. baro
51. nasken
52. a
53. dayta
54. a
55. gapu
56. ti
57. gayyem
58. iti
59. kinapudot
60. nga
61. immuna
62. iti
63. agayat
64. a
65. puso*m*
66. iti
67. kasalip
68. a
69. kenka
70. ti
71. ayat
72. nga
73. pakaidayawa*m*
74. ayat
75. kinaalibtak*mo*
76. biag
77. sapasap
78. ulo*m*
79. masaraka*m*
80. ayat

Source:
Text: *Bannawag*, August 25, 1969

FLUENCY PRACTICE

A. Restate these lines in your own words without losing their meaning, and then write down your paraphrased sentences.

1. Pinaayaban ni Nanang ni Apo Lakay nga albulario*mi*.
   _____

2. Kinuna ni Apo Lakay a naluganan kano iti saan a katata-uan ti kasinsin*ko*.
   _____

3. Nagpaatang a dagus ni Nanang, sa nagpalualo iti daydiay met la a rabii.
   _____

4. Makapaala ni Ikit iti kankanen idiay kusina.
   _____

5. Ipagatanga*k* ti regalo dagiti annakko kenni Lenor intuno mapan idiay Pilipinas.
   _____

B. Describe a nightmare or a dream you had (or invent one). The class will try to interpret it for you.

C. Use these expressions and phrases in any order to create a coherent dialog.
   1. sa ketdin
   2. ta no saan
   3. ay wen gayam
   4. kasta unay
   5. agpayso kadi
   6. idi kuan
   7. iti di mabayag
   8. met la

CULTURAL ACTIVITIES

Pagsasao

A. Translate the sayings and relate them to the characters and situations in the story.
B. Modify a section of the story by inserting any one of the sayings.
C. Connect the words listed below each saying to form the sentence that explains its meaning.

**Di ammo nga agas,
no di mapadas.**

- Itarus*mo* iti Inggles:

  _____

- Pagsisilpue*m* dagiti balikas iti baba, tapno mabukel*mo* ti kayat a sawen ti pagsasao. Isurat*mo* ti binukel*mo* a sarita iti linia iti baba.

    1. padasen
    2. saan*mo*
    3. no di*mo*
    4. nga ammo
    5. no kabaela*m*

- Isurat*mo* ti binukel*mo* a palawag ti pagsasao ditoy linia:

  _____

- Itarus*mo* ti insurat*mo* a palawag ti pagsasao ditoy linia:

  _____

Lesson 10 - Natamay

D. Continue the sentence to create your own saying.

1. No di*mo* padasen nga aramiden, _____ .

2. No awan ti rigat, _____ .

3. No awan ti isem, _____ .

> **Ti kinasalun-at,**
> **isut' kinabaknang.**

- Itarus*mo* iti Inggles:

  _____

- Pagsisilpue*m* dagiti balikas tapno mabukel*mo* ti kaipapanan ti pagsasao. Isurat*mo* ti binukel*mo* a sarita iti linia iti baba.

  1. uray no
  2. no nasalun-at*ka*
  3. napobre*ka*
  4. atiwe*m*
  5. a managsaksakit
  6. ti nabaknang

- Isurat*mo* ti binukel*mo* a palawag ti pagsasao ditoy linia:

  _____

- Itarus*mo* ti binukel*mo* a palawag ti pagsasao ditoy linia:

  _____

- No masapul nga agpili*ka* iti dua a banag, kinabaknang wenno kinasalun-at, ania ti pilie*m*? Apay? Ipalawag*mo* a nalaing.

Lesson 10 - Natamay

1. Kinabaknang _____
   _____

2. Salun-at _____
   _____

**No gayyem ti agkiddaw,
saan nga iladladaw.**

- Itarus*mo* iti Inggles:

  _____

- Pagsisilpue*m* dagiti balikas tapno mabukel*mo* ti kaipapanan ti pagsasao. Isurat*mo* ti binukel*mo* a sarita iti baba.

  1. iti gayyem*mo*
  2. ti tulong*mo*
  3. nga ipaidam
  4. a gayyem
  5. saan*mo*
  6. no pudno*ka*

- Isurat*mo* ti binukel*mo* a palawag ti pagsasao ditoy linia:

  _____

- Itarus*mo* ti insurat*mo* a palawag ti pagsasao ditoy linia:

  _____

- Dagitoy ti pakakitaan a pudno ti maysa a gayyem:

    1. matalek 'trustworthy'
    2. mannakaawat 'understanding'
    3. managtulong 'helpful'
    4. manangisakit 'sympathetic'
    5. dumngeg 'listens'
    6. naayat 'loving,' 'affectionate'
    7. nadungngo 'loving,' 'affectionate'
    8. mapagpiaran 'reliable,' 'can be trusted'
    9. naanus 'patient'

E. Write a paragraph or two in Ilokano describing what it means to be a true friend, using the descriptions listed above.

**Kuna ti Dios Ama,
agannad*ka* ta isalakan*ka*.**

- Itarus*mo* iti Inggles:

  _____

- Pagsisilpue*m* dagiti balikas iti baba, tapno mabukel*mo* ti kaipapanan ti pagsasao. Isurat*mo* ti binukel*mo* a sarita iti linia iti baba.

    1. no tulunga*m*
    2. tulungan*naka*
    3. ti bagi*m*
    4. ni Apo Dios
    5. kano
    6. kano

- Isurat*mo* ti binukel*mo* a palawag ti pagsasao ditoy linia:

  _____

- Itarus*mo* ti palawag ti pagsasao nga insurat*mo*:

  _____

  _____

Burburtia

Use the clues to determine the answer to each of the riddles.

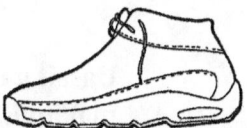

**Kanayon nga idisso*m*,
ngem di*mo* met iggaman.**

- Itarus*mo* iti Inggles:

  _____

- Tulong iti panangsungbat:

    1. Adda atiddog; adda ababa.
    2. No maminsan nabanglo; no maminsan nabangsit.
    3. No maminsan, nadagsen ti karga*na*.
    4. No maminsan, nalag-an ti karga*na*.
    5. No maminsan, nalawa; no maminsan, nailet.

- Ania ti sungbat*na*?

s		p		t		s

**No umulog, agar-arudok,
no umuli, gulpi.**

- Isurat*mo* dagiti tulong iti panangsungbat.

    1. _____
    2. _____
    3. _____
    4. _____
    5. _____

- Ania ti sungbat*na*? | b | u | t | e | g |

    **Bassit a bantay,
    makapilay.**

- Itarus*mo* iti Ingles:

    _____

- Tulong iti panangsungbat:

    1. Nabangsit ti angot*na*.
    2. Adda nabasa, adda namaga.
    3. Adda natangken, adda nalukneng.
    4. Adda atiddog, adda ababa.
    5. No maminsan, nadaroy.

- Ania ti sungbat*na*? | t | | k | | i |

Lesson 10 - Natamay

Kansion

A. Analyze the underlying meaning of, or the message conveyed by, each of the verses of the song.
B. Is *Manang* Biday a modern or traditional Filipino woman? By the same token, is the young man a modern or traditional Filipino male? Read the verses that support your answers.
C. For fun, get a partner and sing the song to each other. Act it out with the appropriate gestures and movements. Be a good sport and have fun with it.

Manang Biday

Manang Biday ilukat*mo* man
Ta bentana ikalumbaba*m*.
Ta kitae*m* toy kinayawa*m*
Ay, mataya*k*on no di*nak* ka'sian.

Siasinno*ka* nga aglabas-labas
Toy hardin*ko*, pagay-ayama*k*?
Ammom ngarud a balasang*ak*.
Sabong ti lirio, di pay nagukrad.

Dengge*m*, Ading, ta bilinen*ka*.
Ta inkanto diay sadi' daya.
Agala*ka*ntot' bungat' mangga
Lulukisen ken adu a kita.

No nangato, di*mo* sukdalen
No nababa, di*mo* gaw-aten
No maregreg, di*mo* piduten
Ngem labas-labasa*m*to laeng.

Daytoy panio*k* no maregreg*ko*
Ti makapidut isubli*nan*to
Ta nagmarka iti nagan*ko*
Ti naganko a Maria Puso. ♣

CULTURE NOTES

Widespread beliefs in spirits and the supernatural abound in the Philippines. Sometimes this is referred to as folk religion. This means that Catholic religion introduced by Spain blended with the existing indigenous beliefs of the people. These native beliefs are based on nature. An example of this blending of Catholic religion and folk belief can be seen in one group praying the rosary while another is practicing faith healing led by a shaman.

The native beliefs of pre-Spanish Filipinos constitute what is commonly known as animism. It is based on belief in the spirit world or the supernatural. There is also a widespread belief that human beings can be possessed by such spirits. In Western societies this is regarded as witchcraft, with negative connotations of evil. But in Filipino society it is all part of a popular belief system that does not always assign evil or negative meanings or values.

Today, the predominant religion in the Philippines, practiced by about 83 percent of Filipinos, is called folk Catholicism. The blending accommodated many of the spirit beliefs that became part of the overall religion of the country.

LESSON 11

BIAG IDIAY AWAY

READING

Pre-Reading Discussion
A. Interview your grandparents or elder friends to find out what it was like to live in the barrio where they grew up. Also interview some recent immigrants and find out if *barangay* (restored name for "barrio") life now is still the same as or different from the old barrio days. How has it changed, if at all? What are the changes attributed to? Bring your findings to class to share with the group.
B. How do you feel about the urbanization of rural areas? The quarrying of mountains? The logging of forests? Oil drilling in environmental treasures?
C. Are you for or against extensive development? What are the pros and cons of industrial development? Choose a position and be prepared to support it.

Reading Tasks
A. Construct twenty questions based on the story.
B. Read the essay to get a broad picture of life in a remote Philippine barrio. As a group, draw a picture of the place, including a collage of what you see happening there everyday.
C. The opening statement gives the pros and cons of living in a barrio from a villager's point of view. Find instances that support these views.
D. The essay gives a vivid picture of life in a barrio. What is your impression of the villagers' feelings and sentiments about the way they live? Given the opportunity, would barrio life be what you would choose to embrace? Why (not)?

STORY

Biag Idiay Away

Naragsak ngem narigat ti biag*mi* idiay away. Napanglaw ti bario*mi*. Adayo unay idiay ili. Lampara laeng ti pagsilsilaw*mi* ken kaykayo ti pagsungsungrod*mi* ta awan ti koriente idiay. Iti bubon, wenno bomba, wenno idiay tengnga ti karayan ti pagalalaan*mi* ti danom nga inumen ken pagluto*mi*, ta awan ti gripo*mi*. Idiay met ti pagdigdigusan ken paglablabaan*mi*. No maminsan, aggapu iti bantay ti ubbog a pagayusen*da* iti nasilpo-silpo a tubong a kawayan. No dadduma met, agbubon*kami* iti igid ti karayan wenno iti abay ti tambak iti kataltalunan, a pangalaan*mi* iti inumen*mi* a danom. Takuen*mi* ti umuna a danom*na* a nalibeg pay laeng, ingganat' rumuar ti nalitnaw a danom.

Narigat ti agsakdo ti danom. No idiay karayan ti pagsakdua*m*,

uray*ka* la a makubkubbo nga agbakbaklay iti dagsen ti assiw a nakaisab-itan iti dua a kuadrado a lata ti gas a napunno iti danom. Numo*na* ta adayo bassit ti karayan. Idiay tengnga ti karayan ti pangalaan*mi* iti sakduen*mi*, ta idiay, nadaldalus ken nalitlitnaw ti danom.

Awan ti dakkel a paggroseriaan wenno pakitiendaan idiay bario*mi*. Adda laeng 'diay bassit a tiangge ni Apo Masa. Sumagmamano laeng ti lako*na*. Dagiti la kasapulan iti inaldaw ti magatgatang idiay: gawgaw, petrolio, bugguong, daing, dilis, barbakua, tinapa, pagpalamiis, sabon, asukar, arina, kape, asin, manteka, suka, tawyo, tinapay,

sumagmamano a delata, a kas iti sardinas ken ebaporada a gatas, panait, dagum, imperdible, sigarilio, ken estangko, a tabako a nadubla. Adda met arak ken basi para kadagiti mammartek. Adda pay tay arak ti Insik idi nga aw-awagan*da* a sioktong. No makasidsida*kami* met iti karne, agparti*kami* iti baboy a pagbibingayan*mi* nga agkakaarruba ken agkakabagian. Mamindua iti makalawas a mapan*kami*

agudong a makitienda iti kabangibang a bario, ta kadagidiay la nga aldaw ti panaglukat iti tiendaan idiay. Adu ti magatgatang idiay a nalaklaka ngem iti tiangge ni Apo Masa, ta idiay met no kua ti paggatangan ni Apo Masa iti lako*na*.

Narigat ti ubra idiay bario*mi*. No saan*ka* nga agkalkalap nga agpatpatnag, agtaltalon*ka* nga

Lesson 11 - Biag Idiay Away

agmalmalem. Parbangon pay laeng ket rumuar dagiti mannalonen a magmagna wenno nakalugan iti karison wenno pasagad. Isunto metten ti panagawid dagiti mangngalap. Agsasabet*da* iti dalan.

Kada aldaw, masapul a madalusan ti arubayan ken mapakan dagiti taraken a baboy ken manok. Maipan met dagiti nuang iti pagaraban. Nadumaduma a natnateng ti maimula iti arubayan, ta isu pay a gatange*m*.

Narigat nga agpayso ti biag idiay away. Ngem uray pay no kasta ti karigat*na*, kaykayat*ko* met latta idiay away, ta simple ken natalna ti biag. Nasalun-at*kami*, ta naimas ti pul-oy ti nadalus nga angin. Adu ti nasustansia a natnateng a madengdeng ken mapakbet, ken nasadiwa dagiti ikan a makalkalap idiay karayan wenno idiay taaw. Narigat ti agbirok ti kuarta, ngem adu ti makmakan ken mabalin*mo* ti dumawat iti nateng kadagiti kaarruba.

Nasalukag ti bagbagi*mi* a taga-bario, ta adda tiempo*mi* nga aginana, wenno rumidep iti malem. Iti rabii, nasapa*kami* a matmaturog ta awan ti agpatpatnag a pagliwliwaan a mabalin a papanan, a kasla idiay ili, wenno iti siudad. Awan ti telebision a mabuybuya a pagpuypuyatan. Radio laeng ti adda a pagdengdenggan kadagiti ay-ayug, damdamag, pinnatangan, ken drama nga Ilokano.

Agaammo*kami* amin, isu nga kasla agkakabagian*kami* amin idiay. No adda naimas a kanen, agpipinnadigo*kami*. Iti rabii, masansan a sumarsarungkar dagiti

sumagmamano a gagayyem*mi* idiay balay*mi*. Agiistoria ken agiinnangaw*kami*, ken agkakanta dagiti babbaro ken babbalasang, a danggayan ti gitarra. Agtutugaw*kami* iti bangko

iti sirok ti mangga, iti sanguanan ti balaymi.

Kuna*da* a mannakikaarruba kano dagiti taga-away. Idiay ngamin, awan ti agiinnawag iti telepono a kasla ditoy, ta awan ti telepono*mi*, isu nga agsisinnarungkar a patinayon dagiti agkakalugaran. Daytoy ngata ti gapu*na* no apay a nakasingsinged ti panaggagayyem idiay. No malidliday*kami*, adda*da* latta iti asideg a mangliwliwa. Agsisinnaranay*kami* iti ania man a parikut ken rigrigat. Pudno a mannakigayyem dagiti taga-away.

Awan unay ti agus-usar ti relo idiay. Tangaden*da* ti init, sa*da* patta-pattaen ti oras. No awan ti makita nga anniniwan kadagiti kaykayon, no aglinteg ti initen, tengnga ti aldawen. Iti met agsapa, no mangngeg ti taraok ti manoken, parbangonen.

Mawatwat a nalaing dagiti bagbagi*mi* ta kanayon*kami* a magmagna, ta awan ngamin

unay ti pagluganan idiay, malaksid kadagiti pasagad ken karison, a guyuden ti nuang wenno baka. Adda met sumagmamano a traysikel a mangitultulod kadagiti pasahero idiay pagurayan ti dyip a mapan idiay ili.

Kadawyan ti tagnawa idiay bario*mi*. No adda dakkel wenno nadagsen a trabaho, a kas iti panagpatakder wenno panagiyakar iti balay, pagtitinnulungan*mi* nga agkakaarruba. Agsisinnakit*kami* amin idiay.

Lesson 11 - Biag Idiay Away

Kada malem, no malpas ti trabaho, makita dagiti sumagmamano a lallaki a nakaistambay iti sanguanan ti tiangge ni Apo Masa. Agiinom ken agiistoria*da*. Napigsa ken naragsak dagiti garakgak*da*. Adu met ti agaayam nga ubbing iti arubayan ken kadagiti natapok a kalsada. Dagiti met babbai, adda*da* idiay uneg ti balay nga agtagtagibalay.

Sigud a managragragsak dagiti taga-away. Uray iti trabaho, adda latta aramiden*da* a pagliwliwaan. Kas kinuna*k* itay, awan ti gripo*mi*, isu nga idiay karayan ti paglablabaan*mi* iti lupot. Magusgustua*k* ti aglaba idiay karayan ta balunen*mi* ti pangaldaw*mi*, sa*kami* mangan iti bulong wenno ubbak ti saba, ket kasla agpipiknik*kami* metten no oras ti pangaldaw. Naimas ti mangan idiay, aglalo no agkammet*ka*, ken ti sida*m* ket pinakbet, naprito nga ikan, ken kamatis nga adda bugguong*na*.

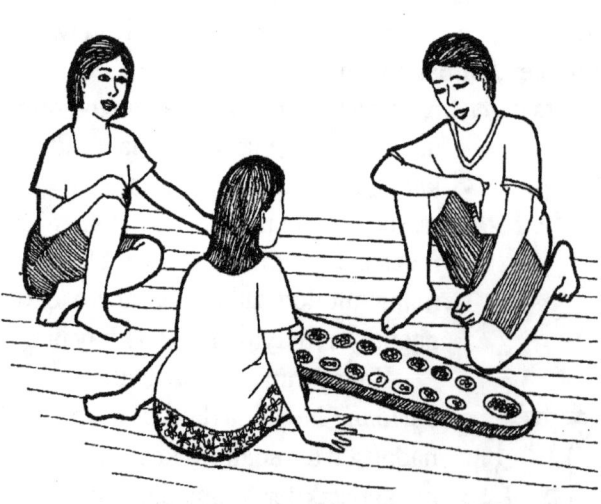

Nagin-awa ti aglaba diay karayan, ta nalawa ti pagkuladaan, ken maminsan la a mabalnawan dagiti lupot. Ta no idiay balay ti paglabaa*m*, mamitlo wenno mamimpat*ka* nga agbalnaw, ta baniera laeng ti pagbalnawa*m*, ken sangkabassit laeng ti danom a malaon*na*. Ti la dakes*na* idiay karayan ket, no saan*ka* a naannad, maiyanud ti lupot*mo*, aglalo no napigsa ti ayus ti danom.

No malpas*kami* nga aglaba, agdigos*kami* met idiayen, bayat iti panangpamaga*mi* kadagiti luplupot a naisalapay kadagiti mulmula ken naiyaplag kadagiti batbato. No namagaan dagiti lupoten, kupinen*mi* met idiayen, tapno nalag-an nga awiten.

Naimas ti agdigos idiay karayan, aglalo no kalgaw, ta nakapudpudot unay ti tiempo. Adu ti ubbing nga agaayam iti danom. Nalaing*da* nga aglangoy. Idiay met ti maysa a lugar a mabalin a pagsirpatan dagiti babbaro ken babbalasang.

No dumanon ti piesta, narambak idiay bario*mi*. Adu ti sugsugal ken ay-ayam a kas iti kulung-kulong* a tayaa*m*, ken nadumaduma a pangabakan iti premio. Adu met ti aglaklako iti agkakaimas a makmakan kadagiti amin a sulsuli. Ket uray no ania a balay ti papana*m*, adda latta nadumaduma a kankanen ken sinam-it, ken naimas a sidsida a siraragsak*da* nga ipasango kenka. Kaaduan kadagiti sidsida nga ipakan*da* ket karne ti baboy wenno baka. Adu ti maparparti para kadaydiay a pasken. Manmano ti agidasar ti manok, ta nangina ti manok.

Nakaramrambak no panawen ti piesta, ta adda paspasala ken adu ti pabpabuya. Mangawis*da* pay ti agpabuya ti drama nga aggapu iti sabali nga ili. Isagana met dagiti mamaestra dagiti agbasbasa nga agpabuya iti progprograma a maangay iti bassit a plasa.

Kas kuna*da*, "isputing" dagiti tattao no panawen ti piesta. Mairuar amin a badbado a makatawen a naidulin iti lakasa. Makapurar iti mata dagiti

---

*****Kulung-kulong** is a gambling game commonly played during fiestas, in which a die is moved back and inside three cans that are turned upside-down. The gamblers put their bets in front of the can where they think the die is. If their guess is correct, they win their bet.

Lesson 11 - Biag Idiay Away

sumilsilap a badbado a maisibsibro, ken sapatos a natirad ti takong*na*, nangnangruna dagiti babbalasang, ta adu ti nataraki a babbaro a sumirsirpat. Adu met ti sangaili nga umay makipiesta, manipud iti sabali a disso. Sumangpet met dagiti annak nga agbasbasa iti kolehio idiay Laoag ken Vigan, ken dagiti manmano nga aggapu idiay Manila.

Nakarelrelihioso dagiti tattao idiay bario*mi*, isu nga kanayon nga adu ti tattao idiay simbaan. Ngem ad-adu pay no piesta, ta daytoy ti aldaw a panangdayaw dagiti Katoliko iti santo a patron ti ilida. Ni San Isidro ti patron*mi*, ta isu ti patron dagiti mannalon, ta panagtalon ti kangrunaan a pagbiag*mi* sadiay. Maiprusision daytoy a santo iti kaaldawan ti piesta. Maysa*ak* met idi a kumuykuyog iti tinawen a prusision.

Tallupulo a tawenen manipud idi pimmanaw*ak* a nagbaniaga iti ballasiw-taaw, ngem dia*k* latta mapunas ti iliw*ko* iti bario*mi*. Agaw-awid*ak* kada makaurnong*ak* iti bassit a kuarta, ta mailiw*ak* unay kadagiti nabati*k* a gagayyem*ko* ken kakabagia*k*, nangnangruna kada Lelong ken Lelang, ta lakay ken baket*da*n. Kailiw*ko* met dagiti agkakaimas a kankanen: tay tupig, dudul, sinuman, ken linubian, a masansan a pagsasanguan*mi* no agiistoria ken agkakanta*kami* iti rabii. No maminsan met, agukis*kami* iti naata a mangga ken santol nga isawsaw*mi* iti bugguong. Kailiw*ko* met ti pudno nga ayug ti pagsasao nga Ilokano, a kanayon a mangmangngeg idiay, uray no sadinno ti papana*m*, ken uray no sinno ti kasarsarita*m*. Sadiay, marikna*k* unay ti kina-Pilipino*k*. ♣

VOCABULARY STUDY

A. Look for the word in the story that directly answers the question.
   1. Ania dagiti pagal-alaan*da* ti danom nga us-usaren*da* iti inaldaw?

a. _____

   b. _____

   c. _____

2. Ania ti pangisabsab-itan*da* ti lata a pagsakdo*da* iti danom? Mano a lata ti maisab-it?

   a. _____

   b. _____

3. Ania dagiti kangrunaan a pagsapulan dagiti tattao idiay away?

   a. _____

   b. _____

4. Ania dagiti paglugluganan*da*?

   a. _____

   b. _____

   c. _____

5. Sadinno ti pagkalkalapan*da*?

   a. _____

   b. _____

6. Ania dagiti ar-aramiden dagiti tattao idiay a pakakitaan ti nasayaat a panagkakaarruba?

   a. _____

   b. _____

   c. _____

   d. _____

   e. _____

7. Ania ti kalidad ti panaggagayyem dagiti tattao idiay away? Ania ti mangipakita kadaytoy?

   a. _____

   b. _____

8. Ania dagiti pagliwliwaan*da* idiay away?

   a. _____

   b. _____

   c. _____

   d. _____

9. Sadinno ti pagay-ayaman dagiti ubbing?

   a. _____

   b. _____

10. Sadinno ti pagsirsirpatan dagiti babbaro ken babbalasang? Ania ti kaipapanan ti "pagsirsirpatan?"

    a. _____

    b. _____

11. Para ania dagiti isagsagana*da* a kanen no piesta? Ania dagiti espesial a makmakan nga isagsagana*da*?

    a. _____

    b. _____

12. Ania ti kayat a sawen ti "isputing"? Kasano*da* nga agis-isputing? Ipalawag*mo*.

    a. _____

    b. _____

13. Ania ti panggep ti piesta? Ania ti koneksion ti relihion ken piesta?

    a. _____

    b. _____

14. Kaano*da* nga agprusprusision? Ania ti iprusprusision*da*?

    a. _____

    b. _____

15. Mailiw kano ti mangisalsalaysay ti istoria iti bario*da*. Sinno ti kailiw*na*?

    a. _____

    b. _____

16. Kasano*da* nga agpampamaga iti lupot no aglablaba*da* idiay karayan? Sadinno ti pagpampamagaan*da*?

    a. _____

    b. _____

17. Ania ti ar-aramiden*da* tapno adda danom nga usaren*da* iti inaldaw? Pangal-alaan*da* ti danom?

    a. _____

    b. _____

18. Kasano*da* a mangmangan idiay karayan? Ania ti gagangay a balbalunen*da*?

    a. _____

    b. _____

19. Ania ti pangnaganda iti panagtitinnulong, a kas iti panagpatakder iti balay? Sinno dagiti tumultulong?

   a. _____

   b. _____

20. Sadinno ti napanan ti mangisalsalaysay?

   a. _____

21. Ania ti kita ti badbado a maisibro no piesta?

   a. _____

   b. _____

22. Ania dagiti kasapulan nga awan idiay away?

   a. _____

   b. _____

   c. _____

23. Ania ti korte ti lata a pagikkanda ti danom a sakduenda? Apay a daydiay ti usarenda?

   a. _____

   b. _____

24. Apay a nagin-awa ti aglaba idiay karayan?

   a. _____

   b. _____

25. Ania dagiti ilaklako ni Nana Masa idiay tianggena? Ilistam ida amin.

   a. _____

   b. _____

B. Look for these words in the story; study the context in which they are used, and try to guess their meaning.

1. mannakikaarruba _____
2. mannakigayyem _____
3. managragragsak _____
4. tagnawa _____
5. naisalapay _____
6. makapurar _____
7. mailiw _____
8. maiyanud _____
9. narambak _____
10. sumirpat _____

bubon	tiangge ni Apo Masa	merienda ken pagpalamiis
bomba	awan ti riribok	dadakkel a pakitiendaan
karayan	elektrisidad/koriente	agiistoria*da*

C. Complete the sentences with one of the words on the list.

1. Awan ngamin ti gripo idiay, isu nga agsaksakdo*kami* idiay
  _____.

2. Mapan*kami* idiay tapno gumatang*kami* kadagiti masapsapul*mi*, no adda*kami* idiay away.
  _____.

Lesson 11 - Biag Idiay Away

3. Idiay bario*mi*, awan ti

   _____.

4. No mauwaw ken mabisin*kami*, mapan*kami* idiay tiangge ni Apo Masa tapno gumatang*kami* iti

   _____.

5. Iti malem, agtitipon dagiti lallaki idiay tiangge da Apo Masa ta

   _____.

6. Natalna idiay away;

   _____.

D. Give examples from the story that show the following characteristics of country folks in the Philippines.
   1. managtulong
   2. managragragsak
   3. managtrabaho
   4. kontento iti biag*da*
   5. narigat ti biag*da*

QUESTIONS FOR DISCUSSION

A. Ania dagiti serbisio idiay ili nga awan idiay away?
B. Ania dagiti magatgatang idiay tiendaan iti ili nga awan idiay tiangge iti away? Ania dagiti magatgatang idiay tiangge iti away nga awan idiay tiendaan iti ili?
C. Ania dagiti dadduma pay nga adda idiay away nga awan idiay ili?
D. Maiyannugot iti salaysay, kasano met ti biag dagiti tattao idiay away? Kasano ngata ti galad dagiti tattao idiay? Ania pay ngata dagiti narigat a trabaho idiay away?
E. Kabaela*m* kadi ti aggian iti away? Apay (saan)?
F. No damo*m* pay laeng ti mapan idiay away idiay Pilipinas, ania a kita ti biag ti namnamae*m* a mapadasan? Ania dagiti masapul*mo* nga adalen? Ania dagiti ramramit a nasken nga itugot*mo* no mapan*ka* idiay?
G. Ania dagiti dadduma pay a pagliwliwaan dagiti tattao idiay?

GRAMMAR NOTES

A. Reciprocal Verbs: *-inn-, ag-*

The infix *-inn-*, attached to a verb, indicates reciprocal action; that is, action performed to or for each other. The affix is inserted before the first vowel of the root word.

For example:

| Naginnarakup*da*. | 'They embraced each other.' |
| Nagbinnales*da*. | 'They got even with each other.' |

Certain *ag-* verbs are naturally reciprocal and do not need the infix *-inn-* to indicate reciprocity, as in *agkita*, 'to see each other,' *agtungtong* 'to chat.' Adding *-inn-* could alter the meaning of the verb (*agkinnita* 'to look at each other') or render it ungrammatical (*agtinnungtong 'to chat').

Other examples:

aglaban	'to fight with each other'
agbisong	'to kiss each other'
agdungpar	'to collide with each other'
aggabbo	'to wrestle'
agsaruno	'to follow each other'
agdiskusion	'to argue with each other'
agapa	'to quarrel'
agkuyog	'to go together'
agam-ammo	'to get to know each other'
agsabat	'to meet at a certain point'
agdanon	'to meet at a certain point'
agpatang	'to converse'

Exercises

1. Here are sample sentences with *-inn-* Reciprocal Verbs. Add your own to the list.

   a. Saan a mabalin ti agbisong/agbinnisong iti publiko idiay away. 'In rural areas, you can't kiss (each other) in public.'
   b. Masapul a pagtinnulungan ti agassawa ti panangpadakkel iti anak*da*. 'A couple must help each other in raising their child.'

   c. Ilokano: _____

   English: _____

   d. Ilokano: _____

   English: _____

   e. Ilokano: _____

   English: _____

2. Go back to the story in Lesson 10, list all the Reciprocal Verbs you can find there, and give their meaning.

B. Propensity for, Habit, Tendency: *manag-, manang-, mannaki-, managpa-, managCinn-*

Having the habit of, or tendency to, or propensity for doing something requires the prefix *manag-* or *manang-*. In some cases, it is the equivalent of the English suffix '-ful' as in *manangngaasi* 'merciful.' These affixes can be combined with other verb types. For example, *manag-* plus the participative infix *-ki-* becomes *mannaki-*; *manag-* plus causative *pa-* becomes *managpa-*; *manag-* plus reciprocal *-inn-* becomes *managCinn-*.

For example:

Managtabbaaw ti gayyem*na*.	'Her friend has the habit of swearing.'
Manangranggas dagiti bandido.	'The bandits have a propensity for violence.'
Managtulong ti Nanang*ko*.	'My mother is helpful.'
Mannakidaya dagiti agtutubo.	'The youth like to party.'
Managpadaya ti kalugaran*mi*.	'Our townmate likes to give parties.'
Managpinnadigo*kami* nga agkakaarruba.	'All of us neighbors have the habit of sharing with each other the food that we cook.'

Exercises

1. The following are sample sentences with the *manag-* and *manang-* prefixes and their combinations. Add your own to each list.

    manag-, manang-

    a. Managbuteng ni ading*ko* iti sipnget. 'My younger sibling has a tendency to get scared in the dark.'
    b. Managtabbaaw ti kaarruba*mi*, no nabartek. 'Our neighbor has a habit of swearing when he's drunk.'
    c. Adu kadagiti aglaklako iti bangketa ti manangallilaw. 'There are many cheats among the sidewalk vendors.'
    d. _____
    e. _____
    f. _____
    g. _____

mannaki-

a. Mannakiapa dagiti katrabahuan*da*. 'Their co-workers are quarrelsome.'
b. Mannakisugal*da*, isu nga kanayon a mapmapan*da* idiay Las Vegas. 'They gamble a lot; that's why they always go to Las Vegas.'

c. _____
d. _____
e. _____
f. _____

managpa-

a. Managpasagid ti ubing. 'The child has a habit of making snide remarks.'
b. Managpasakit ti nakem. 'S/He has a tendency to cause hurt feelings.'

c. _____
d. _____
e. _____
f. _____

managCinn-

a. Managsinnungbat*da*. 'They have a habit of arguing with each other.'
b. Managpinnadigo dagiti kaarruba*mi*. 'Our neighbors always share food that they cook.'

c. _____
d. _____
e. _____
f. _____

2. Describe the habits of the referents in the sentences, using *manag-*, *manang-*, *managCinn-*, *managpa-*, and *mannaki-*.

   a. Kanayon a makiap-apa ti kaarruba*mi*.
   _____

   b. Ni ading*ko*, kanayon a dumawdawat iti kuarta.
   _____

   c. Kanayon a makikarkaarruba ti tin-edyer*mi*.
   _____

   d. Kanayon nga agutang ti kadua*k*.
   _____

   e. Kanayon nga agbaut ni Tatang*ko*.
   _____

   f. Kanayon nga agpapautang ni Nana Duting.
   _____

   g. Magusgustuan*na* ti makitungtong kadagiti ubbing.
   _____

   h. Kanayon nga agpaspasiar dagiti babbalasang idiay lugar*mi*.
   _____

   i. Kanayon a makipangpangan ti aso ti kaaruba*da*.
   _____

   j. Diak kayat ti tao a kanayon nga agbugbugkaw.
   _____

C. Number of Times: *mamin-*

Mamin- attached to a number describes the number of times an action will occur. Its past tense form is *namin-*. As exemplified by the Ilokano illustrations below, some numbers tend to undergo changes in both the prefix and the number. The question form is *mamin-ano* 'how many times.'

For example:

Mamin-ano*kayo* nga agbakbakasion tunggal tawen?	'How many times do you go on vacation every year?'
Maminsangapulo*kayo* nga agpuligos.	'You (all) turn ten times.'
Namimpito*ak* a nagbakasion idiay Pilipinasen.	'I have vacationed in the Philippines seven times already.'
Namimpat*kami* a nangan ita nga aldaw.	'We ate four times today.'
Namin-innem*tayo* a nagriro.	'We made a mistake six times.'
Mamitlo*da* nga agdigdigos iti maysa nga aldaw.	'They bathe three times a day.'
Naminduam*i* a binuya daydiay a sine.	'We saw that movie twice.'
Naminsan*ak* pay laeng a nakapan idiay Palawan.*	'I have only been to Palawan once.'

* Palawan is a long strip of island west of the Visayan Islands.

Exercises

1. Translate into English the sentences with the *mamin-* adjective. Add your own sentences with translations to the list.

   a. Naminsan*kami* laeng a napan idiay.

   _____

   b. Namitlo/Namintallo a bimtak ti bulkan.

   _____

   c. Namimpat/Namin-uppat a nagsardeng ti lugan*ko*.

   _____

   d. Naminlima*ak* a nakariing idi rabii.

   _____

e. Namin-adu*k* a binuya daydiay a sine.
   _____

f. Namin-mano*kayo* a simmarungkar kenni Tatang*mo* idiay ospital?
   _____

g. _____

h. _____

i. _____

j. _____

k. _____

WRITING PRACTICE

A. Describe the daily habits or tendencies of various ethnic groups that you observe in your community. Discuss them in a nonjudgmental way.
B. Below is an outline of an announcement for a house for rent in an Ilokano town. Write an ad for a local newspaper.
C. In four paragraphs, write to your friend who is looking for a house in the area, telling him about the house that is available for rent. Give all of the information below in complete sentences. Add any additional information you can think of. Write your preliminary sentences for each word, then put all of them together in a coherent text. The features of the property are below.

1. Balay
    napintas
    dakkel
    tallo ti kuarto*na*
    nalawa

2. Akinkua
    Rudy Pascua

3. Paggigianan ti akinkua
    Poblacion 5, Barangay Ragsak
    Narvacan, Ilocos Sur

4. Lugar
    Barangay San Isidro
    Kalye Gabriela Silang

5. Dadduma pay a kasapulan
    koriente
    gripo
    bomba

6. Lawlaw*na*
    nalawa ken nadalus ti arubayan*na*
    mulmula (masmasetas, natnateng)
    kaykayo
    karayan
    turod
    kapilia
    simbaan
    pageskuelaan
    tiendaan
    tiangge

7. Ramrambak
    piesta
    binulan a pasala
    sine

D. Find an old picture of your family and/or friends that reveals many things about their way of life. Attach it to a sheet of paper, and below it describe the picture in detail. Exchange pictures and write your reactions to your classmate's picture on his or her paper. Also write some questions or comments about anything in the picture that arouses your curiosity. Find a way to use the new verb forms you studied in the Grammar Notes and Exercises.

FLUENCY PRACTICE

A. What would you say to an American friend who is asking about country life in the Philippines? About city life? About Manila? About the Ilocos Region? You may need to do some research to get accurate information about these places.

B. Break up into two groups, and form two opposite lines. When the teacher claps or rings a bell, the first two meet in the middle and start a brisk conversation on the advantages of one of the topics below. Another clap or bell ring, and the conversation switches to the disadvantages. Two claps or bell rings indicate change of topic and speakers. Students will prepare or be assigned topics beforehand to make the game brisk. Make a good effort to use the new verbal and adjectival forms that you learned.

1. visiting the Philippines
2. traveling by plane
3. retiring in the U.S.
4. retiring in the Philippines
5. living in a big house with a huge yard
6. living in a condominium vs. living in a single-family dwelling
7. allowing foreigners to buy real estate in your country
8. allowing more immigrants into the country

C. Let's play 'politics.'

1. Form two groups, each representing a "political party," and do the following activities:
   a. Separately, make a list of the things or systems in the barrio that you read about in the essay which, in your opinion, need improvement or replacement.
   b. Choose a party name, then have party leaders lay out the topics or issues you would address. Decide which topic or issue each member of your group will present.
   c. Lay out your party's "platform and vision" for the barrio. Discuss them fully with your group in preparation for a "political campaign" (or "debate" if you so choose).
   d. Stage a political rally or debate, participated in by your group and the opposition.

CULTURAL ACTIVITIES

Pagsasao

        Ayat ken ayat, agbinnayad;
        dakes ken dakes, agbinnales.

- Itarus*mo* iti Inggles:

  _____

- Isurat*mo* ti kaipapanan ti pagsasao:

  _____

- Sungbata*m* a nalaing dagitoy a saludsod:

    1. Ania ti manamnama*m* no agaramid*ka* iti naimbag?

       _____
       _____

    2. Ania ti manamnama*m* no agaramid*ka* iti dakes?

       _____
       _____

- Ipalawag*mo* ti pagsasao:

    _____

    **Nasaysayaat ti napanglaw a maidaydayaw,
    ngem ti baknang a mauy-uyaw.**

- Itarus*mo* iti Inggles:

    _____

- Isurat*mo* ti kaipapanan ti pagsasao:

    _____

- Sungbata*m* dagitoy a saludsod.

    1. Ania dagiti pakakitaan a napanglaw ti maysa a tao?
       _____

    2. Ania dagiti pakakitaan a nabaknang ti maysa a tao?
       _____

    3. Ania dagiti mabalin a makuna a kinabaknang?
       _____

    4. Ania ti maobserbara*m* nga ugali dagiti nabaknang a tattao?

        a. _____
        b. _____

    5. Ania ti maobserbara*m* nga ugali dagiti napanglaw?

        a. _____
        b. _____

    **Ay-ayate*m* ti kaarruba*m*,
    a kas panagayat*mo* iti bagi*m*.**

- Itarus*mo* iti Inggles:

    _____

- Ania dagiti pakakitaan nga ay-ayate*m* ti bagi*m*?

    1. _____
    2. _____
    3. _____

- Ania dagiti magunggunam no aramidem dagitoy?

    1. _____
    2. _____

- Ania dagiti pakakitaan nga ay-ayatem ti kaarrubam?

    1. _____
    2. _____
    3. _____

- Ania dagiti magunggunam no aramidem dagitoy?

    1. _____
    2. _____

Burburtia

Memorize the riddles, then use the clues to help you figure out the answers. Write the missing letters in the boxes to form the answers to the riddles.

Dua nga agkaarruba,
saan nga agkinnita.

- Itarusmo iti Inggles:

    _____

- Tulong iti panangsungbat:

    1. Kanayon a dua*da*.
    2. Adda kusipet; adda nabukel.
    3. Adda nauneg; adda narabaw.
    4. Adda pangkis; adda buslad.
    5. Adda dakkel; adda bassit.
    6. Usare*m* a kumita.
    7. Parte ti rupa.

- Ania ti sungbat*na*? | a | | a | |

Maysa a bubon a nauneg,
naaladan iti nagtatadem a buneng.

- Tulong iti panangsungbat:

    1. Adda dakkel; adda bassit.
    2. Kanayon a nabasa.
    3. Pagserkan ti kanen.
    4. Pagruaran ti timek.
    5. Pagsuyaaban.
    6. Parte ti rupa.

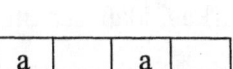

- Ania ti sungbat*na*? | n | | | w | | t |

Dagum nga agtinnag,
saan*mo* ida a mabilang.

- Itarus*mo* iti Inggles:

_____

- Tulong iti panangsungbat:

    1. No maminsan napigsa; no maminsan bassit.
    2. No maminsan makaperdi; no maminsan makabiag.
    3. Mabalin a pagsakiten*naka*.
    4. Mangbiag iti mulmula.
    5. Nabasa ken nalamiis.
    6. Nadagsen no maurnong.
    7. No napigsa unay ken kagiddan ti angin, bagio.

- Ania ti sungbat*na*? | t | | o |

Kansion

A. Create a story based on the song. Include all the visual imagery in the lyrics.

Rabong

Adda bangkag*ko* a namayengmeng
A minulaa*k* iti natnateng
Nadumaduma nga in*kay*' gustuen
Dengdengen wenno gulayen.

Ni tarong naimas met
Aglalo no maipakbet
Saka sagpawan ti buntiek
Ni la Rabong ti gusgustue*k*.

Adda paria, adda tarong
Adda kamatis, adda pay utong
No dagitoy ti agtitipon
Gusgustue*k* la ni Rabong.

Partie*m* Neneng dayta baboy*mo*
Saka lutuen nga adobo
Saka kaniak ipasango
Ni la Rabong ti kaykayat*ko*. ♣

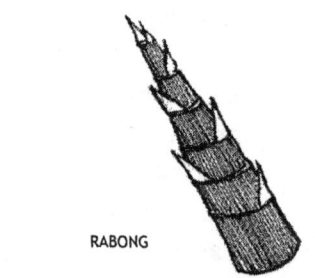
RABONG

- Sapule*m* iti kanta a "Rabong" ti sungbat kadagitoy a burburtia.

    1. No ubing*ak* pay, mabalin*nak* a sidaen,   Sungbat*na*:
       ngem no lakay*ak*on, mabalin*nak* a pagbalay.

    2. Agtaeng*ak* iti kapitakan,   Sungbat*na*:
       ngem dagiti mangngalap sapsapulen*dak*.

    3. Siakon ti kalaadan;   Sungbat*na*:
       ti kudil*ko* ti kaburtungan;
       ngem dagiti tattao kaykayat*dak*.

    4. Ituno*nak*; prituen*nak*; pakbeten*nak*;   Sungbat*na*:
       naim-imas*ak* no kumkumbet*ak*.

    5. Nagbukel*ak* a nalussayat;   Sungbat*na*:
       ti kudil*ko* ti kalamuyutan.

    6. Ukisan*nak* no natangken*ak*;   Sungbat*na*:
       tukku-tukkulen*nak* no naganus*ak*.

B. The following song is sung while Ilokano folks are pounding the Ilokano confection called *linubian,* a mixture of boiled cassava, condensed milk, and butter. It is pounded with a big mortar and pestle which are normally used for husking rice.

Lesson 11 - Biag Idiay Away

C. If available, view a *linubian*-making fun event. Learn the song and sing it with the appropriate movements.

Lubi-Lubi

Enero, Pebrero, Marso, Abril, Mayo
Hunio, Hulio, Agosto
Septiembre, Oktubre
Nobiembre, Disiembre
Lubi-lubi.

Koro:
In*tayo*n makilubi-lubi
'Diay balay da Tata Ipe
Maawis*kay*' amin
A mapan makilubi
'Diay balay da Tata Ipe. ♣

CULTURE NOTES

In the Philippines, villages where most people live are known as *barrios*, a term borrowed from Spanish. In recent years, the name barrio has been changed to *barangay*, a pre-Hispanic term for village. A *barangay* is headed by a *Barangay* Captain.

Life in remote *barangay*s is very simple and without modern amenities. There is usually no electric power. There is no running water, and drinking water usually comes from two sources: wells, which are constructed in central locations in the village, and rainwater, which is collected in big drums or containers.

In the Ilocos, for instance, every home has a backyard garden that provides a family with vegetables, but rice, the staple food, is grown in fields that are owned by the villagers themselves or by landlord families. The villagers can also buy rice from marketplaces in town, along with other needs like sugar, salt, fish sauce, batteries, soap, and clothes. They usually buy in bulk because they only go to town once or twice a month, and village stores only have a limited supply of goods. It is also cheaper to buy goods in town. The villagers go to town by tricycle or by animal-driven carts when available.

Today, in less remote villages, there is running water and electricity, and more mobility. Some homes have television sets and stereo systems. At the center of town, there is now a modern, well-built market in contrast to a makeshift construction of native material in earlier days. It opens once or twice a week, and it carries a wider variety of goods and merchandise than previously.

In short, many villages in the country are now becoming more accessible with faster modes of transportation that can bring villagers to and from town.

Lesson 11 - Biag Idiay Away

LESSON 12

TI BIAG TI IMIGRANTE

READING

Pre-Reading Discussion
A. Interview some elderly Filipinos to learn about how they came to the United States, and their experiences as part of the community.
B. What is your observation of Filipino immigrants today? What advancements have they achieved? What problems are they facing? How about the Filipino youth? What's happening to them? What are the problems that confront them? What opportunities are available to them?
C. Many Filipino students came to the United States as immigrants. If you are one of them, how do you feel about being one? What is your family's story? If you are not one of them, how do you feel about these students?
D. How about immigration laws? What do you already know about this subject? How are immigrant Filipinos surviving under the pressure of changes in immigration laws and government policies? Who are affected, and in what way? How are they affected by the changing economy?
E. There is a great deal of misinformation going around about issues relating to U.S. immigration in the Filipino community. What do immigrants need to know about their situations? About their rights?
F. Filipinos, in their desire to come to the United States, become prey to unscrupulous individuals who take enormous sums in exchange for a promise to obtain various types of U.S. entry visas that many times turn out to be fraudulent. If you know such a story, share it with the class without identifying the people involved.
G. What are the advantages and disadvantages of immigrating to a foreign country? Of simply being an immigrant? Find the answers to these questions and bring them to class for discussion.

Reading Tasks

A. The story that you are about to read is based on an actual account of an immigrant family's experience. Read it thoroughly before class, and be prepared to do the following:

1. Note the children's first impresssions of Hawai'i. What seemed new? What seemed familiar? What seemed unusual?
2. Work with your group to list all of the members of *Tata* Pulon's immediate and extended families. Organize them in a grid, and write all of the information about each one of them.
3. With your group, locate the sections that talk about the different periods in the lives of the characters. Discuss what happened during those times.
4. The story is divided into major topic sections. Write an outline for each subtopic that you can refer to when telling the story.

B. Within your group, recall from memory the answers to the following questions. Answer in Ilokano.

1. Mano ti tawen ni Maning idi simmangpet ditoy Estados Unidos? Mano*da* nga agkakabsat a simmangpet ditoy?
2. Akimbalay ti nakidagusan pay laeng da Maning idi kasangsangpet*da*?
3. Ania ti kadawyan ditoy Haway no adda sabaten*da* idiay erport?
4. Ania a plantasion ti nagubraan ni Nanang*da*?
5. Ania a plantasion ti nagubraan ni Tatang*da*?
6. Ania laeng ti baybayadan da Maning idiay balay da ikit*na*?
7. Apay a nalugi ni Tatang ni Maning iti umuna a balay a nganngani*na* nagatang?
8. Apay kano a naidumduma ni Anti Biring?
9. Mano a tawen*da* a naggian idiay balay ni Anti Biring?
10. Apay saan a naikuyog da Maning dagiti dadduma a kakabsat*na*? Sinno laeng ti nakaumay ditoy Amerika?
11. Ania a tawen daydi pinagsubli ni Tatang ni Maning idiay Pilipinas?
12. Apay a napaay ni Tata Pulon idi nagsubli ditoy Amerika?
13. Ania ti ubra ni Tata Pulon itan? ni baket*na*?
14. Ania ti nagbanagan*da* nga agkakabsat?
15. Apay nga agaw-awid ni Maning idiay balay*da* kada agtapos ti lawas?
16. Kasano a nakaumay da Maning ditoy Amerika? Ania nga Estado ti naggianan*da*? Sadinno ti nagsangladan ti eroplano? Apay nga idiay? Saritae*m* ti isasangpet*da* ditoy Amerika.

17. Ania dagiti nakitkita*da* ken narikna*da* a nangipalagip kadakuada idiay Pilipinas wenno idiay Ilocos Norte a naggapuan*da*?
18. Kasano*da* amin nga immanay idiay balay da Nana Biring? Apay ngata nga idiay ti naggianan*da* amin?
19. Ania dagiti puli a masarakan ditoy Haway?
20. Apay nadumaduma dagiti puli ditoy Haway?

C. Rearrange the sentences to follow the episodic sequence of the story.
1. Saan nga inawat tay dati nga pagtrabtrabahuan*na* ni Tata Pulon, ta lakay kanon, isu nga nagsapul iti sabali a pagtrabahuan*na*. Nakasapul met iti trabaho*na* a kas dianitor iti maysa nga ospital.
2. Nakagatang met laeng ni Tata Pulon iti balay*da* iti ayan da Nana Biring.
3. Sinabat ni Tata Pulon dagiti annak*na* idiay erport.
4. Nasdaaw dagiti annak ni Tata Pulon iti nakita*da* a puon ti marunggay, ta saan*da* a ninamnama a makakita*da* ti marunggay iti isla ti Haway.
5. Saan a nagabang da Tata Pulon iti balay da Nana Biring, ta saan*da* kano met a sabsabali.
6. Nangikapet*da* iti maysa pay a dakkel a kuarto iti balay da Nana Biring a paggianan da Maning.
7. Saan*da* nga agsisina a mangan.
8. Simmangpet ni Maning, a kadua*na* dagiti lima a kakabsat*na*.
9. Nagkasar ti Nanang ken Tatang da Maning idiay Ilocos Norte, idiay katedral idiay.
10. Nagretiro ti Nanang da Maningen.
11. Kada lawas, agaw-awid ni Maning idiay balay*da*, ta il-iliwen*na* dagiti kanen ti Pilipino.
12. Simrek ti Nanang da Maning iti trabaho iti kapiniaan, ken paralako iti maysa a tiangge.
13. Nangideposito ni Tata Pulon iti umuna a balay a gatangen*na* koma.
14. Naragsak dagiti agkakabbalay idiay balay da Nana Biring.

Lesson 12 - Ti Biag Ti Imigrante

STORY

Ti Biag Ti Imigrante

Ti Iyuumay*mi* Ditoy Amerika idi 1967

𝓔mmanuel Sagaysay ti nagan*ko*. Maning ti awag*da* kaniak. Duapulo ket siam ti tawen*ko*. Imigrante*ak* ditoy Amerika.

Disisais pay laeng ti tawen*ko* idi immay*ak* ditoy Haway. Lima a kakabsat*ko* ti kinakuyog*ko*: ni Manong Efren, agtawen iti sangapulo ket walo, ni Manong Bituy, agtawen iti sangapulo ket pito, ni ading*ko* a Leoning, agtawen iti sangapulo ket lima, ni ading*ko* a Trining, agtawen iti sangapulo ket uppat, ken ni ading*ko* a Putput, agtawen iti pito. Inorderan*nakami* ni Tatang*ko*, isu nga nakaumay*kami* ditoy Haway. Disiembre idi simmangpet*kami*. Nakalamlam-ek ti tiempo.

Kalpasan ti dua nga oras iti kustom, rimmuar*kamin*. Nasungadan*mi* ti naragsak nga isem ni Tatang. Sinabat*nakami* idiay erport. Nabayag a nagur-uray iti iruruar*mi* iti kustom. Nabayag*kami* idiay kostum ta sirig-sirigen ngamin dagiti inspektor ti bugguong, bagnet, ken longganisa-Iluko nga intugot*mi*. Pasarabo*mi* kada Ikit Biring.

"Nagadu gayam ti Insik ditoy," kinuna ni Trining idi nakita*na* dagiti tattao idiay erport.

"Saan nga Insik dagita. Hapon dagita. Ngem adu met ti Insik ken Koreano. Adda pay Portuges, a. Adu*da* ditoy ta naala*da* nga agubra kadagiti plantasion. Kadagitoyen, adu metten ti Samuan," impalawag ni Tata Pulon.

Nagpintas dagiti naubon a sabsabong nga inyusok ni Tatang kadagiti tengnged*mi*. Kinuna*na* a kadawyan kano ditoy Haway daydiay no adda sumangpet a naggapu iti adayo a disso.

"Adda gayam kotse ni Tatangen, Manong Maning," kinuna ni Trining.

"Saan*tay*' a kukua daytoy. Ni ikit*yo* ti akinkua kadaytoy. Haan*ak* pay a gimmatang iti kotse ta nagurnong*ak* pay laeng iti pagplete*yo*," impalawag ni Tatang kenni Trining.

"Ayan*na*d'toy ti balay*tayo*, Tatang? Dakkel kadi ti balay*tayo*? Kadua*tayo* kadi dagiti kakasinsin*mi*?" nagsasaruno nga inintuod*ko* kenni Tatang, idi agtartaray ti lugan*mi*n.

"Makidagus*tay*' pay laeng idiay ayan da ikit*yo*, ta idiay ili ti paggiana*k* pay laeng, ta as-asideg idiay pagtrabahua*k*. Umay*kayo*nto sarungkaran kada agtapos ti lawas.'

"Kada Sabado ken Dominggo, 'Tang?" dinamag ni Leoning.

"Wen, agawid*ak*to dita kada Sabado ken Dominggo," insungbat ni Tatang.

"Sinno ti kadua*yo* idiay ili, 'Tang?" sinaludsod ni Manong Bituy.

"Dagiti met la lallakay nga awan ti pamilia*da* ditoy," insungbat*na*.

Nadlaw*ko* ti lablabasan*mi* a kaunasan ken kapiniaan, ken sumagmamano a babassit a

Lesson 12 - Ti Biag Ti Imigrante

balbalay. "Kasla met la gayam Pilipinas ditoy," nakuna*k* iti nakem*ko*, ta kasla met la kita ti il-ili ken barbario idiay probinsia. Awan ti dadakkel a pasdek. Pasig a kataltalunan.

"Awan met dagiti balbalayen. Pasig met a kataltalunan ti lablabasan*tayo*n. Papanan*tayo* kadi?" sinaludsod ni Manong Efren, a talia-taliawen*na* dagiti taltalon. Pasig a kapiniaan ken kaunasan ti makitkita*na*.

"Gumanat manen ni Manong Efren," inyangaw ni Manong Bituy. Bituy ti birngas ni Manong Vitaliano.

"Aganus*ka* bassit, Nakkong, ta adayo pay bassit. Makita*m*to latta. Adunto ti balbalay idiay banda*na*t' 'diay," insungbat ni Tatang.

"Nalam-ek gayam ditoy. Kasla idiay Baguio. Malammin*ak*," kinuna ni Trining.

"Mangala*ka* ti pagkagay*mo* dita likudan," kinuna met ni Tatang. "Kagapgapu*m* ngamin idiay Pilipinas, isu nga malammin*ka*. Maikawa*ka* pay laeng. Sa, gagangay a nalam-ek ditoy Wahiawa."

"Saan*ka* pay ngamin a nairuam iti klema ditoy," insilpo*k*.

Idi kuan, nasungadan*mi* ti sumagmamano a balbalayen. Tunggal balay ket nalawlawan iti nadumaduma a puon ti kayo a kasla met la idiay ili*mi* idiay Kailukuan.

"Ne, kitae*m*, adda pay marunggay*da*!" kinuna ni Trining, nga itudtudo*na* dagiti puon ti marunggay. "Pagarup*ko* no di*ak* makaraman ti marunggayen, ket adu met gayam ditoy."

"Adda pay paria ken saluyot, a, no kayat*mo*," kinuna ni Tatang.

"Awan ti dadakkel a patakder a kasla idiay Manila, 'Tang?" sinaludsod ni Manong Efren.

"Adda met, ngem dita ili," insungbat ni Tatang.

Ti Nakikamangan*mi*

Kalpasan ti agarup maysa nga oras, nakadanon*kami* idiay balay da ikit*ko*. Tallo ti kuarto ti balay*da*, a pagkakabbalayan ti nagadu nga agkakabagian.

Uppat*kami* amin a pamilia nga aggigian idiay a balay. Ni Angkel Simeon, tay inaunaan da Tatang, ni Anti Biring nga asawa*na*, ken tay singin nga annak*da* a kataeb*ko*, da Nelia ken Gracia; ni Anti Waway, a kabsat ni Tatang a balo, ken ni Prising nga anak*na* ken tay asawa*na* a ni Pabling; ken dagiti tallo a babassit nga annak*da*: da Ernesto, Poly, ken Carmen; ni Manong Abe a kaanakan ni Tatang a kaas-asawa, ken ni Manang Agnes nga asawa*na* a masikog; ken dakami nga lima nga agkakabsat. Kaasi ni Apo Dios, nasayaat met ti panagkakadua*mi* nga agkakabagian, uray no nakaad-adu*kami* idiay.

Gapu ta kasla*kami* nailata a sardinas iti maymaysa a balay, nangikapet*kami* iti dakkel a kuarto a kas kadakkel iti salas*da*. Nagtutulungan*mi* amin nga inaramid daydiay a kuarto. Timmulong pay pati dagiti babassit nga ubbing. Idi nalpasen, isut' naggianan*mi*n nga agkakabsat. Dua a tawen*kami* a naggian idiay.

Idiay a balay, kanayon a mangmangngeg dagiti katkatawa ken el-ellek dagiti ubbing nga agaayam. Ngem no maminsan, adda met ubbing nga agaapa, ngem anawaen met ida dagiti nataengan, tapno saan*da* nga agkikinnabil.

Lesson 12 - Ti Biag Ti Imigrante

Agkakabanga*kami* amin idiay. Agtitinnulong*kami* amin uray iti panaggasto. Awan ti trabaho tay iki*tko* a balo, isu nga, isu ti aglutluto ken agay-aywan kadagiti ubbing.

Gaputa agkakabagian*kami*, ken kasangsangpet*mi* unay, madi ni Anti Biring nga agaba*ngkami* kadakuada. Tay la bingay*mi* iti koriente wenno danom ti itultulong*mi*, ken pagbibibingayan*mi* ti gasto iti kanen. Kada sumangpet ni Tatang a naggapu idiay ili, adu ti isangsangpet*na* a makmakan para kadakami amin.

No maminsan, anawaen ni anti*k* nga aggasto ni Tatang, ta kuna*na*, "Saan*ka* unay nga aggasgasto, Pulon. Agurnong*ka* ta addanto igatang*mo* ti balay*yo* no sumangpet ni baket*mo*."

Dayawe*k* ni Anti Biring, ta talaga a nasingpet, naanus, ken managtulong. "Di*ka* man agkasta-kasta, kasla*ka* la sabsabali. Igatang*mo*nto la ti bagas dayta kuarta*mon*," kuna*na* pay no iyawatan ni Tatang ti bassit a kuarta no agsueldo.

Ti Panagsapul*mi* iti Bukod*mi* a Balay

Idi nganngani sumangpet da Nanangen, inrugi*min* ti nagsapul iti balay a gatangen*mi*. "Maymayat met laeng no adda bukbukod*tayo* a balay," kinuna*na* idi naminsan nga impasiar*nakami*. Nagsapul idiay asideg da Anti, ta kayat ni Anti nga agaasideg*kami* met laeng, ngem awan met ti gasat*na* a nakasapul idiay. Ngarud, napan nagsapul iti sabali a lugar. Nakabirok met iti kabangibang nga ili.

"Nakakitaak ti balaytayon. Nangiyunaak iti dua a ribo a depositonan," impadamag ni Tatang idi simmangpet iti maysa a Sabado.

"Asideg met la ditoy, Tatang?" sinaludsod ni Trining.

"Adayo bassit, Nakkong, ngem kasano ngarud ket awan met ti masapulak ditoy? Nganngani sumangpet ni Inangyon, ket awan pay la ti naisaganatay' a paggianan," impalawag ni Tatang.

"Inuraymo koma laengen nga adda inlakoda ditoy. Uray ta adda met daytoy balaytayo a paggiananyo. Apay ngamin gumanatka a gumatang? Nakaad-adayo idiay. Apay, marigatanka kadi ditoy?" kinuna ni Ikit Biring a kasla agpunpunto.

"Saan met," impalawag ni Tatang, "madanaganak laeng, ta amangan no nanginanto unayen no agurayakto pay, ket saanminto mabaelanen ti gumatang."

Ngem iti kamaudiananna, dimi met la nagatang daydiay a balay, ta idi inlako ti kaarrubami 'diay balayda, isun ti ginatangmi. Nalugikami idiay maysan, ta dida met kayat nga isublin tay inyuna ni Tatang a dua a ribo a doliar. Idi kuan, binaybay-anna lattan, tapno awan ti adu a riri. Naulimek a tao ni Tatang; saan a masasao. Saan a nairuam a makisinsinnupiat. Awan anusna iti adu a sao-sao.

"Naimbag man ta asideg met la ditoy dayta nagatangyo. Maymayat met la no agaasidegtayo nga agkakabagian," kinuna ni Anti kenni Tatang. "Nasaysayaat no ditoy met la ti ayanyo, ta addanto mangkita kadagiti annakmo no kaspagarigan mapanto agtrabaho ni baketmo," impalawagna.

"Isu ngarud," inyanamong ni Tatang.

Ti Baro a Balaymi

Iti saan a mabayag, immakarkami idiay baro a balaymi. Makabulanmi pay laeng idiay idi simmangpet ni Nanang. Nabati pay laeng dagiti dua pay a kakabsatmi idiay Pilipinas, ta sobra kanon ti tawenda, isu nga mabaybayagda kano pay bassit a makaumay. Beinte tres ti tawen ni Manangko a

Lesson 12 - Ti Biag Ti Imigrante

Naty, ken beinte singko ni Manong Anong. Masapul nga agurayda pay iti sumagmamano a tawen, ingganat' ikeddeng dagiti agturay iti imigrasion a makaumaydan.

Kalpasan ti makalawas, tinulungan ni ikitko ni Nanang a makastrek iti trabaho idiay kapiniaan. Agburburas iti pinia ti ubrana. Nakasapul pay iti trabahona a paralako iti maysa a tiangge. Isu ti partaymna kada Sabado ken Dominggo.

Ti Isusubli ni Tatang Idiay Bacarra

Idi kasangsangpet ni Tatang ditoy Haway, idiay kano plantasion ti unas ti immuna a nagubraanna. Sangapulo ket siam a tawen ti naipaayna a serbisio kadaydiay a kompania.

Kalpasan ti sangapulo ket siam a tawen a panagtrabahona idiay kaunasan, nagawid kano ni Tatang idiay Pilipinas. Milnubisientos kuarenta y siete kano ti tawen idi. Nagkasarda kenni Nanang iti daydiay met la a tawen. Nagnaedda kano idiay met laeng ilimi a Bacarra, idiay Ilocos Norte. Inggatangna kano ti bassit a naurnongna iti maysa a bassit a talon a minulaanda iti pagay ken mais.

Kalpasan kano ti sangapulo ket uppat a tawen a panaggianna idiay Pilipinas, nagsubli kano ditoy Amerika. Kayatna koma pay ti agsubli nga agubra idiay kaunasan, ngem dida kano met inawaten, ta lakay kano met unayen. Pirme a napaay ni Tatang. Napan idiay ili, ket nakasapul iti trabahona a kas dianitor wenno paradalus iti maysa nga ospital. Idiay ti nagubraanna ingganat' nagretiro.

Ti Biag*mi* Itan

Itan, nabayag a retirado ni Tatang*ko*n. Pitupulo ti tawen*na*n. Nabayagen nga agaw-awat iti pension*na*. Ni Nanang*ko* met, agub-ubra pay laeng, ngem idiay laengen tiangge a pagparpartayman*na* ti pagub-ubraan*na*. Nagikkaten idiay kapiniaan. Nagasawa metten dagiti dua a kakabsat*ko* nga in-inauna ngem siak, tallo a tawen kalpasan ti isasangpet*da* ditoy Haway. Saggaysa*da* itan iti anak. Dagiti dadduma met, agbasbasa*da* pay laeng. Siak met, nakaturposakon iti unibersidad*mi* ditoy siudad. "Business" wenno komersio ti naturpos*ko*. Ita, agbasbasa*ak* pay laeng. Abogasia ti al-alaek itan. Sabali met ti awag*da* kaniak ditoyen: Manny. Saanen a Maning.

Idiay dormitorio ti unibersidad ti paggigian*ak* ta adayo unay ti balay*mi*, ngem agaw-awid*ak* kada Sabado, ta mailiw*ak* kada Nanang ken kadagiti kakabsat ken kakasinsin*ko*. Itultulod*nak* ni Tatang kada Lunes, no agsubli*ak* idiay unibersidad, sa*nak*to met la alaen no Biernes. Nakasapsapa*kami* nga agrubrubuat ta nakaad-adu ti trapik ken nasapa a mangrugi ti klasek.

Nakagatang*kami* metten iti bukbukod*mi* a kotse.

Magusgustua*k* ti agaw-awid idiay balay*mi* ta kanayon nga ilutlutuan*nak* ni Nanang kadagiti paborito*k* a sidsida. Uray no adu ti nadumaduma a makmakan idiay kapeteria ti unibersidad, im-imase*k* met laeng ti sida ti Ilokano a pinakbet ken dinengdeng a marunggay a nalaukan ti rabong, aramang, ken bugguong. ♣

VOCABULARY STUDY

A. Write the meaning of the words, then select five 3-word clusters and use them to construct five meaningful sentences. Refer to the Glossary for words that you don't know. (You may work with a partner, if you wish.)

imigrante	kagapgapu	mailiw	agtitinnulong
kinakuyog	agkakatunusan	makisinsinnupiat	bingay
inorderan	agsisinnakit	agrubrubuat	bagas
iruruar	pagbibingayan	ilutlutuan	nasapulan
kadawyan	anawaen	kinakuyog	nakabirok
nagsasaruno	bukbukod	nakaumay	binaybay-an
agtapos	makiar-argumento	bangir	immanamong
nakunak iti nakemko	nabati	likudan	nakastrek
nagretiro	agturay	makaraman	talunen
agtalia-taliaw	makastrek	nakikabbalay	inawaten
agpunpunto	kaunasan	nagtutulungan	itultulod
nangikapet	nagnaed	kaas-asawa	im-imasen
maikawa	talon	agaapa	aramang
marunggay	napaay	in-inaunaan	indeposito

B. Group the words that share a common root. Identify the common root.

1. sumrek
2. maturog
3. bay-am
4. makaraman
5. kapiniaan
6. nakasapul
7. kalpasan
8. kaunasan
9. naimas
10. paggianan
11. aggian
12. nagintuturog
13. masapulan
14. im-imasen
15. tumawag
16. ilutlutuan
17. sarsarunuen
18. tumaliaw
19. makaala
20. binaybay-an
21. kagapgapu

Lesson 12 - Ti Biag Ti Imigrante

22. sumaruno
23. nakaim-imas
24. pangtawag
25. agluto
26. agtalia-taliaw
27. ramanan
28. naggapuan
29. kabalbalayan
30. apagserrek
31. nalpasen
32. sumapul
33. nagsasaruno

C. Describe in Ilokano what is happening, or what the set up is in each of the situations.

1. agkakabanga _____
2. agkakatunusan _____
3. agsasaruno _____
4. inorderan _____
5. makidagus _____
6. maikawa _____
7. nangikapet _____
8. pagbibingayan _____
9. agpunpunto _____
10. agrubrubuat _____

D. Vocabulary Game: Ilokano Jeopardy. This vocabulary exercise is to be played like the television game show, "Jeopardy."

Rules of the game:

1. The class will be divided into groups of two or three. Each group will assign contestant representatives for each round.
2. A contestant will pick a category, and choose one of the numbers with points ranging from 50 to 500. Each box will have a corresponding question, which, if answered correctly, earns the contestant the points represented by the number in the box.
3. The group with the most points wins the game.

Categories:

Root Word	Part of Speech	Definition in Ilokano	Derivation	Synonym	Antonym
50	50	50	50	50	50
100	100	100	100	100	100
150	150	150	150	150	150
200	200	200	200	200	200
250	250	250	250	250	250
300	300	300	300	300	300
350	350	350	350	350	350
400	400	400	400	400	400
450	450	450	450	450	450
500	500	500	500	500	500

Adapted by Julius Soria

QUESTIONS FOR DISCUSSION

A. Ania ti magustua*m* nga estilo ti panaglalangen ken panagkakadua*da* amin idiay balay ti ikit ni Maning? Ania ti saan*mo* a magustuan?

B. Kasla nasingpet ken nanakem dagiti tattao nga aggigian idiay balay ti ikit ni Maning, ngem gapu iti kaadu*da* idiay, ania ngata ti mabalin a saan*da* a panagkikinnaawatan no maminsan. Ania dagiti mabalin a parparikut*da* iti daydiay a balay?

C. Ania ti pagsayaatan ti pannakikabbalay ti pamilia ni Maning iti pamilia ni ikit*na*? Kayat*mo* kadi daytoy a kasasaad? Apay (saan)?

D. Mano amin ti kakabsat ni Maning a babbai? a lallaki? Ania dagiti tawtawen*da*? Pagsasarunue*m* ida maiyannugot iti tawen*da*. Iladawa*m* ti pamilia ni Maning. Sarita*em* met no apay a saan*da* a naggigiddan amin nga immay ditoy Amerika?

E. Isalaysay*mo* ti nagbalin a biag da Maning ditoy Haway? Iyarig*mo* iti biag ti pamilia*yo*. Kasano*kayo* a nakaumay ditoy? Ania dagiti padpadas*yo* ditoy Amerika?

F. Ania dagiti kultura ti Pilipino a nailanad iti daytoy nga istoria? Ipalawag*mo* a nalaing.

G. Makita*m* kadi ti kina-Pilipino dagiti tattao a nailanad iti daytoy nga istoria? Ipalawag*mo* no ania ti makita*m* a kina-Pilipino*da*.

H. Ket sika, ania ti marikna*m* a kina-Pilipino*m*? Ania ti nagbalbaliwa*mon*? Napigsa kadi pay laeng ti kina-Pilipino dagiti nagannak kenka? Ipalawag*mo* no ania ti madlaw*mo* iti ugali ken wagas ti panagbiag*da* a mangipakita iti kina-Pilipino*da*. Ipalawag*mo* no ania ti makita*m* a nagbalbaliwan*dan*.

GRAMMAR NOTES

Nominalizing Affixes: *ka-*, *kina-*

Basically, most adjectives are nouns in their root form. Examples are *pintas* 'beauty,' *pudot* 'heat,' and *unget* 'anger.' They become adjectives when adjectival affixes *na-*, *ma-*, and *naka*CVC are attached to them. However, adjectives belonging to the *a*-initial category, such as *atiddog* 'long,' *adayo* 'far,' *asideg* 'near,' and *ababaw* 'shallow,' as well as the unaffixed category, *daan* 'old,' *dakkel* 'big,' *bassit* 'small,' and *baro* 'new' function strictly as adjectives and become nominals by placing a noun marker (*ti*, *tay*, *diay*, etc.) before them.

Another way of nominalizing an adjective is by attaching *kina-* and *ka-* to the root word, giving the meaning that is equivalent to the English "-ness," as in *kinasingpet* 'kindness,' *kinaluko* 'naughtiness,' *kinabastos* 'rudeness,' *kalaka* 'inexpensiveness,' and *kangina* 'expensiveness.' Although these two prefixes are sometimes used interchangeably, *ka-* is used more frequently with the *a*-initial and unaffixed categories, as in *kaadayo* 'far distance,' *kaatiddog* 'length,' *kabaro* 'newness,' and *kadakkel* 'largeness.' Notice that the sentence with an asterisk below is ungrammatical.

For example:

Kinuddot ni Nanang*na* gapu iti kinaluko*na*.	'His mother pinched him because of his naughtiness.'
Naklaat ti ubing iti kadakkel ti uleg.	'The child was startled by the largeness of the snake.'
*Huston dayta kinadakkel*na*.	'That size (bigness) is sufficient.'

Depending on the word that is used, volume, size, intensity, and existence or nonexistence can be expressed by adding *ka-* or *kina-* to an adjectival root. It is generally the equivalent of the English nominalizer "-ness." In some cases, these two affixes are used interchangeably, but *kina-* is more frequently applied to adjectives that have to do with personality and character traits. It denotes type and quality of the subject. Perhaps this is the reason only *kina-* can be used to combine with *manag-/manang-*, *mannaki-*, and *mannaka-* to form *kinamanag-/kinamanang-*, *kinamannaki-*, and *kinamannaka-* nominalizing affixes, all of which can only apply to personality or character traits.

On the other hand, *ka-* seems to be used mainly with words that have to do with description of measurement. The sentence: *Kasano ti kapudawna* 'How fair is s/he?' asks for degree of lightness of the skin, while *Kasano ti kinapudawna* 'What type of light skin does s/he have?' implies quality or condition of the fair skin. Is it sallow? Is it pink? Is it "peaches and cream?"

Kayat*ko* ti kapintas ti artista.	'I like the actress's (degree of) beauty.'
Kayat*ko* ti kinapintas ti artista.	'I like the actress's (type of) beauty.'
Ti kapintas ti artista ket bagay iti akem*na* a kas maysa nga anghel.	'The actress's (degree of) beauty fits her role as an angel.'
Ti kinapintas ti artista ket bagay iti akem*na* a kas maysa nga anghel.	'The actress's (type of) beauty fits her role as an angel.'

Notice that in the sentences below, only the *ka-* form can be used correctly to describe the strength or intensity of the typhoon.

| Ti kapigsa ti bagio ket 'Signal #2.' | 'The intensity of the typhoon is "Signal #2."' |
| *Ti kinapigsa ti bagio ket 'Signal #2.' | |

Below is a list of words that take *kina-* and *ka-*, respectively. Study their meaning to enable you to use the words correctly. In comparing the use of *kina-* and *ka-* in the two listings, see if a contrast in meaning emerges as described above. You can find these words in the Glossary.

Kina- Affix

kinaulbod	kinadalus (ti puso)	kinatangsit
kinapintas	kinakabaw	kinaluko
kinapudaw	kinabastos	kinataraki
kinasadut	kinalastog	kinaguapo
kinapugot	kinasirib	kinaanus
kinagaget	kinakuttong	kinaemma
kinadugyut	kinalukmeg	kinasukir
kinapakumbaba	kinadayaw	kinasingpet
kinalaing	kinabengbeng	kinabirngas
kinapilosopo	kinapangas	kinakusim
kinarawet	kinagaget	kinanerbios
kinasubeg	kinasadut	kinatur-og
kinabengngeg	kinasulit	kinatangken (ti ulo)
kinatarabitab	kinalanggong	kinasulpeng

Ka- Affix

kaadu	kaadalem	katayag	kaababaw
kaadayo	kalukneng	kaakikid	kapait
kaababa	kauneg	kaakaba	kabassit
kaatiddog	karabaw	kababa	kadalus
katangken	kailet	kalawa	kapintas
kalawa	kadakkel	kangato	kaasideg
kasipnget	kaakaba	kalag-an	kadagsen

The following are sample sentences, using *kina-* and *ka-* affixes.

Makagayuma ti kinapintas*na*.	'Her/His (type of) beauty is enchanting.'
Kasano ti kadakkel ti bulan?	'How big is the moon?'
Kasano ti kaadu ti tattao idiay ili*yo*?	'How large is the population of your town?'
Madlaw ti kaawan ti tao.	'The absence of people is noticeable.'
Ti kaadda ti kaykayo ti nangteppel iti nakaam-amak a layus.	'The existence of trees averted the terrible flood.'
Agdindinamag ti kinapakumbaba*na*.	'S/he is known for her/his humility.'
Nalawag ti kinamanangngaasi ni Apo Dios.	'God's mercifulness is apparent.'
Apresiarek ti kinamanangngaawat dagiti gagayyem*ko*.	'I appreciate my friends' understanding nature.'
Ti kinamannakikaarruba*na* ti nakairamanan*na* iti gulo.	'Her/His habit of visiting the neighbors got her/him involved in trouble.'
Awan kano ti makasupiat iti kinamannakabalin ni Apo Dios.	'Nobody can dispute the omnipotence of God, they say.'

Exercise

Translate the phrases below the table into Ilokano, and use them in sentences. Examples are given for illustration.

kadakkel ti balay Kasano ti kadakkel ti balay*da*?	'bigness of house' 'How big is their house?'
kapait ti paria Kayat*ko* ti kapait ti paria.	'bitterness of bittermelon' 'I like the bitterness of bittermelon.'
kaadayo ti Pilipinas Ammo*k* ti kaadayo ti Pilipinas.	'the (far) distance to the Philippines' 'I know how far the Philippines is.'
kinagaget ti ubing Dinayaw*na* ti kinagaget ti ubing.	'industriousness of the child' 'S/He praised the industriousness of the child.'

1. smallness of the chair _____
2. intensity of his back pain _____
3. tallness of the woman _____
4. humbleness of the officer _____
5. friendliness of the people _____

B. Comparative Markers: *kas ka-*, and *agka-*

When an entity is compared with another, the marker *kas ka-* is used. When talking about reciprocal and equal features, the prefix is *agka-*. Both are attached to the root word of an adjective. Sometimes, a CVC reduplication occurs, as in *agkadakdakkel* 'same largeness.' Here are examples of the two forms: *Kas kabanglo ti sabong ti bangbanglo* 'The perfume is as fragrant as a flower,' and *Agkataeb dagiti nagannak kaniak* 'My parents are of the same age.'

The word *agpada* 'same' is used interchangeably with *agka-*, as exemplified in *Agpada ti kaasideg ti balayyo ken ti balaymi idiay tiendaan* 'Your house and our house are the same distance (nearness) from the market,' or with words in which *agka-* is not allowed; for example, *Agpadada a Pilipino* 'They are both Filipinos.' **Agkapilipinoda* is ungrammatical.

Here are other examples.

Kas kapintas dagiti bituen ti pintas*na*.	'Her beauty is as of the stars.'
Kas kalawag ti aldaw ti Las Vegas no rabii.	'Las Vegas is as bright as day at night.'
Agpada*da* a natayag. Agpada*da* nga abogado. *Agkaabogado*da*.	'They are both tall.' 'They are both lawyers.'

Exercises

1. Translate the phrases into Ilokano, and use them in sentences. An example is provided to guide you in constructing your sentences.

    a. house as big as a palace

    Ilokano: Kas kadakkel ti palasio ti balay*da*.

    English: 'Their house is as big as a palace.'

    b. a ball as light as an egg

    Ilokano Sentence: _____

    English Translation: _____

    c. a shoe as big as a boat

    Ilokano: _____

    English: _____

    d. a car as small as a bicycle

    Ilokano: _____

    English: _____

e. a face as white as paper

   Ilokano: _____

   English: _____

2. Combine the two sentences into one, using the *agka*-adjectival prefix. An example is given for illustration.

   Compound Sentence: Sangapulo a kuarto ti balay*da* ken sangapulo a kuarto met ti balay*yo*.
   Agka- Sentence: Agkadakkel ti balay*yo*.
                       or
                       Agpada ti kadakkel ti balay*yo*.

   a. 5'2-ak; 5'2 met ni ading*ko*.

      _____

   b. 150 metro kudrado ti kuarto*k*; kasta met ti kuarto*na*.

      _____

   c. Nasirib ni Bill; nasirib met ni Al.

      _____

   d. Nalukmeg*ka*; nalukmeg met isuna.

      _____

   e. Pilipino kayo; Pilipino*kami* met.

      _____

C. Role Affix: *para-*

Para- 'for,' a preposition in Ilokano, is usually followed by an Oblique Marker or Oblique Pronoun, as in the phrases *para iti mannurat* 'for the writer,' *para kenka* 'for you.' When attached to a verbal root, however, *para-* indicates role assignment.

Lesson 12 - Ti Biag Ti Imigrante

For example:

| Ni Elvira ti paraluto. | 'Elvira is the (assigned) cook.' |
| Dakayonto ti parasungbat. | 'You (all) will be the (assigned) responders.' |

Exercises

1. List the names of the people mentioned in the story and next to each name, write three pieces of information regarding their: 1) background, 2) personality, and 3) chores they regularly do at home for the family. If no information is given, supply your own as you imagine it.

   Nagan ti nagakem: Maning

   a. Naiyanak idiay Pilipinas.

   b. Nasingpet ken nagaget.

   c. Isu ti para-innaw idiay balay*da*.

   Nagan ti nagakem:

   a. _____
   b. _____
   c. _____

   Nagan ti nagakem:

   a. _____
   b. _____
   c. _____

Lesson 12 - Ti Biag Ti Imigrante

Nagan ti nagakem:

a. _____

b. _____

c. _____

Nagan ti nagakem:

a. _____

b. _____

c. _____

Nagan ti nagakem:

a. _____

b. _____

c. _____

2. What are the roles of these people in society?
   Example: gobernador: para-imaton iti probinsia (idiay Pilipinas) wenno estado (ditoy Amerika)

   a. maestro/a _____

   b. doktor _____

   c. karpintero _____

   d. agtagibalay _____

   e. dianitor _____

   f. kaminero _____

   g. tsuper _____

   h. kusinero _____

   i. sekretaria _____

D. Areal Noun: *ka--an*

A massive area of something is expressed with the *ka--an* circumfix. In some instances, the noun is reduplicated, as in *kabalbalayan* 'area of houses,' and *kakaykayuan* 'woods.'

For example:

Nakakita*ak* ti adu a trabahador idiay kapiniaan.	'I saw many workers in the pineapple field.'
Napunno ti uleg ti kabakiran.	'The forest is filled with snakes.'
Nagtaray ti agtatakaw iti kabalbalayan.	'The burglar ran in the area of houses.'
Naglemmeng ti bao idiay kakaykayuan.	'The rat hid in the woods.'

Exercise

Tell in Ilokano what you would find in these areas.

1. kapiniaan   Adu ti mulmula*na* a pinia.

2. kakaykayuan   Napunno ti kaykayo. <u>or</u> Adu ti kaykayo*na*.

3. kabalbalayan   _____

4. kabakiran   _____

5. kaunasan   _____

6. karuutan   _____

E. Adjectival Verbs: *na-, nai-, na--an*

The prefixes *na-*, *nai-*, and *na--an* are always attached to Transitive Verbs, and usually produce a Passive Sentence.

For example:

| Naubon dagiti sabsabong. | 'The flowers are strung together.' |
| Narumek daytoy balut. | 'This balut is crushed.' |

Exercises

Study the sentences and write the correct *na*-Adjectival Verb in the blank space. Find the cue in the second sentence. The first one is done.

1. <u>Naubon</u> dagiti sabsabong nga inted ni Tatang*na*. <u>Inubon</u> dagiti ubbing.
2. _____ dagitoy a prutas. Linuto ti init.
3. _____ dagiti balbalay. Pinerdi ti bagio.
4. _____ ti karton. Dinadael ti bao.
5. _____ ti pasdek. Rinebba ti ginggined.
6. _____ ti bado*k*. Binasa dagiti agaayam nga ubbing.

The affixes *nai-* and *na--an* usually produce a different structure from the *na-* affixed verb, forming a relative clause construction. In the former, the Adjectival Verb must be in Subject position, as in *ti naibelleng a danom* 'the water that was thrown out' and *dagiti nalabaan a lupot* 'the clothes that are laundered'; otherwise, it could be interpreted as accidental. This Adjectival Verb can occur in either Predicate or Subject position.

For example:

| Pinidot*na* ti naibelleng a bagas. | 'S/He picked up the spilled rice/rice that was spilled.' |
| Kinupin*ko* dagiti nalabaan a bado. | 'I folded the laundered clothes/clothes that were laundered.' |

Lesson 12 - Ti Biag Ti Imigrante

Exercise

Study the sentences to determine the root word that you need to form the Adjectival Verbs, and based on the descriptions above, fill in the blanks with *nai-* and *na--an* verbs.

1. Inruar*na* ti <u>naideposito</u> a kuarta*na*, nga indeposito*na* idi kalman.

2. Inruar*na* dagiti _____ a badbado*na*, nga indulin*na* iti sangapulo a tawen.

3. Pinidot*na* dagiti _____ a mani.

4. Pinunasan*da* ti _____ a gatas, nga impakbo ti ubing.

5. Kinnan*na* amin dagiti <u>nalukatan</u> a tirem, a linukatan ti asawa*na*.

6. Binugguan*na* a dagus ti _____ a saka*na*, ta maariek iti pitak.

7. Imparabaw*da* dagiti kanen iti _____ a lamisaan. Inabbungan*da* iti napintas a mantel.

F. Possessor Prefix: *akin-/akinkua*

To express possession of an object, *akin-* is attached to the noun, as in *Sinno ti akinrelo kadaytoy?* or simply, *Akinrelo kadaytoy?* 'Whose watch is this?' As previously shown, when asking about the possessor of the object, the question word *sinno* and the noun marker *ti* are optional. Notice that in the following example, it is sufficient to say *Akinkua/Akinkukua kadaytoy?* 'Whose is this?' However, in the response, the predicate and the marker are obligatory as exemplified in the sentence *Siak ti akinkua/akinkukua kadayta a relo.* 'I am the owner of that watch.' *Akin* or *akinkua* is always followed by an oblique demonstrative (*kadaytoy/kadayta/kadaydiay*) or oblique noun phrase (*iti daytoy/iti dayta/iti daydiay*).

Exercise

Give your instructor one or two objects to put inside a bag. S/He will pull out each object and ask the class whom the object belongs to.

For example:

Saludsod:	Akinkua kadaydiay?	'Whose is that (far)?'
Sungbat:	Kuku*ak* daydiay.	'That is mine.'
Saludsod:	Akinrelo kadaytoy?	'Whose watch is this?'
Sungbat:	Relo*k* dayta.	'That (near) is my watch.'
Saludsod:	Akinlibro kadayta?	'Whose book is that?'
Sungbat:	Kukua ni Elmer dayta.	'That's Elmer's.'
	Libro ni Elmer dayta.	'That is Elmer's book.'

WRITING PRACTICE

A. You are an immigration officer scheduled to interview an entering Filipino immigrant at the airport. Write twenty questions for the interview.
B. Write your own life story as an immigrant.

FLUENCY PRACTICE

A. Play the role of a new immigrant entering the United States. Your partner will play the role of a suspicious customs officer.
B. Using the questions you wrote for the writing practice, conduct the interview. The customs officer is sternly questioning you about things you brought with you. Reason with him or her in a diplomatic but firm manner. Appropriate follow-up questions must be asked to create a more interesting and natural exchange.
C. With your partner, recreate the scene where *Tata* Pulon, the father, is trying to collect the $2000 deposit from the seller of the first house he attempted to buy. This time, create a feisty and argumentative *Tata* Pulon.

D. Recreate the scene where *Tata* Pulon was courting *Nana* Duting, up to the time she accepted *Tata* Pulon's proposal to marry him. Make it realistic and humorous.
E. Recreate the scene where *Tata* Pulon was attempting to return to his plantation job, but was not accepted back.
F. Recreate the chaos in the house when everyone living there was inside the house on a weekend at 6:00 P.M. What is everybody doing? What conversations can be heard in this household at this time?

CULTURAL ACTIVITIES

Pagsasao

Create a short skit working around these sayings, and use them verbatim in proper places.

> **No kayat*mo* ti bumaknang,**
> **salimetmeta*m* ti masapula*m*.**

- Itarus*mo* iti Inggles:

  _____

- Ania dagiti masapul nga aramide*m* tapno rumang-ay ti biag*mo*?

    1. _____
    2. _____
    3. _____

- Kasano*ka* nga agsalimetmet?

    1. _____
    2. _____

- Ania ti pagimbagan ti panagsalimetmet?

    1. _____
    2. _____

- No kayat*mo* ti bumaknang, ania dagiti mabalin wenno masapul nga aramide*m*?

    1. _____
    2. _____

- Ipalawag*mo* ti pagsasao ditoy:

    _____

> **Apuye*m* ti adda a bagas;**
> **iyan-anay, di*ka* dumawat.**

- Itarus*mo* iti Inggles:

    _____

- Ania ti aramide*m* no awan ti kuarta*m* nga igatang*mo* iti bado*m*?

    1. _____
    2. _____

- No kayat*mo* ti mangan ti naimas a sida ngem awan ti igatang*mo*, ania ti aramide*m*?

    1. _____
    2. _____

- No kayat*mo* ti gumatang ti bukod*mo* a balay ngem saan nga umanay ti kuarta*m*, ania ti aramide*m*?

    1. _____
    2. _____

- Ipalawag*mo* ti pagsasao ditoy:

    _____

**No ni gasat ti umadani,
uray liktada*m*, umuli.**

- Itarus*mo* iti Inggles:

  _____

- Pagsisilpue*m* dagitoy a balikas tapno mabukel*mo* ti kayat a sawen ti pagsasao.

    1. ti ar-aramide*m*
    2. ti gasat
    3. a para kenka
    4. no talaga
    5. uray no ania
    6. umay latta
    7. nga umay

- Isurat*mo* ti pinagsisilpo*m* a balikas ditoy linia:

  _____

- Mamati*ka* kadi iti ibagbaga ti pagsasao? Ipalawag*mo* a nalaing ti sungbat*mo*.

    1. _____
    2. _____
    3. _____

Burburtia
A. Riddles are meant to be memorized and told verbatim. Memorize the riddles below and try them on your Ilokano friends.
B. Study the clues to the riddle, and when you have the answer, write the missing letters in the box.

        Nakatakder nga agur-uray
        iti kakadua*na* a mangan.

- Itarus*mo* iti Inggles:

  _____

- Tulong iti Panangsungbat:

  1. Tumayab.
  2. Narugit.
  3. Nangisit.
  4. Bassit.
  5. Agdisso iti kane*m*.

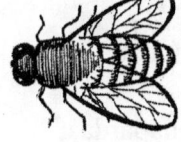

- Ania ti sungbat*na*?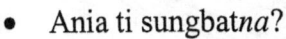

  **Napardas a tumayab
  ngem awan met ti pakpak*na*.**

- Itarus*mo* iti Inggles:

  _____

- Tulong iti Panangsungbat:

  1. Saan*mo* a makita, ngem marikna*m*.
  2. No maminsan napigsa;
     no maminsan, nainayad.
  3. No napigsa unay, makaperdi;
     no nainayad, makabang-ar.
  4. Nalamiis.

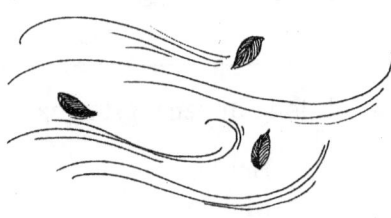

- Ania ti sungbat*na*?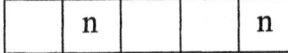

**Aggayyem*da* a dua;
kanayon*da* nga aglumlumba.**

- Itarus*mo* iti Inggles:

  _____

- Tulong iti Panangsungbat:

  1. No maminsan, napardas;
     no maminsan, nabuntog.
  2. Bagkaten*na* ti tao.
  3. Adda napintas; adda naalas.
  4. Adda dakkel; adda bassit.
  5. Adda nalukmeg; adda nakuttong.

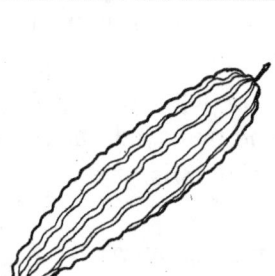

- Ania ti sungbat*na*?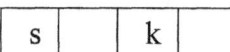

**Kaiyanak man wenno baket,
kudil*nat'* nakuretret.**

- Itarus*mo* iti Inggles:

  _____

- Tulong iti panangsungbat:

  1. Berde.
  2. Makan.
  3. Napait.
  4. Nasarangsang no kappuros.
  5. Adda bassit; adda dakkel.
  6. Adda atiddog; adda ababa.
  7. Adu ti bukel*na*.

- Ania ti sungbat*na*?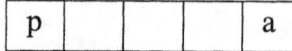

Kansion

A. This song is aimed mainly at teaching different ways of carrying things. Get a group together and sing the song, acting out the words.

Panagubra

Melody: "Planting Rice"
Lyrics: Precy Espiritu

Agal-al-al, aglingling-et
Nasakit daytoy siket
Narigat ti agubra
Maktangan dagiti saka.

Suune*m* man ta lab*b*a
Ta sungrod, baklayen*ta*
Ta bay-on, bitbiten*ta*
Nalpasen ti ubra ita.

Koro:
In*tayo*n, agawid
Agsida ti pinakbet.
Tagapulot ti sinam-it
Santo agpalpa ti buksit. ♣

Lesson 12 - Ti Biag Ti Imigrante

B. Relate the history of the *sakada*s (Hawai'i plantation workers) as presented in the song in Ilokano.

Sakada: Ramut-Pilipino

Ukrade*k* ti pakasaritaan
Dagiti Pilipino iti Haway,
Tapno maammuan*tay*' ti gapuanan
Dagiti amma*tay*' a namuangayan.

Manipud iti puerto ti Kailukuan
Naglayag*da* iti nalawa a taaw.
Simmanglad*da* 'ti kuna*da* a paraiso.
Naipan*da* 'ti paggianan*da* a kampo.

Naliday ti biag*da* a sakada.
Kas man di*da* mailiwliwag ti iliw*da*
Iti daga nga in*da* pinanawan
Ken napateg a pirgis ti biag*da*.

Maysa laeng a doliar ti horna
Agmalmalem a tuok iti kaunasan
Ngem dagiti amma a nanakman
Pamilia*da* di*da* la binaybay-an.

Nagbaliw ti linteg ti Amerika
Naorderan ti pamilia ni Sakada.
Isu nga adda*tay*' met iti Haway ita,
Nalalangto a pasto a kuna*da*.

Agmata*ka*, pada a Pilipino
Mabigbig*mo* kad' laeng ti ramut*mo*.
No narangrang-ayen ti biag*mo* itan,
Bigbige*m* utang*mo* kenni Sakada. (3x) ♣

CULTURE NOTES

A Brief History of Filipino Immigration to the United States

There have been three distinct "waves" or streams of migration from the Philippines to the United States. Each wave brought Filipinos of differing socio-economic backgrounds.

The first wave occurred between 1906 and 1935, immediately after the Philippine-American War, and lasted until the passage of the Tydings-McDuffie Act in 1934, when the Philippines was granted commonwealth status with the promise of eventual full independence. The first wave was predominantly composed of single, young Filipino men from humble backgrounds. They were recruited as the last major Asian group brought to the U.S. to meet the labor needs of the rapidly growing agribusiness industries on the U.S. West Coast and Hawai'i. About 120,000 were recruited by Hawai'i sugar and pineapple growers. Another 50,000 were brought to work in the agricultural fields of California, Oregon, and Washington, and in the fish canneries in Alaska.

The first wave came largely from two regions of the Philippines: the rural countrysides of the Ilocos and the Visayas. They were called *sakada*s or farm workers. They had very limited education; many could neither read nor write in their native languages or in English. The male-female ratio was very unbalanced, sometimes 100 to 1 in some Filipino communities on the U.S. mainland. The first wave of Filipino migration came to an end with the passage of the Tydings-McDuffie Act, which placed an immigration quota of 50 persons a year for the Philippines. It also prohibited Filipinos in Hawai'i from migrating to the U.S. mainland, a provision inserted at the request of the powerful Hawaii Sugar Planters Association (HSPA).

The second wave occurred following World War II and lasted until the early 1960s. Filipino immigration to the U.S. once again was allowed, although on a much smaller scale than during the first wave. This batch was composed of three distinct groups. One group was made up of those who entered the U.S. through the U.S. Navy and other branches of the U.S. military. A provision in the 1947 U.S.-Philippine Military Bases Agreement allowed the U.S. Navy, and later the U.S. Coast Guard, to recruit Filipino nationals to serve, for the most part as "stewards." In all, more than 12,000 Filipinos enlisted into the U.S. Navy between 1947 and 1963, with many bringing their spouses and dependents with them to the U.S. Another component of the second wave consisted of Filipina "war brides," who married Americans serving in the U.S. military stationed in the Philippines after World War II. Filipino Americans who served in the all-Filipino 1st and 2nd Infantry Regiments brought back wives when they returned from the Philippines after the war.

The third group that made up the second wave were Filipinos recruited by the Hawaii Sugar Planters Association (HSPA) to try to break the 1946 sugar strike. This was to be the last recruitment of laborers from the Philippines to Hawai'i. A total of 7,000 workers and about 1,000 women and children were brought to Hawai'i in 1946. In total, the second wave numbered between 30,000 to 40,000.

The third wave was the largest stream of migration from the Philippines. It began in 1965 and continues today. The U.S. Congress liberalized immigration laws in 1965 and abolished the discriminatory and restrictive 1924 National Origins Act on Immigration, which prohibited the immigration of non-Europeans to the U.S. in large numbers. Between 1965 and today, a period of four decades (which makes this wave longer than the first), more than 1.5 million Filipinos have immigrated to the U.S. Since the mid-1970s, the number of Filipinos arriving in this country averaged more than 50,000 per year, making Filipinos the second largest group of immigrants after Mexicans. The socio-economic and linguistic backgrounds of immigrants from the Philippines today is also much more diverse. The 1965 Act allowed highly skilled immigrants to enter the U.S., such as doctors, nurses, engineers, and other professionals, who brought a much higher level of education. It also included more women and children due to the family-reunification provision of the 1965 Immigration Act.

The continuing influx of immigration from the Philippines, combined with those who came during the first and second waves, means that the Filipino community in the United States is overwhelmingly immigrant in character. Almost two-thirds of the community was born outside of the U.S., and their native tongue is not English. The 50,000 new immigrants entering the U.S. every year continue to transmit Filipino culture and language, giving the U.S. Filipino community its vibrance and dynamism.

>
Dean Alegado
Chair, Department of Ethnic Studies
University of Hawai'i at Manoa

CULTURE STUDY

Many Filipinos are not aware that holding a "green card" does not guarantee residency in the United States, nor do they know that U.S. citizenship obtained through fraudulent means can be revoked. Many have had their permanent resident status taken away for violating U.S. laws, especially as stricter policies are being instituted to control immigration into the country. The destruction of the World Trade Center on September 11, 2001, also brought forth legislation and policies that are aimed to protect the U.S. against further attacks. These laws and policies have expedited immigration cases that have been held up in court for years. The consolidation of twenty-two agencies into the Department of Homeland Security, which includes the United States Immigration and Naturalization Service, has enabled the sharing of information on people who have broken U.S. laws. Consequently, many illegal aliens and permanent residents with adverse records have been tracked down and a large number has been deported from the United States. The exercise below is an example of such cases.

The case:
Possession of an unlicensed gun, drug trafficking, and burglary

A "green card" holder in the U.S. has just received a deportation judgment from an immigration judge. He has the right to file an appeal to the Board of Immigration Appeals (BIA), with a 50-50 chance of winning. If he chooses to appeal his case, he is required to post a $5,000 bond within the next hour. If he fails to do so, he will be put on the first available flight to the Philippines. If he is able to post bond, he may be incarcerated in a U.S. mainland jail for a year or more, while the appeal is in process.

The dilemma that the family faces is whether to borrow more money for his bond, knowing that they may not even have a chance of winning the appeal because of the seriousness of the offense. Such cases almost never receive a waiver, but the family is holding out for the best. They have spent almost $30,000 on this case, and an appeal would incur additional legal costs.

That it is his first offense, and that his immediate family (he has a wife and three small children, born in Hawai'i) would suffer severe hardship if he is sent back to the Philippines were favorable arguments previously presented in immigration court. In addition, he has strong family ties in the United States; his U.S. citizen parents and three married siblings with children are long-time residents of Hawai'i. One of the siblings is in the U.S. military. Winning in the appellate court may hinge only on new believable information that the Board of Appeals would accept.

Activities:
1. Break into groups of three and take a position on whether to post bond given the above dilemma.
2. Discuss how the family will cope with this crisis.
3. What would your family do if they were in the same circumstances?
4. What do you think the judgment will be on this case? Support your answer.

GLOSSARY

Letters in boldface indicate stress.

Aa

aba	taro
ababa	short; low
ababaw	shallow
kaababaw	shallowness
abagatan	south
agpaabagatan	to go toward the south
abak	
abaken	to defeat
abak pay	to be better than (idiom)
inabak	defeated; winnings
maabak	to lose; to be defeated
mangabak	to win
naabak	lost
nangabak	won
pangabakan	games to win from
abal-abal	beetle
abang	rent
abangan	to rent
agabang	to rent
abay	next to; beside; maid of honor
nagabay	were side by side; served as maid of honor
abbong	cover
iyabbong	to cover with
abel	woven cloth
abel-Iluko	Iluko weave
ablat	
ablatan	to whack; to whip
inablatan	whipped; lashed
abogasia	law profession
abrasa	handshake
inabrasa	to shake hands
abraso	hug (n)
inabraso	to hug
abrut	
maabrut	can be regained; can be recovered
abug	
abugen	to drive away
abus man pay ta	especially since (expression)
adal	education; manners
makaadal	to be able to study or have an education
mangpapaadal	the one sending someone to school
pinagadal	supported someone's schooling
adalem	deep (water)
adayo	far
adayuan	to distance from
immadayo	went far; moved away
inyadayo	moved it away
nakaad-adayo	very far
nakaadayo	has gone far
umad-adayo	going farther away
umadayo	to go far
adda	there is (existential word)
addansa	there might be (-*sa* denotes speculation)
maaddaan	to have
adi/ading	younger sibling
addi	term for addressing a group younger than oneself; siblings
adigi	post
adu	many; much; plenty
ad-adu	more
kaadu	volume; quantity
kaaduan	majority; most
nagadu	many; much
nakaad-adu	many; intensified
agarup	approximately
agas	medicine
maagasan	to/can be cured
mangagas	to cure
mangngagas	healer
agat-	smells like (prefix)
agat-baybay	sea smell
agat-ikan	fishy smell
agat-ling-et	smells of sweat
agawa	
agawaan	to hurry
inagawaan	hurried
agdan	stairs
aginggana	until; up to
agkara-	prefix indicating frequency
agkaratawar	to keep haggling
agpayso/agpaypayso	true
akaba	wide
kaakaba	width
akar	
immakar	moved; transferred
iyakar	to transfer
kaak-akar	just moved
makaakar	can move; can transfer; can contaminate; contagious (disease)
panagiyakar	time or manner of transferring
umakar	to move; to transfer

akikid	narrow	alsem	sourness
kaakikid	narrowness	naalsem	sour
aklon		aluad	
aklunen	to accept	agaluad	to be cautious; to be on guard
ala		al-aluadan	being cautious of
agala	to gather	Dios ti aluad*na*	God bless his/her soul
agpaala	to have someone get	alumamay	
alaen	to take	kinaalumamay	mildness; gentleness
al-alaen	getting; taking	naalumamay	mild; gentle (variation of *naalumamay*)
innala	took		
ipapaala	having someone get	nakaal-alumamay	very gentle
iyalaan	to get for	alusiis	
kaal-ala	just got	alusiisen	restless
maala	can be taken/gotten	amak	intense fear
makipaala	to request someone to get	nakaam-amak	shocking; scary; horrible; horrifying; dreadful
mangala	to get		
naalaan	was taken from	am-ammo	to know (person)
nakaala	was able to get	am-ammuen	to get to know (person)
nangala	got; took	inyam-ammo	introduced to
nangalaan	place where it was gotten	maam-ammo	will get to know (person)
pagal-alaan	place for getting	naam-ammo	got to know (person)
pangalaan	place for getting	amang	
alad	fence	am-amang pay	long time ago (expression)
naaladan	with fence	amang (nga)	much more
al-al		amangan no	may; might
agal-al-al	panting	amarilio	yellow
al-alia	ghost	amianan	north
alan	come on	agpaamianan	to go north
	go ahead already (expression)	amiris	
alan, a	come on (expression)	amirisen	to ponder; to analyze
alaw		naamiris	realized
alawen	to rescue; to save	ammo	knowledge; to know
maalaw	can be rescued; can be saved	agaammo	to know each other (more than two)
aldaw	day; midday		
aldaw-en	late already (said of morning time)	maammuan	to get to know
		makaammo	the one who knows
inaldaw	daily	makaammo*ka* dita	it's up to you (idiom)
kaaldawan	the day of; birthday	pagammuan	all of a sudden
nangaldaw	ate lunch	ampon	adopted child
pangaldaw	lunch	inampon	adopted
alibtak		anak	offspring
agalibtak	to be alert	annak	offspring; children
kinaalibtak	alertness	kaanakan	niece or nephew
naalibtak	alert; attentive; quick	naiyanak	was born
alino		anamong	
maalino	to feel a sensation in the teeth	inyanamong	said in agreement
alisto	quick; fast; swift	anattayen	what was that now? (expression)
alistuan	to do quickly		
inalistuan	hurried up	anawa	
		anawaen	to stop a fight or argument

inyanawa	said for purpose of stopping a fight or argument	aganus	to be patient
nanganawa	person who stopped a fight or argument	naanus	patient
		panaganus	patience (gerund)
anay	termite	aon	
anay		inaon	pulled out
makaanay	sufficient; enough	apa	quarrel
umanay	sufficient; adequate; enough	agaapa	quarreling
angaw	joke	mannakiapa	quarrelsome
agang-angaw	joking	nagapa	quarreled
agiinnangaw	joking with each other (more than two)	apagisu	just right; at the same time
		apaman nga	as soon as
ang-angaw	jokes	apay	
inang-angaw	teased	immapay	overcame (by emotion)
inyangaw	teased with	umapay	to be overcome (by emotion)
naangaw	likes to tease	apgad	saltiness
angay		naapgad	salty taste
maangay	occasion to be held	apit	harvest
angdod	bad odor	apiten	to harvest; to reap
umangdod	to become smelly; to have a bad odor	aplag	
		iyaplag	to spread out
		naiyaplag	spread out (past)
anges	breath	Apo	term of respect for superior or old person
agang-anges	breathing		
makaanges	can breathe	Apong	term used to address an old person or old grandparent
umanges	to breathe		
angin	wind; air		
angot	smell; odor	apoy	fire
angseg	urine smell	agapoy	to cook rice
ani	harvest (n); crop	innapoy	cooked rice
kaan-ani	just harvested	nagapoy	made rice
anibersario	anniversary	appot	
ania man	whatever	ap-apputen	clasping
ania metten, aya	what in the world ?(expression)	inappot	clasped
		apros	caress; rub; stroke
annad	caution	ap-aprusan	caressing; rubbing; stroking
agannad	to be careful	inaprusan	caressed; rubbed; stroked
naannad	careful	apura	
annay	ouch	agap-apura	hurrying
anniniwan	shadow	arab	
annugot		pagaraban	place for grazing
immannugot	agreed	arak	
anteohos	eyeglasses	agaarak	attracting each other (more than two)
nakaanteohos	wearing eyeglasses		
anting-anting	amulet; charm	arak	liquor
anud		arakup	embrace
maiyanud	to be swept away by water	immarakup	embraced
anug-og	sobbing (n)	inarakup	embraced
agan-anug-og	sobbing	naginnarakup	embraced each other
anus	patience	nangarakup	embraced
agan-anus	being patient		

Glossary

aramang	small shrimps	asi	mercy; pity; compassion
aramat		agpakpakaasi	pleading; begging for mercy/pity
aramaten	to use		
aramid	deed	impakpakaasi	pleaded for
ar-aramiden	things being done	kaasian	to pity
agaramid	to do; to make	kaasi/kakaasi	pitiful
aramiden	to do; to make	maasi	to have compassion or mercy
inaramid	made; did	manangngaasi	merciful; compassionate
ipaaramid	to have someone do/make	nagpakaasi/	
iyaramidan	to make for	nagpakpakaasi	pleaded for mercy
maar-aramid	being done	pakaasi	pleading
makaaramid	able to do or make	pangngaasi +	
nangaramid	did; made	(-m or -yo)	please (expression)
pannakaaramid	how or when it is made	asideg	near; close by
arapaap	dream; fantasy	agaasideg	near each other (more than two)
inar-arapaap	kept dreaming about	as-asideg	closer, nearer
ararawan	cricket	asitgan	to go near; to approach
arasaas	whisper	inasitgan	went near; approached
ar-arasaas	whispers	makaasideg	can go/come near
inyarasaas	whispered	umas-asideg	coming closer
arayat	help; assistance	asignatura/asaymen	assignment
inarayat	helped; assisted	asikaso	to tend
arbulario/albulario/	village healer	as-asikasuen	tending to
erbulario		inasikaso	attended to
ari	king	asin	salt
ariek		aso	dog
maariek	to feel squeamish; tickled	asping	
arig	just like	kaas-asping	resembling
iyarig	to compare or to contrast	assibay	
pagarigan	example (always preceded by *kas*)	inassibay	placed arm around body to assist
arimpadek	footsteps	assiw	a bar holding two containers on each end, carried on shoulders
arkitekto	architect		
arnibal	syrup		
aroskaldo	chicken rice soup	asuk	smoke
arpaw	cover	asukar	sugar
iyarpaw	to cover with	asul	blue
arubayan	yard	ata	
arubos	flow	naata	unripe; uncooked
agar-arubos	flowing down profusely	atado	small pile
arudok		iyatado	to put in a pile
agar-arudok	moving slowly	sangaatado	one pile
asawa	spouse	atang	food offering to spirits
agassawa	husband and wife	agatang	to offer food to spirits (usually including tobacco and liquor)
kaas-asawa	newlywed		
makapag-asawa	can marry		
mangasawa	to marry (referring to men only)	nagpaatang	had someone offer food to spirits
nagasawa	got married		
nakiasawa	got married (referring to women only)	panagatang	offering of food to spirits

atap	suspicion; wild animal	iyawid	to take home
at-atapen	suspecting	makaawid	can go home
atep	roof	mangiyawid	to take home
atepan	to put roof on	nagawid	went home
naatepan	with roof (past)	panagawid	time or manner of going home
atiddog	long		
atian		awis	invitation
maatianan	will be dried out	agawis	to invite
paatianan	to have it dried out	inyawis	said to invite
atiw		iyawis	to invite with
atiwen	to defeat	mangawis	to invite
makaatiw	can defeat	mangaw-awis	inviting
naatiw	defeated	awit	load; something carried by hand
awag	call; phone call; a name one is called	awiten	to carry by hand
agiinnawag	calling each other (more than two)	nakaawit	someone carrying something by hand
aw-awagan	calling; phoning	aya	is that so? (expression)
maawagan	named as; is called	ayab	
awan	none; nothing	ayaban	to call
agawan	to disappear	inayaban	called
maiyaw-awan	to be lost; to go astray	mangayab	the one who calls
nagawan	disappeared	paayaban	to have someone call
naiyaw-awan	lost or gone astray	pinaayaban	had someone call
awan a pulos	none whatsoever (expression)	ayan	location
awan duadua	without doubt (expression)	ayat	love; desire
awan ti aniamanna	you're welcome; nothing to it	agayat	to love
awat		ayan-ayat	love (reciprocal)
agaw-awat	receiving	ay-ayaten	object of affection; loving
awaten	to receive; to accept	kayat	like; want
inawat	received	kaykayat	prefers
inyawat	handed over	managayat	loving; affectionate
iyawat	to hand over	mayat	person who likes/wants; good
iyawatan	to hand over to	maymayat	better
iyaw-awat	handing over	naayat	loving; affectionate; likes a lot
kaaw-awat	just received		
maawatan	can be understood	panagayat	manner of loving
maaw-awatan	being understood	ay-ay	
makaawat	can receive; can understand	ay-ay p ay	what a pity; an expression of compassion or sympathy (idiom)
mangiyawat	to hand over		
naawatan	understood; comprehended		
nagkinnaawatan	understood each other	ay-ayen	to jilt
nangawat	one who received	ay-ayam	game; toy
panangiyawat	time and manner of giving/handing over	agay-ayam	to play
		agay-ay-ayam	playing
pannakaawat	understanding (n)	ay-ayamen	to play (with object)
away	countryside; rural area	makiay-ayam	to play (with others/another)
awid		nagay-ayam	played
agaw-awid	going home	nakiay-ayam	played (with others/another)
agawid	to go home	pagay-ayaman	place where playing

ay-**a**yo		baet	between
ay-ayuen	to cheer up; to comfort; to cajole	nagbaetan	in between
		baga	
inyay-ayo	said/done to comfort	bagbaga	advice
makaay-ayo	interesting; pleasing; entertaining; enjoyable	bagbagaan	to advise
		ibaga	to tell; to say
naay-ayo	was comforted; was cheered up	ibagbaga	saying
		imbaga	told; said
panangay-ayo	comforting manner	maibaga	can be told; can say/tell
ayna **A**po	good God (expression)	mangibaga	to say; to tell
aysus	"My Goodness!"	bagas	rice; pulp (as in fruit)
a**y**ug	tune; melody; song; accent	bagi	owned by
ay-ayug	tunes; melodies; songs; accents	bagi	body
a**y**up	animal	agkakabagian	relatives of each other
a**y**us	flow	bagbagi	bodies; also used to refer to one's body when not feeling well
pagayusen	to let flow		
aywan	ward; thing or person being taken care of		
		kakabagian	relatives
agay-aywan	taking care of	bagi	euphemistic way of referring to human genitals
aywanan	to take care of; to babysit		
		bagio	typhoon
		agkarabagio	frequent storms
Bb		bagis	intestine
baba	down; below	bagbagis	intestines
babaen	down; below	kabagis	sibling
imbaba	put down (past)	bagkat	
nababa	low	bagbagkaten	lifting; carrying
ikalumbaba	to open window with a stick (metaphor); to rest chin on palm of hand	bagkaten	to carry
		binagkat	lifted; carried
		mabagkat	can be lifted; can be carried
babaen	by means of; through	mangbagkat	to lift/carry
babai	female	bagnet	pork rind
babbai	females	bain	shame
babawi	regret; repentance	agbabain	to be shy
agbabawi	to repent; to regret	kababain	embarrassing; shameful
ibabawi	to take back	mabain	ashamed; shy
maibabawi	can be taken back; can be retrieved	nabainan	embarrassed
		napabainan	shamed
baddek	step; footstep	pinabainan	shamed; put to shame (past)
baddekan	to step on	sibabain	ashamedly
ibadde-baddek	to keep stepping on	baka	may; might (Tagalog borrowing)
ibaddek	to step on		
nakabaddek	accidentally stepped on	baka	cow
bado	clothing	bakasion	vacation
nagbado	dressed with; got dressed	agbakasion	to go on vacation
bael		baket	old woman; term of address for female spouse
kabaelan	capability; strength; power		
mabaelan	to be able	bumaket	will get old (female)
		bakia	wooden clogs

baklay		balnaw	
agbakbaklay	carrying on shoulder	balnawan	to rinse
baklayen	to carry on shoulder	mabalnawan	to be rinsed; can be rinsed
nakabaklay	carrying something on shoulder	nabalnawan	has been rinsed
		balo	widow
baknang	rich; wealthy	balon	provision
ibakbaknang	that which makes one rich	balunen	to bring food along
kinabaknang	wealth	balor	value; worth
nabaknang	rich; wealthy	agbalor	valued at
bakrang	rib side of body	bampira	vampire
balakad	advice; counsel	banag	thing
imbalakad	advised; counseled	nagbanagan	result or outcome
balangeg	swamp cabbage (*ongchoy*)	pagbanagan	result; consequence
balasang	single woman	banda	side (direction)
babbalasang	young women	bandana	scarf
balasitang	young girl (adolescent)	nakabandana	wearing a scarf
balay	house	banga	clay pot
agkakabbalay	housemates of each other	agkakabanga	sharing from the same pot
agtagibalay	housewife; to tend the home	bang-ar	relief
agtagtagibalay	tending the home	makabang-ar	can cause relief
balbalay	houses	nabang-aran	relieved
ipabpabalay	to feel at home	bangibang	
pagkakabbalayan	house shared by all	kabangibang	adjacent
bales		bangir	other side
agbinnales	to retaliate (reciprocally)	bangkag	vegetable farm
balikas	word; utterance	bangketa	sidewalk
balin		bangking	crooked; lopsided
agbalin	will become	agbangking	to be lopsided/crooked
kababalin	characteristic; character; attitude	bangko	wooden bench; bank
		bangkrap	bankrupt
mabalin	possible	mabangkrap	to be bankrupt
pannakabalin	power; authority	nabangkrap	became bankrupt
balitok	gold; gold color	bangles	
baliw		mabangles	will spoil (food)
nagbaliw	changed; reformed	nabangles	spoiled (food)
balkot	bundle	banglo	sweet smell; fragrance
balkuten	to bundle	bangbanglo	perfume
ballaag	warning	nabangbangluan	perfumed
binallaagan	warned	nakabangbanglo	very fragrant
imballaag	warned	bangon	
ballasiw	other side; across	bimmangon	rose from a recumbent position
ballasiwen	to go across		
bumallasiw	to cross; to go across	bangsit	bad smell/odor
makaballasiw	can go across	bangbangsit	type of smelly flower
ballasiw-taaw	across the ocean; overseas	bangus	milk fish
balligi/ballaigi	success; achievement; victory	baniaga	foreigner
agballigi/agballaigi	to succeed; to win; to triumph	nagbaniaga	traveled to a foreign country
		baniera	a wide laundering basin
ballog	loafer	bannog	tiredness
makiballog	to join in loafing or idleness	bambannog	tiresome

Glossary

nabannog	tired	bastos	rude; crude; disrespectful
bantay	mountain; guard	batang	turn (n)
agpabantay	to go towards the mountain	bati	
bantayan	to guard/protect	ibati	to leave behind
baon	a command	mangibati	to leave behind
baon a baon	keep ordering around	nabati	left behind; left over
binaon	told to do a task	bato	rock; stone
imbaon	told to do a task	baut	whipping (n)
mabaon	can be told to do a task	bauten	to whip
barbakua	salted fish	bawang	garlic
bari-bari	kind of chant to drive away bad spirits	bay-a	
		bay-an/baybay-an	to ignore; to disregard; to abandon; to neglect; to leave alone
baringkuas	abrupt turn		
bimmaringkuas	abruptly turned		
bario	village	binaybay-an	ignored; disregarded; neglected; abandoned
barbario	villages		
barko	ship	bayad	payment
baro	unmarried man; new	agbinnayad	to pay each other back
babbaro	young men	bayadan	to pay
barito	young man (adolescent)	nakabayad	has paid; was able to pay
baro	new	pabayadan	to have it paid
bartek		bayag	
bartikero	drunkard	mabayag	long time
mammartek	drunkard	mabayag (iti di)	before long
panagbarbartek	drinking (n)	mabaybayag	long time
barukong	chest	nabayag	long time
basa		bayat/kabayatan iti	while; during
agbasa	to read	baybay	sea; ocean
agbasbasa	reading	agpabaybay	to go toward the ocean
basaen	to read	bay-on	tall flat basket
basa nga basa	always reading	belleng	
binasa	read (past)	ibelleng	to throw out
mangbasa	to read	maibelleng	can be thrown away
nagbasa	read (past)	makaibelleng	able to throw away
basa		naibellengan	accidentally spilled on
mabasa	will get wet	naibellengen	has been thrown away
nabasa	got wet; is wet	ipaibelleng	to have someone throw out
nabasan	wet already	bengngeg	hardheaded, hard of hearing
nakabasbasa	very wet	kinabengngeg	stubbornness
basi	Ilokano wine made from sugarcane juice	bennat	
		bennaten	to stretch
basol	fault; sin; wrongdoing	bentana	window
bassit	small; little	berde	green
babassit	small (pl)	berso	verse
bassi-bassit	little by little	bettak	explosion; crack
kabassitan	smallest	bumtak	will explode; will erupt
nagbabassit	all very small	biag	life
nakabasbassit	very small	agbiag	to be alive; to live
sangkabassit	a little bit; small amounts	mabiag	to make lively; to give life
basta	as long as (expression)	biangot	meddler

bibig	lip	boksing	boxing
bigat	morning	boksingero	boxer
kabigatan*na*	morning	bolsa	pocket
nammigat	ate breakfast	bomba	bomb; artesian well
pammigat	breakfast	borda	embroidery
bigbig		nabordaan	with embroidery; embroidered
bigbigen	to acknowledge; to recognize	botantes	voters
mabigbig	can be acknowledge	botelia	bottle
bigla	sudden (borrowed from Tagalog)	buangay	
		mangbuangay	to create; to found
bilang	number; count (n)	namuangayan	origin of
imbilang	counted; consider	bubon	deep well
mabilang	to/can be counted	agbubon	to make a deep well
bilin	order; instruction; command; advice	bugaw	pimp
		bugaw	
bilinen	to command; to advise	agbugaw	to drive away (as in flies)
bilbilin	advice (pl); commands; instructions	ibugbugaw	driving away with (an instrument)
bilinen	to give advice; to give instructions	pagbugbugaw	what is used to drive away insects
imbilin	advised; ordered	bugguong	fish paste
billit	bird	binugguungan	with *bugguong*
bingay	share; portion	managbugguong	likes to eat *bugguong*
pagbibingayan	to share; to apportion; to divide among	bugkaw	
		binugkawan	yelled at
binting	twenty-five centavos	bugkawan	to yell at
birngas	nickname	imbugkaw	yelled it out; shouted it out
nabirngas	impolite	naibugkaw	yelled it out
birok		bugtak	
agbirok	to look for	bugtakan	to speak sharply or harshly to; to shout rudely at
birok a birok	to keep looking for		
mabirukan	can find/locate; will be found	imbugtak	said sharply
nakabirok	was able to find; found	Bukanegan	verbal joust in Ilokano
bisikleta	bicycle	bukel	seed; piece
bisin	hunger; famine	mabukel	can be formed; can be created
agpabpabisin	to allow oneself to starve	mangbukel	to form or create
mabisin	hungry	sangabukel	one piece; one whole
panagbisin	hunger; famine	bukod	one's own
bislak	wooden stick	bukbukod	one's own
bisti	decoration	bukot	back of body
bitbit	something carried by hand	bulan	month; moon
bitbiten	to carry by hand	makabulan	one month
bitin		bulang	cockfight
agkulkulambitin/ agkulkulimbitin/ agkalkalumbitin	swinging	makibulang	to participate in cockfighting
		pagbulangan	cockfight ring
		bulig	banana cluster
ibitin	to hang	bulilit	small mudfish
naibitin	hung	bulintik	marble
bitla	speech; discourse	bullalayaw	rainbow
agbitla	to discourse; to give a speech		

bullalayaw	rainbow
bullo	bone fracture; joint dislocation
nablo	fractured bone; dislocated joint
bulod	borrowed thing
pabuludan	to lend
bulong	leaf
nagbulong	grew leaves
bulsek	blind
buksit	stomach
bunga	fruit
bungon	
bungunen	to wrap
buntiek	mudfish
buok	hair
buong	
buong ti ulo	problem person (expression)
buungen	to break; to crack
mabuong	will be broken
nabuong	broken; cracked
burais	
naiburais	scattered
burak	
maburak	to/can be broken up or disintegrated
buras	
agburburas	harvesting
burias	piglet
buridek	youngest sibling; youngest offspring
busor	antagonism
kabusor	enemy; foe
bussog	
nabsug	full (stomach)
sibubussog	with full (stomach)
buteng	fear; fright; terror
kabuteng	afraid of
mabuteng	afraid
managbuteng	tendency to be scared
nagbuteng	became afraid
nakabutbuteng	scary
buya	show; performance; scenery
agbuya	to watch
agbuybuya	watching
binuybuya	things watched
buyaen	to watch
pabpabuya	shows
pabuya	a show; a performance

Dd

daan	old
dadael	destruction; damage; ruin
dinadael	destroyed; damaged; ruined
madadael	will be destroyed/ ruined/ damaged
dadduma	others
daga	dirt; soil; ground
dagas	
dagasen	to fetch something or someone along the way
dimmagas	stopped by
dumagas	to drop by
dagdag	
dagdagen	to hurry someone
dagdagdagen	urging someone on
dinagdag	urged; insisted; nagged
indagdag	what was said to urge/ insist/ nag
mangdagdagdag	nagging; urging;
dagsen	weight; heaviness
dumagsen	will become heavy
nadadagsen	heavy (pl)
nadagsen	heavy
dagullit	
dinagullit	repeated
indagullit	said repeatedly
dagum	needle
dagup	sum; total
kadagupan	the whole thing; out of all
dagus	immediately; instantly; at once; right away
dagus	
makidagus	to reside temporarily with
daing	dried fish
dait	
makipadait	to request someone to sew
panagpadait	time/manner of having someone sew
dakayo	you (pl)
dakes	bad; evil; wicked
pagdaksan	bad about
dakkel	large; big
dadakkel	big (pl)
dumakkel	will become big
impannakkel	talked proudly about; boasted about
kadakkel	largeness; size

nagdakkel	very big		*nga daras* 'how many
nakadakdakkel	very big		times')
dakulap	palm (hand)	daras	
dalan	road; pathway	agdardaras	rushing
daldalan	roads	dardarasen	to do hurriedly
dalapus		darsen	to hurry
nadalapus	accidentally bumped into	dinardaras	rushed, hurriedly, quickly
dalupisak		dasar	
agdalupisak	to sit on the floor or ground	agidasar	to serve
nadalupisak	fell on one's buttocks on the floor or ground	idasar	to serve
		indasaran	served
		naidasar	was served
dalus		dasay	
agdalus	to clean	maidasay	will die
dalusan	to clean	data	
dinalusan	cleaned	agdadata	recumbent
madalusan	can be cleaned	datar	floor
makapagdalus	to be able to clean	dateng	
nadaldalus	cleaner	dimteng	arrived
nakadalus	was able to clean	dumteng	to arrive; will arrive
paradalus	in charge of cleaning	nakagteng	was able to arrive
damag	report; news	dati	former (borrowed from Tagalog)
agpadamag	to report; to relay news	dawat	
damagen	to ask/to inquire	dimmawat	asked for
damdamag	news; reports	dinawat	asked for it
dinamag	inquired; queried	daya	east
impadamag	shared information; reported	agpadaya	to go east
danag	worry; anxiety; fear	daya	feast; party; festival
madanagan	worried	agdadaya	celebrating a feast or a party
pakadanagan	to worry about/for; to feel anxious or worried about/for	agpadaya	to have a party
		padaya	party
		dayamudom	
danger		agdayamudom	to mumble; to mutter
dangran	to injure	agdaydayamudom	mumbling; muttering
madangran	will be injured, hurt	indayamudom	mumbled it
danggay		dayaw	respect; honor
danggayan	to accompany	dayawen	to respect; to honor
danog	punch	madaydayaw	respected; honorable (term of address)
danugen	to punch		
danom	water	nadayaw	respectful
danon		panagdayaw	honoring (n); worshipping (n)
danunen	to meet	sidadayaw	with respect
madanon	to reach	daydiay met la	that same thing
makadanon	can reach (destination)	dengdeng	
nadanon	reached destination	dinengdeng	simple vegetable soup seasoned with fish paste
nadanunan	came upon		
nakadanon	reached (destination); arrived at	makapagdengdeng	can cook *dinengdeng*
daramudom		madengdeng	can be made into *dinengdeng*
naidaramudom	fell on one's face	dengdeng	
daras	number of times (as in *mano*	dumengdeng	to move over

dengngeg		drowing	drawing
agdengdengngeg	listening	agdrowing	to draw
dinengngeg	listened to	naidrowing	what was drawn
denggen	to hear; to listen to; to heed	dua	two
dumngeg	to listen; to heed	dudduddua	only two
makangkangngeg	hearing repeatedly	maikadua	second
makangngeg	can hear	mamindua	twice
mangngeg	can be heard	duadua	doubt
mangmangngeg	hearing	dubla	
nangngeg	heard	nadubla	rolled tobacco
pagdengdenggan	place for listening	dudol	corn flour cake
derosas	pink	dudon	locust
desision	decision	dugmam	
agdesision	to decide	maidugmam	to hit face against something
diak ammo man ketdi	who knows (expression)	naidugmam	accidentally hit face against something
dianitor	janitor		
diaske	rascal	dugsol	
diding	wall	dugsulen	to stab
nadidingan	walled	dugyot	filthy; slob
digos		dulin	
agdigos	to take a bath	agidulin	to save; to put away
pagdigdigos	for bathing	idulin	to put away
di la mabalin	may I (lit.: wouldn't it be possible [idiom])	ipaidulin	to have someone put away
		makaidulin	able to put away/save
dilis	anchovy	duma	
dillaw		nadumaduma	various; different
agdillaw	to criticize	naidumduma	unique
nadlaw	noticed	dungngo	love; affection
Dios ti agbati	God stay with you; goodbye	dungdunguen	loving
		nadungngo	affectionate
Dios ti kumuyog	God be with you; goodbye	sidudungngo	affectionately; lovingly
		dungpar	
direksion	direction	nakadungpar	to accidentally hit
diretso	straight	nadungpar	was hit
agdiretso	to go forward	dungrit	filthy
disgrasia	accident	kadungrit	dirtiness
madisgrasia	to/will be in an accident	nadungrit	filthy; dirty
diskurso	speech	duron	
dispensar	apology	iduron	to push
dispensaren	to excuse; to forgive; expression of apology	iduron-duron	to keep pushing
		induron-duron	pushed around
disso	place; location; area	dusag-dusag	boxing
idisso	to put down	dutdot	strand of hair
indisso	placed	agkadutdutan	compatible with each other
madissuan	to be hit		
disturbo	nuisance; disturbance	**Ee**	
nadistorbar	was disturbed	ebaporada	evaporated
diwakal		ebkas	
napadiwakal	bulky	inyebkas	expressed; uttered
		naiyebkas	was expressed; was uttered

ellek	chuckle	maganasan	to feel satisfied; to feel pleasure; to enjoy
el-ellek	giggles; chuckles	naganas	pleasurable
emerdiensi	emergency	ganat	eagerness
emma		gumanat	eager
kinaemma	demureness	maganatan	eager; anxious
naemma	demure; graceful; modest	sigaganat	anxiously; eagerly
enggrande	grand party	gandat	intention; purpose; aim
ennat		ganggannaet	foreigner; stranger
nagennat	stretched	ganos	
ensalada	salad	naganos	tender; young (as in fruit or vegetable)
entremetida	meddler		
eskuela	school	gansilio	crochet instrument
kaeskuelaan	schoolmate	ginansilio	crocheted
espesial	special	gantil	person who horses around
estangko	cigar	gapu	because; cause; origin; to come from
estante	showcase		
estasion	station	aggapu	to come from
estero	sewer	kagapgapu	just came from
estilo	style; manner	magapuanan	will be accomplished
estudiante	student	naggapuan	place came from
		naggapu	came from
		gapu ta	because
Gg		garakgak	chuckle
gagangay	customary; usual	gas	gas
galba	tin sheet	gasang	spiciness; pungency
galis		magasangan	to taste spiciness
nagalis	slippery; slimy	nagasang	spicy
naigalis	slipped	gasat	fortune; luck
nakagalgalis	very slippery; very slimy	daksanggasat	unfortunate; without luck; unlucky
galut	rope; string; tie		
igalut	to tie up	nagasat	fortunate; lucky
inggalut	tied up	gasto	expense
naigalut	tied up	aggasgasto	spending
gameng	asset; treasure	aggasto	to spend
gamer		panaggasto	manner/time of spending
maigamer	to be soaked in; to be immersed in	gatad	price
		gatang	
gammat		gatangen	to buy
gammatan	to grab	ginatang	bought
ginammatan	grabbed	gumatgatang	buying
gamud	witchcraft	igatang	to buy with
nanggamud	person who possesses someone; placed someone under the spell of witchcraft	inggatang	bought with
		ipagatangan	to have someone buy for
		magatgatang	commodities; merchandise
		nagatang	was bought
ganansia	profit	nakagatang	was able to buy
pagganansiaan	to profit from	paggatangan	place for buying
ganas		pagpagatangan	place to have someone buy
ganasen	to enjoy	pinanggatang	time for buying (past)

Glossary

gatas	milk	gudua	half
gatel	itch	apaggudua	as soon as it's half
nagatel	itchy	guduaen	to cut in half
gaw-at		kagudua	one-half
gaw-a-gaw-aten	keeps reaching out for	gulay	vegetable (Tagalog)
gaw-aten	to reach for	gulayen	to make a vegetable dish
gimmaw-at	reached for; grabbed	gulo	trouble; mess
ginaw-at	reached for	nagulo	messy; rowdy
magaw-at	can be reached	gumamela	hibiscus
gawgaw	starch	gunay	movement
gawid		aggunay	to move
inggawid	pulled back	aggunggunay	moving
pinangigawid	manner or time of holding back	makagunay	can move
		naggunay	moved
gayadan	hemline	gunggon	
gayam	expression used for sudden discovery or recall	ginunggon	shook
		nagunggon	was shaken
		panaggunggon	shaking (n)
gayyem	friend	pannakagunggon	manner/time of shaking
gagayyem	friends	gungguna	prize; reward
makigayyem	to make friends with	ginunggunaan	rewarded
mannakigayyem	friendly	magunggunaan	rewarded
nagayyem	friendly	gun-od	
panaggagayyem	friendships	magun-od	to be attained/to be achieved/ to be obtained
gibus	ending (n)		
naggibus	ended	nagun-od	attained/achieved/obtained
giddan		nakagun-od	was able to obtain
aggigiddan	at the same time	gura	resentment
inggiddan	said/did at the same time	kagurgura	to feel resentment toward
kagiddan	same time with	makagura	to feel resentful
naggigiddan	all at the same time (past)	nakagura	was resentful
naigiddan	happened at the same time	gurong	calf (of leg)
gin-awa	comfort	gusto	
nagin-awa	comfortable	gustuen	to like
ginggined	earthquake	magusgustuan	to enjoy; to be fond of; to like; to want
agginggined	earthquake occurring		
iray		guyod	
nagiray	leaned over (said of tall objects)	guyuden	to pull
gitara/gitarra	guitar		
aggitara	to play guitar	**Hh**	
graduar		haan	variant of *saan*
naigraduar	graduated with (a degree)	hardin	flower garden
gripo	faucet	horna	pay
groseri	grocery	hustisia	justice
paggroseriaan	grocery	husto	correct
gubat	war	huston	enough already

Ii

ibbat		
	inibbatan	let go from hand (past)
	naibbatan	accidentally let go
ibbet		
	ibbatan	to let go from grasp
	inibbatan	released; let go (past)
ibtur		
	maibturan	able to endure
ibus		
	ibusen	to consume
	inibus	consumed
	maibus	to be consumed
	naibus	consumed; used up
idam		
	ipaidam	to refuse; to withhold
	napaidam	selfish
	paidam	selfish
idda		
	nagidda	laid down
	nakaidda	recumbent
	napaidda	accidentally fell on his/her back
	siiidda	recumbent
idi		before (remote past time marker)
idiay		over there (far)
	agpakasdiay	to go over there (far)
idi kalman		yesterday
idi kuan		and then
iggam		
	agiggem	to hold or grasp
	iggaman/igganan	to hold
	maiggaman/ maiggaman	can be held
	makaiggem	can hold
igid		edge
igup		sip
	igupen	to sip
	maigup	can be sipped
	sangaigup	one sip
ikan		fish
ikit		aunt
ikkan		to give to
	inikkan	gave to
ikkat		
	ikkatan	to lessen; to diminish; to remove from
	inikkat	removed
	nagikkat	resigned; removed oneself
	naikkat	was detached; was removed; was laid off (from work)
ikkis		scream
	agikkis	to scream
	inyikkis	screamed it out
	nagikkis	screamed
ilala		
	kailala	it will be a waste
	kailalaan	to feel it is wasted
ilet		
	kailet	tightness
	nailet	tight
ili		town
	il-ili	towns
iliw		nostalgia
	kailiw	to feel nostalgic about
	mailiw	homesick; nostalgic
ilut		
	il-iluten	massaging
	mangngilut	masseur/masseuse
ima		hand
imas		good taste; pleasure; delight
	agkakaimas	all very delicious
	im-imasen	enjoying the taste of
	kaimasan	most delicious
	maimas	will be enjoyed
	nagimas	very delicious
	naimas	delicious; tasty
	naim-imas	more delicious
imbag		goodness
	pagimbagan	advantage; what is good about
imigrante		immigrant
imigrasion		immigration
imon		jealousy
	nagin-iimon	pretended to be jealous
	panagimon	jealousy
imot		
	nagimot	very selfish; very stingy
	naimot	stingy; selfish
imperdible		safety pin
impluensia		influence
imtuod/intuod		question
	inimtuod/inintuod	inquired
	intuuden	to inquire about it
inana		
	agin-inana	resting
	nakainanan	has rested
inayad		slowness; quiet movement

nagin-inayad	moved slowly	istambay	a person who idles (from "standby")
nainayad	slow; slowly		
indayon	hammock; swing	nakaistambay	idling
agin-indayon	swinging in a hammock or swing	istetsayd	imported (adj); someone/something from the U.S. (from "stateside")
indayunen	to swing		
indeng		istoria	story
indengan	to hear (poetic)	inistoria	told the story
inggana	until; up to	isu met la a/nga	no wonder (idiom)
ingpis	thinness	isu	s/he; that; it
naingpis	thin	maipag-isu	specific
init	sun	ita	now; today
aginit	to have sunshine	itan	right now
innaw		itay	recent past; earlier; a while ago
aginnaw	to wash the dishes		
inom		itattay	a while ago
ininom	drank	ited	to give
inumen	a drink; to drink	ikkan	to give to
mainom	drink	inikkan	gave to
makainom	thirsty; can drink	inted	gave
umin-inom	drinking	itden	to give
uminom	to drink	mangited	to give
inspektor	inspector	naikkan	was given
insulto	insult	pagikkan	container
ininsulto	insulted	pangtedan	place or people given something to
mainsulto	to be insulted		
inut		itsa/tsa	tea
inin-inut	did little by little	itsura	appearance
nagin-inut	did little by little	iwa	slice
ipit	device for gripping or clasping	immiwa	sliced a piece
		iwaen	to slice
inipit	clamped; gripped	sangaiwa	one slice
ipus	tail		
imparaipus	added		
iparaipus	to add at the end of (messages, speeches, explanations, etc.)		

Kk

kaan

paraipus	trainbearer	ipakan	to feed
iray		ipangan	to eat with (something)
nagiray	bent; leaned sideways	kaan a kaan	always eating
irut	tightness	kanen	to eat; food
nairut	tight	kankanen	sweet rice cakes; eating
isbu	urine	kapangpangan	just finished eating
naisbuan	accidentally urinated on	kinnan	ate
isem	smile	makmakan	things to eat
immisem	smiled	mangmangan	eating
isman	to smile at	mangpakan	one who feeds
naginnisem	smiled at each other	mapakan	can be fed
nakaisem	with a smile	nakanen	has been eaten
siiisem	with a smile	nakapangan	has eaten; was able to eat

pakanen	to feed	makalkalap	being fished
pakpakanen	feeding	mangngalap	fisherman
pannangan	time/manner of eating	kalapaw	hut
pannanganan	eating (n)	kalawikiw	wriggling (n)
pinakan	fed	agkalkalawikiw	wriggling
kaano	when	nagkalawikiw	wriggled
kaarruba	neighbor	kalding	goat
agkakaarruba	neighbors of each other	kalgaw	dry season; summer
kaarrubaan	neighborhood	kalikagum	wish; request
mannakikaarruba	neighborly	ikalikagum	to wish; to request
Kabaruan	a village in Ilocos Sur	kalmado	calm
kabesa		kalsada	road; street
agikabkabesa	memorizing	kalub	cover
kabil		nakaluban	covered with
agkikinnabil	all hitting each other	kalumbaba	
agkabil	to hit	ikalumbaba	to rest chin on palm of hand
ikabil	to put; to place	nakakalumbaba	chin resting on palm of hand
ikabkabil	putting; placing	kalye	street
inkabil	placed	kamakam	
kumabil	to hit	impakamakam	chased after someone to say or give something
maikabil	can be placed		
makabil	can be hit	ipakamakam	to chase after someone to say or give something
mangikabil	to put; to place		
nangikabil	placed	kamakamen	to chase
kablaaw	greeting	kamatis	tomato
inkablaaw	greeted with	kamiseta	knitted shirt
kablaawan	to greet	nakakamiseta	wearing a knitted shirt
kumablaaw	to greet	kammet	
kabsat	sibling	agkammet	to eat with fingers
agkakabsat	siblings of each other	kanalbuong	booming sound
kakabsat	siblings	kanayon	always
kadawyan	custom; habit; manners	kankanayon	always
kadakuada	to/from/with	kaniada	to/from/with (variation of *kadakuada*)
kadaytay	of the (recent past)		
kadi	question marker	kaniak	to/from/with me
kadua	companion; partner	kanito	moment
agkadkadua	being together	kannawan	right
kaduaen	to accompany	agpakannawan	to turn right
kakadua	companions	ipakannawan	turn it to the right
panagkakadua	companionship (pl)	kannigid	left
kagat	bite	agpakannigid	to turn left
kagaten	to bite	ipakannigid	turn it to the left
kimmagat	bit	kano	reported speech marker; quotative marker
kumagat	to bite; bites		
kagay	shawl	kanser	cancer
pagkagay	to wear as a shawl	agkanser	to have cancer
kaipapanan	meaning; definition	makapakanser	can cause cancer
kalap		kanta	song
agkalkalap	fishing	agkakanta	singing (pl)
		inkankanta	was singing it

Glossary

kanto	corner	kasdiay	like that (far)
kapet		agpakasdiay	to go that way (far)
inkapet	attached; annexed	nagkaskasdiay	became like that (remote past)
kap(e)ten	to hold on to	kasilia	toilet
kinapet	held on to	kasinsin	cousin
nangikapet	attached; annexed	agkakasinsin	cousins of each other
kapital	capital investment	kakasinsin	cousins
kappi	small crab	kaskas	
kappia	peace; harmony	kaskasero	fast driver (of vehicle)
kappo	small clam	kasla	just like or similar to
kapsut	weakness	kaslaka la sabsabali	you act as though you don't belong (expression)
agkakapsut	feeling weak or exhausted		
nakapsut	weak	kaso	legal case
kapuyo	blister	inkaso/	attended to; minded
nagkapuyo	blistered	inkaskaso	
karabasa	pumpkin	kasta	like that (near)
karadkad	health; good health	agpakasta	to go that way (near)
nakaradkad	in good health	kasta unay	very; extremely (expression)
kararag	prayer	Kastila	Spanish
agkararag	to pray	kastoy	like this
agkarkararag	praying	katawa	laughter
kararua	soul; spirit	agkatawa	to laugh
karasakas	rustling sound	katawa a katawa	to keep laughing
karayam	crawling insects	katkatawa	laughs
nagkarayam	crawled	makakatawa	to feel like laughing; can laugh
karayan	river		
karaykay	rake	makikatkatawa	laughing with
agkaraykay	action of a chicken scratching the ground	nagkakatawa	all laughed (past)
		nagkatkatawa	was laughing a lot
karenken	ruffles (of clothes, curtains, etc.)	nakakatawa	suddenly laughed
karga	load; cargo	nakakatkatawa	funny
kinargaan	loaded it with	nakikatawa	laughed with
kari	promise	katedral	cathedral
inkari	promised	katuday	tree with large white edible flowers
karison	animal-drawn cart		
karitela/kalesa	horse-drawn vehicle	kaut	to reach in
karne	meat	kinaut	reached in; dug out of small container
karne norte	corned beef		
karos		kawa	
agkarkaros	scraping	maikawa	not used to
karusen	to scrape	kawayan	bamboo
kartero	mailman	kayat a sawen	meaning
kartib	scissors	kayo	tree
nakarti-kartib	all cut up (with scissors)	kakaykayuan	area with trees and bushes
kasano	how	kaykayo	trees
kasar	wedding	kayumanggi	brown; dark complexion
agkasar	to be wed	kdpy	etc. (contraction of *ken dadduma pay* 'and others')
kakaskasar	just married		
nagkasar	got married		

kebba		kissiw	epilepsy
agkebba-kebba	pounding (as in chest)	nagkissiw	had a seizure
keddeng	decision; sentence	kita	appearance
ikeddeng	to decide	agkita	to see each other
naikeddeng	has/have been decided	kinita	looked at
kedked		kitaen	to see; to look at
nagkedked	refused; hesitated	kumita	to look at; to look for
kellaat	sudden	mangkita	to look for
naklaat	startled	makita	can be seen
pannakakellaat	state of shock or surprise	makitkita	being seen
kersang		nagkinnita	looked at each other
kinakersang	roughness	nagkita	saw each other
nakersang	rough	nagkikita	all saw each other
kesset		naipakita	was shown
kesseten	to burn; to scorch	nakakita	saw; was able to see
nakset	burnt; scorched	nakita	saw
ket dakayo ngay	and how about you (expression)	nakitkita	had been seen (pl)
ketdi	sentence modifier expressing frustration, annoyance, or negative reaction	pakakitaan	place to see; evidence
		klema/klima	climate
		kol-ap	(from "call up")
kettang		agkol-ap	to phone
maktangan	to be tired (in a certain position)	kol-apan	to phone someone
naktangan	became tired (in a certain position)	kolor	color
		koma	hopefully; should; would
ket wen a	of course (idiom)	komedor	dining room
kibin		komiks	comics
kibinen	to lead with the hand	kontes	
kiddaw	request	agkonkontes	participating in a contest
agkiddaw	to request	koriente	electricity
inkiddaw	said requesting	korona	crown
nagkiddaw	requested	nagkorona	with a crown
kidday	wink	kostumbre	custom
nagkidday	winked	kotse	car
kiddil	pinch	nakakotse	driving or riding a car
kiniddil	pinched	kua	
kidem		kukuaen	doing; making
agkidem	to close eyes	kua	belonging to
nagkidem	closed eyes	akinkua/akinkukua	belonging to; whose (question)
nakakidem	with eyes closed	kuadrado/kudrado	square
kigtot		kuarta	money
kigtuten	to startle	kuarto	room
kinigtot	startled someone	kubbo	hunchback
nakigtot	was startled	makubkubbo	being hunched
kinni	swaying of hips	nagkubbo	hunched one's back
nagkinni-kinni	swayed the hips	panaginkukubbo	way of pretending to hunch
kirmet	stingy	kubli	(borrowed from Tagalog)
kinakirmet	stinginess; selfishness	agkubli	to hide; will hide
nagkirmet	very stingy	kudkod	
kirog		kudkuden	to scratch
kinirog	fried; roasted	kudkudkuden	scratching

kuelio	collar	kur-it	check mark; scratch
kugganggi	ugly (slang)	ikur-it	to strike (e.g., match)
kugtar	kick	kur-itan	to mark; to etch on
kugtaran	to kick	kurtina	curtain
kumugtar	to kick; will kick	nakurtinaan	adorned with curtain
kukot		kusel	
nakakukot	in fetal position	nakusel	taste of half-cooked rice; gritty
kula		kinakusel	grittiness
ikulada	to bleach in the sun (said of laundry)	kusilap	dirty look; a sharp side-glance
pagkuladaan	place for bleaching clothes in the sun	agkusilap	to give a dirty look
		kinusilapan	gave a dirty look
kulalanti	firefly	kusi-kusilapan	giving dirty looks
kulibangbang	butterfly	kusim	
kulung-kulong	a gambling game commonly done during fiestas	nakusim	small eater
		kusina	kitchen
kulot	curly	kusinero	chef; cook
nagpakulot	had a perm	kuso	
kulpi		nakusu-kuso	disarranged; dishevelled; crumpled
makulpi-kulpi	to be folded (like a fan)	kuti	movement; motion
kumbinsir		agkutkuti	moving; in motion
kumbinsiren	to convince	kutkuti	movements
makumbinsir	can be convinced	makakuti	can move
kumot	blanket (borrowed from Tagalog)	nagkuti	moved
		kutimermer	
nakumutan	covered with a blanket	agkutkutimermer	shivering
kumpas	beat (as in music)	kutsara	spoon
agkumkumpas	gesticulating; making movements to follow musical rhythm or beat	sangakutsara	one spoonful
		kutsilio	kitchen knife
		kuyog	
kuna	said	agkukuyog	all go together
aginkukuna	pretending	kinakuyog	took along
agkuna	to say	kumuykuyog	going/coming along
kinuna	said	kumuyog	to go/come along
naginkukuna	pretended	kuyog a kuyog	keeps tagging along
nagkuna	said	kuyugen	to accompany
nakuna	was said		
kunam pay	if you say so		
kupin	fold	**Ll**	
ikupin	to fold (clothes, paper, etc.); to close (book, paper, etc.)	la	only; just; warning expression (contraction of *laeng, ala*)
kupinen	to fold (clothes)	laad	
nakupin-kupin	folded several times	kinalaad	ugliness
kurang	shortage; lack of	nalaad	ugly
nakurang	short; lacking	laba	laundering (n)
kuretret	wrinkle	aglaba	to launder
nagkuretret	wrinkled	agpalaba	to have someone launder
nakakuretret	with wrinkled forehead		

ilabaan	to launder for	lumakay	will get old (male)
ipalabaan	to have someone launder for	lumakayen	becoming an old man already
paglabaan	place for laundering	lako	merchandise
paglablabaan	place for laundering	aglaklako	selling
labas		inlako	sold
aglabas-labas	to keep passing by	makapaglako	can sell
labas-labasan	to keep passing by	paglakuan	selling place
labasan/labsan	to pass by	paralako	in charge of selling
lablabasan	passing by	laksid	
limmabas	passed by	ilaksid	to disown (a person); to shut out; to set aside
malabsan	will pass by		
napalabas	past	laksiden	to disown (a person); to shut out; to set aside; to eliminate
napalpalabas	past (pl)		
labba	deep basket		
labbaga		malaksid	besides; except
nalabbaga	red	lalaki	male
labit		lallaki	males
nalabit	possibly; perhaps; likely	lalat	leather
ladaw		lalo	
iladladaw	to delay	aglalo	especially; particularly
kinaladaw	tardiness	lallalo	all the more
naladaw	tardy; late	lumalo	to become more; to intensify; to increase; to become worse
ladawan	picture		
iladawan	to provide an overall picture; to illustrate; to describe		
		napalalo	extreme; excessive; too much
ladingit	sorrow; grief	lam-ek	coldness
ladingiten	to be saddened about	nakalamlam-ek	very cold
silaladingit	feeling sorrowful	nalam-ek	cold
ladut		lames	seafood (general term)
aglaladut	feeling sluggish or dull	lamiis	coolness
lag-an	light weight; lightness	lumamiis	will become cold
inlaglag-an	made lighter	nalamiis	cold; cool
lumag-an	will be light	lamisaan	table
nalag-an	light (opposite of heavy)	lammin	
lagip	memory	malammin	to feel cold
impalagip	reminded; made someone remember	lamok	mosquito
		lamuken	to be bitten by mosquitoes
malagip	can remember	lamot	food (derogatory)
nalagip	remembered	agsilsilamot	licking food off the finger
laing		lampara	oil lamp
kalaingan	best	lampaso	mop; coconut husk used for scrubbing
nalaing	well; good; sharp		
laka		lampasuen	to mop; to scrub
nalaka	easy; inexpensive	lamuyot	smoothness
nalaklaka	easier; cheaper	kinalamuyot	smoothness
lakasa	chest; trunk (furniture)	lumamuyot	will become smooth
lakay	old man	nalamuyot	smooth
lallakay	old men	landok	iron (metal); steel

langa	appearance	agpalaud	to go west
langen		lauya	soup with chunks of meat and vegetables
kalangen-langen/ kalanglangen	people one socializes with	lawa	spaciousness
makilangen	to associate/socialize with	nalawa	spacious
langgong	stupid	lawag	light
langoy		aglawag	to become bright
aglangoy	to swim	ilawlawag	to clarify
makalangoy	can swim	impalawag	explained
langsi		ipalawag	to explain; to define
nalangsi	fishy smell or taste	nalawag	bright
langto		lawas	week
nalalangto	fresh (pl)	makalawas	one week
lansa	nail	lawlaw	surrounding area
lansones	fruit similar in texture to lychee (grown in Laguna)	aglawlaw	surrounding area; environment
lantip		lawlawen	to go around
aglantip	to join; to come together	linawlaw	went around
laok	mixture; ingredient	nalawlawan	surrounded by
ilaok	to add or mix with	laya	ginger
inlaok	mixed into	layag	sail
naglaok	mixed together	naglayag	journeyed
nailaok	mixed in/with	laylay	
nalaukan	mixed with	malaylay	will wilt
paglalauken	to mix together	nanglaylay	wilted
laon		layus	flood
linaon	content	makalayus	can cause flooding
malaon	can contain; can hold	nalayus	flooded; washed away
lasat		lemmeng	
lasaten	to cross	ilemmeng	to hide
linasat	crossed; traversed	naglemmeng	hid
makalasat	can cross; can traverse	lengnga	sesame
malasat	can cross over to the other side; can survive a crisis	lennek	
		ilelennek	setting (of sun, stars, moon)
lasbang		lumnek	will set (sun, stars, moon); to become deep-set (as in eyes when sick or lacking in sleep); to subside (as in...*intuno lumnek ti bainko* 'when my embarrassment subsides')
nalasbang	beautiful		
palasbangen	to make beautiful		
lasin			
ilasin	to separate		
mailasin	can recognize; to be recognized		
lastog	braggart	leppas	
linnastugan	one-upsmanship	kalpasan	afterward
nalastog	boastful	lineppas	completed; finished
lasuna	spring onion	makalpas	can complete; can finish
lata	can	malpas	will be completed; will be finished
delata	canned goods		
nailata	canned	nakalpas	was able to complete
laud	west	nalpas	completed; finished; done

libas		
	naglibas	escaped
	nakalibas	was able to escape
libay		
	mailibay	will fall asleep
libeg		
	nalibeg	murky
liday		loneliness
	malidliday	feeling lonely
	naliday	lonely; sad
	paglidlidayan	being sad about
likaw		
	likawen	to go around
	palikaw-likaw	going around and around
liklik		
	liklikan	to avoid
	liniklikan	avoided
	naliklikan	was able to avoid
likod		back; in the back; behind
	likudan	behind
	nagtinnallikod	went in back-to-back position
	timmallikod	turned one's back
lila		lilac (color)
lima		five
	limlima	just five
	saglilima	five each
limed		
	ilimlimed	keeping it a secret
	palimed	secret
ling-et		sweat; perspiration
	agat-ling-et	to smell like sweat
	agkalkaling-etan	drenched with perspiration
	agling-et	to perspire; will perspire
	aglingling-et	perspiring
	managling-et	to perspire a lot
linong		shade
	aglinong	to stay in the shade
	nakalinong	under the shade
linteg		law
	aglinteg (ti init)	high noon
	ikalintegan	to justify one's point or position
	inkalintegan	justified one's point or position
	nalinteg	righteous; straight
	paglintegan	law; rule; regulation
lipat		
	lipatan/lipaten	to forget
	mananglilipat	forgetful
	nalipatan	forgot
lirio		lily or iris
lisi		
	aglisi	to dodge
	nalisian	avoided
lislis		
	sililislis	sleeves or pants rolled up
lista		list; record
	ilista	to list; to record on paper
	listaan	list
	nailista	listed
litnaw		
	nalitnaw	clear (water)
	nalitlitnaw	clearer (water)
liwag		
	mailiwliwag	can ward off; can set aside
liway		
	liwliwayan	skipping
	naliway	negligent; careless; inattentive
	naliwayan	missed; skipped; neglected
liwliwa		entertainment
	pagliwliwa	for entertainment
	pagliwliwaan	places of entertainment
	panangliwliwa	comforting (n); entertaining (n)
lua		tear
	aglua	to shed a tear
	nakalua	suddenly teared up
lualo		prayer
	aglualo	to pray
	agpalualo	to hold a prayer for the dead or the sick
	makilualo	to participate in a prayer
	managlualo	prays often
	nagpalualo	held prayer ritual
	palualo	prayer ritual
lubi		
	linubian	mashed cassava with butter and condensed milk
lubong		world
lugan		car; vehicle; ride
	luganan	to ride in; to be possessed by spirit
	nakalugan	riding in
	naluganan	was possessed by spirit
	pagluganan	vehicle
lugar		place; area; location
	agkakalugaran	from the same place
	luglugar	places; areas; locations
	kalugaran	townmate
lugi		loss (investment)
	malugi	to lose (investment)

lugit	feces (usually of chicken, bird, lizard)	luom	ripeness
nakalugit	soiled pants	maluom	will become ripe
luglog		naluom	ripe
naluglog	wrinkled; mussed	lupot	cloth; clothing
lukat		luplupot	clothes
ilukat	to open	lusdoy	
ipalukat	to have someone open	aglusdoy	to weaken; to slump down from fatigue
linuktan	opened		
lukatan	to open	lusit	
mailukat	can be opened	nalusit	crushed; smashed; pressed
malukatan	can be opened	lussayat	
nakalukat	is open	nalussayat	red
panaglukat	time or manner of opening	lussok	hole
silulukat	is open	lussu-lussok	full of holes
lukba		luto	cooking (n)
nalukba	dowdy	aglutluto	cooking
lukmeg	stoutness	agluto	to cook
agpalukmeg	to make oneself stout	agpaluto	to have someone cook
makapalukmeg	can cause stoutness	ilutlutuan	cooking for
lukneng	softness	linuto	cooked
kinalukneng	softness	lutlutuen	cooking
nalukneng	soft; tender	makapaluto	can have someone cook
luko		makiluto	to ask someone to allow to cook at their house
agluko-luko	fooling around		
linuluko	silly	nakaluton	has finished cooking
lukuen/luklukuen	to fool; to dupe; to trick	pagluto	used for cooking
mangluku-luko	to joke around; to tease	panagluto	time/manner of cooking
naluko	troublesome		
lukot		## Mm	
lukuten	to roll up	maag	fool (n)
nalukot	was rolled up	maawanan-puot	to lose consciousness
luksaw	disappointed; upset	madama	currently
makaluksaw/ maluksaw	angry; irritated	madamdama	later on
		madi	not good; not like; not want
siluluksaw	with disappointment	agmadi	to refuse
lulukisen	tangerine	maestra	female teacher
lumba		mamaestra	female teachers
aglumlumba	racing	maestro	male teacher
linnumbaan	competition	maga	
lumpia	Filipino egg roll	namagaan	dried up
lunag		panangpamaga	time or manner of drying
lunagen	to melt	mais	corn
nalunag	melted	malem	afternoon
lungog		agmalmalem	all day long
nalungugan	possessed by spirit	maleta	luggage
lungsot		malukong	bowl
nalungsot	rotten	maminsan	once

mandar	command; order	meykap	makeup
mandaran	to command	miki	fresh noodle; Ilokano noodle dish
minandaran	commanded; ordered		
nagmandar	commanded; ordered	milagro	miracle
mandiak	I don't like/want	nagmilagro	miracle happened
mangan	to eat	mingming	
mangmangan	eating	mingmingmingan	examining closely; looking at, examining, staring at, inspecting with critical attention
panganan	eating place		
pannangan	time/manner of eating		
pannanganan	eating (n)		
mangga	mango	miningmingan	stared at
mani	peanut	mira	
mano	how much; how many	minirmira	examined; scrutinized
maikamano	what number in the sequence (question)	misugsog	pout; frown
		nakamisugsog	pouting; frowning
manmano	rarely	misuot	frown; pout
sagmamano	how much each	nagmisuot	frowned
sumagmamano	few	nakamisuot	with a frown
manok	chicken	simimisuot	with a frown; frowning
manteka	cooking oil	'mok pay	how should I know
mantsa	stain	moskitero	mosquito net
namantsaan	was stained; was tarnished	'mudtoy	give it to me (from "*itedmo ditoy*")
marba	will collapse		
marka	mark; sign	muging	forehead
nagmarka	with a mark; with a sign	mukat	mote (in the eye)
marunggay	horseradish tree	mula	plant
masansan	often	maimula	can be planted
masetas	ornamental plant	minulaan	planted on
masmasetas	ornamental plants	mulmula	plants
maskara	mask	nagmula	planted
agmaskara	to wear a mask	mulagat	open eyes
nakamaskara	wearing a mask	imulagat	to open eyes
maton	bully	minulagatan	glared at
maton		mulagatan	to look wide-eyed at
imatunan	to manage	nagmulagat	opened eyes
immatunan	managed	napamulagat	suddenly opened eyes
matrikula	tuition fee	munisipio	municipal hall
mayengmeng		muno	dumb
namayengmeng	robust; full (plant)	kinamuno	stupidity
maysa	one	namuno	dumb
maymaysa	just one	musang	wild cat
saggaysa	one by one	mustasa	mustard cabbage
sinaggaysa	did one by one		
menos			
mamenos	to be able to save	**Nn**	
mensahe	message	naed	
merienda	snack	nagnaed	lived in; resided
agmerienda	to have a snack	naimbag la ta	good thing (expression)
met	also (shift marker)	naimbag man ta	it's good that…

Glossary

nakem	inner being; will; discretion; conscience	ngilaw	housefly
nanakman	sensible; mature	ngilawen	to be infested with houseflies
Nakkong	my child	ngina	expensiveness
nama		inginngina	to make more expensive
namnamaen	hoping; expecting	ipangina	to make expensive
naminsan	once	nagngina	very expensive
Nana	auntie; term of address for an older woman	nakanginngina	very expensive
		nangina	expensive
nanam		nanginngina	more expensive
nananam	savory; tasty	ngumina	will become expensive
Nanang	term of address for mother	ngiwat	mouth
nangruna	especially; particularly	no apay ngamin	why in the world? (expression)
nangnangruna	especially		
nasken	necessary; must	nobia	sweetheart; fiancee
natay	died	no dadduma	sometimes
natayen	is dead	no di ket	instead; to the contrary
natda	remainder; leftover	no kua	sometime (expression)
nateng	vegetable	no maminsan	sometimes
natnateng	vegetables	no man pay	even though
nayon	addition	no pay kasta	nevertheless
innayon	added	nuang	water buffalo
nayunan	to add to	numero	number
ninayunan	added to	nanumeruan	numbered
ne	here it is; a signal to alert someone (expression)	numo	
		mainumo	to be suitable
negosio	business	nanumo	humble; lowly
nengneng	dumb; stupid	numona ta	especially since
kanengnengan	dumbest	nuynoy	
ngalngal		napanuynuyan	was spoiled
makangalngal	can chew	panuynuyan	to spoil (person)
ngalngalen	to chew		
ngamin	that's why (reason sentence modifier)	**Oo**	
nganga		obligado	obligated; forced
nakanganga	mouth wide open	obserbar	
napanganga	mouth wide open with surprise	obserbaran	to observe
nganngani	almost; nearly	okasion	occasion
ngata	maybe, possibly; sentence modifier denoting speculation	okra	okra
		okupado	occupied
		oliba	olive
ngato	top; above	opender	
ingato	to raise	maopender	will be offended
inngato	raised	naopender	offended
nangatngato	higher	opera	surgery
nangato	high	kaop-opera	just underwent surgery
ngimmato	went up	operasion	operation; surgery
ngumatngato	going up	orador	orator
ngilangil		orden	religious order
nagngilangil	shook head in disappointment	order	order
		inorderan	ordered; petitioned in

ordinario	ordinary	nagpakada	said goodbye; bid farewell
orkidia	orchid	pakawan	forgiveness
ospital	hospital	agpakawan	to ask for forgiveness
		pakawanen	to forgive

Pp

paay		pakpakawan	my goodness (expression)
naipaay	given to	pakbet	mixture of vegetables seasoned with fish paste (a variation of the word *pinakbet*)
paay			
napaay	disappointed		
pablaak	announcement; notice	agpakbet	to make *pinakbet*
pabo	turkey	ipakbet	to put in *pinakbet* dish
pabor	favor	mapakbet	to be made into *pinakbet*
paburan	to favor	pakbeten	to make into *pinakbet*
pinaburan	favored	pakbo	
pada	same	naipakbo	spilled over
agpapada	all the same	pakleb	
kapada	same as	nakapakleb	lying on one's stomach
padas	experience	napakleb	fell on one's stomach
kapadasan	experiences	pakni	
mapadas	can be experienced	agipakni	to put away things
napadasan	experienced	napakni	orderly; tidy
padasen	to try	palad	palm of hand
paddak	footstep	paladpad	sill
nakapaddak	stepped on	palanggana/planggana	basin
padigo	food shared with neighbor	palangguad	
agpipinnadigo	neighbors sharing food	napalangguad	ostentatious; showy; boastful
pagammuan	suddenly	palawag	explanation
pagarup	assumption	impalawag	explained
impagarup	assumed	paliiw	observation
palda	skirt	palpaliiwen	observing
pagay	husked rice	pinaliiw	observed
paggaak	cackle; loud laugh	palladaw	
nagpaggaak	laughed loudly	impalladaw	threw over
pagpaggaak	loud laughters	ipalladaw	to throw over
pagna	walk	pallang	winged bean
kapapagna	continuous walking (n)	palpa	
magmagna	walking	agpalpa	to rest the stomach
magna	to walk	palsiit	slingshot
makapagna	can walk	paltog	gun
nagna	walked	palubos	permission
nagnaan	area where one walked	palubusan	to allow
pannagna	time/manner of walking	pambar	excuse
panpannagna	way of walking	impambar	gave as an excuse
paidam		pampambar	excuses
ipaidam	to deny; to reject; to refuse	pan/papan	
kinapaidam	stinginess; selfishness	agipapan	to make a wrong assumption
pakada	farewell	impan	took to
agpakada	to say goodbye	ipaipan	to have someone take something to
impakada	what was said to say goodbye		
		ipapan	time/manner of going

kaipapanan	interpretation; meaning; significance	agpanpanunot	thinking
kappapan	just went (var.)	agpanunot	to think; to ponder
kapkapan/	just went (var.)	kapanunutan	thought; opinion; idea
kaap-apan/	just went (var.)	napanunot	thought about
kapappapan	just went	panpanunuten	thinking about
maipapan (iti)	about	paraangan	yard
makapan	can go	parbangon	dawn; daybreak
makaipan	can take to	pumarbangon	the coming of dawn
mapan	to go; will go	parbeng	
mapmapan	going	agparbeng	to have control
nakapan	was able to go	parda	flat bean pod with ridges
papanan	place to go	pardas	speed
panaderia	bakery	kinapardas	fastness; swiftness
panait	thread	napardas	speedy; quick; prompt; fast
panaw	departure	paria	bittermelon
nakapanaw	has left	pariir	breeze
panawan	to leave; to abandon	napariir	breezy
pimmanaw	left	parikut	difficulty
pinanawan	left behind; abandoned	parit	
pumanaw	to depart	imparit	forbade; prohibited
pan-aw	type of grass used for thatched roofing	iparit	to prohibit; not to allow
		parol	Christmas lantern
pandek	very short person	parti	
paneknek	proof	agparti	to butcher
mangpaneknek	will prove	maparparti	being butchered
paneknekan	to prove	partien	to butcher
panes		pinarti	butchered
agpanes	to wear black when in mourning	parut	
		paruten	to uproot; to extract (tooth)
nakapanes	dressed in black (in mourning)	pasagad	sled
		pasagid	snide remark; innuendo
pangag		impasagid	said as a snide remark
impangag	heeded	paspasagid	snide remarks
ipangag	to heed	paspasagidan	making snide remarks to
pangas	braggart; arrogant; boastful	pasahero	passenger
impangas	showed off; bragged about	pasamak	happening; occurrence; incident
panggep	purpose	mapasamak	will happen
maipanggep	about; with regard to	napasamak	happened
pangkis	cross-eyed	pasaray	occasionally; from time to time
agpangki-pangkis	to keep crossing eyes		
agpangkis	to be cross-eyed	pasdek	building
panglaw		naipasdek	was built
napanglaw	poor	pasiar	
pang-ur	object used to pound or strike	agpaspasiar	strolling
pang-uren	to strike with a large, long object	impasiar	took along for a stroll
		pasig	all
panio	handkerchief	pasken	event; party
panunot	thought; mind	agpasken	to hold an event; to have a party

pasto	grazing field	nakapayat	accidentally stepped on
patang		payatan	to step on
pinnatangan	conversation	pay laeng	still; yet
patani	lima bean	peggad	danger
patay	death	agpeggad	to be in danger
impatay	cause of death	napeggad	dangerous
matay	to die; will die	pekkel	
nakatayan	place of death	pekpekkelen	wringing dry; squeezing dry
pannakatay	time/manner of death	pennek	
patayen	to kill	mapnek	to be satisfied
pinatay	killed	napnek	satisfied
pateg	worth; value	penneken	to satisfy
kapatgan/	most valuable	perdi	destruction; damage
kapapatgan		makaperdi	can cause destruction
napateg	valuable	naperdi	broken; damaged; destroyed
napatpateg	more important; more valuable	perreng	
		pinerreng	stared at
pati	including	petrolio	petroleum
pati	belief	petsa	date
mamati	to believe	pia	well-being
mapati	can be believed	napia	fine; in good condition; well
nakapapati	believable	pidot	
pammati	faith; belief	makapidot	can pick up; happens to pick up
pampammati	beliefs	napidot	picked up (unexpected)
patien	to believe	pinidot	picked up
patpatien	believing	piek	chick
patigmaan	advice; counsel	pigket	paste; glue
patinayon	always (variation of *kanayon*)	napigket	sticky
patnag		pigsa	strength
agpatpatnag	all night long	nakapigpigsa	very strong
pato	duck	napigpigsa	stronger
pato		napigsa	strong
agipato	to judge rashly; to suspect; to assume	pimmigsa	became strong
		piknik	picnic
patron	patron	agpipiknik	to have a picnic (pl)
patta-patta	guess	pilaw	puddle
patta-pattaen	to guess	pilay	bone fracture
paut		agpilay-pilay	limping
kapaut	length of time	makapilay	can cause limping or fracture
napaut	long time	napilayan	had a fracture
pauyo		pili	
agpapauyo	sulking	napili	choosy
managpauyo	prone to sulking	pilien	to choose
paw-it	something sent for someone	pilpilien	choosing
nakaipaw-it	accidentally sent; was able to send	pinili	chose
		pilio	naughty
payak	wing	pilit	
payat	to step on	impapilit	insisted
mangpayat-payat	stomping on	inkapilitan	forced (with no choice)

ipapilit	to insist	platito	saucer
ipilit	to insist	sangaplatito	one saucerful
piliten	to force	plato	plate
pinilit	forced	plete	fare
pilosopo	smart mouth; facetious	polo	polo shirt
piluka	wig	posision	position
piman	poor thing (expression)	posporo	matches
pindang	dried fish or meat	poste	post; pole
pinindang	made into jerky	potahe	main dish; recipe
pinget		'po unayen	my goodness (expression)
kinapinget	tenacity; persistence	prangka	frank
napinget	tenacious; persistent	kinaprangka	frankness
pinggan	plate	presio	price
pinggol	hair in a bun	panagprespresio	pricing (n)
nakapinggol	wearing hair in a bun	prito	fried
pinia	pineapple	naprito	fried
kapiniaan	pineapple field	probinsia	province
pinsan		prusision	procession
ipinpinsan	to do it once	maiprusision	to be in a procession
maminsan	once	prutas	fruit
naminpinsan	just once	pudaw	fairness of skin
naminsan	one time before (usually preceded by *idi*)	agpapudaw	to make oneself light-skinned
		pudno	true
pinsanen	to do all at once	nagpudno	told the truth
sagpaminsan	once in a while	napudno	truthful
pinta	paint	pudot	heat; warmth
napintaan	painted with	ipapudot	to heat up
pintas	beauty	kapudutan	hottest
nakapinpintas	very beautiful	mangpapudot	to have someone heat up
napipintas	beautiful (pl)	nakapudpudot	very hot
pumintas	to become beautiful	napudot	hot
pirak	money; silver	puerto	gateway
pirgis	piece	pugot	very dark skin; black person
pirma	signature	makapapugot	can darken skin
pangpirma	instrument for signing	pimmugot	became darkskinned
pinirmaan	signed	pugsat	
pirme/permi	extremely; truly	napugsat	snapped; broke apart like a rope or twine
pisara/pisarra	blackboard		
pisel		pugso	
pinisel	pressed	naipugso	spat out unintentionally
piseta	twenty centavos	pugto	guess
pisok		impugto	guessed
impisok	put inside	mapugtuan	can guess correctly
ipisok	to put in	napugtuan	guessed correctly
nangipisok	put in (past)	pukaw	
pisos/piso	one peso	mapukaw	will be lost
pisti	pest	napukaw	lost
pitak	mud	pukkaw a pukkaw	keeps yelling
pitaka	wallet		

pukis	haircut	puuran	to burn
agpapukis	to have someone cut one's hair; to have a haircut	puot	consciousness; perception; awareness
pukisan	to cut the hair	purar	
pukkaw	yell	makapurar	can scorch (eye)
impukkaw	shouted	puraw	white; white person
pulagid		puro	island; pure
naipulagid	smeared	puros	
pulburon	powdered-milk candy	purusen	to pick
puli	race; ethnicity	pimmuros	picked
puligos		puruak	
agpulpuligos	turning; rotating; revolving	makaipuruak	can throw over
pulis	police	puso	heart
pulong		naimpapusuan/ naimpusuan	heartfelt; sincere
ipulong	to report; to tell on		
pulos (saan/awan a)	never; none whatsoever	pustura	posture; dressed up; smartly dressed
pul-oy	soft breeze		
pulpog	to burn; to roast whole (a goat)	nakapustura	dressed up
		puted	cut
nagpulpog	roasted (a goat)	sangaputed	one cut piece
punas	rag	sangkaputed	one-cut piece only
agpunas	to wipe	puunan	capital investment
impunas	wiped with	naipuunan	capital invested
makapagpunas	can wipe	puyat	not enough sleep
mapunas	to be wiped away	agpuypuyat	staying up late
napunas	wiped away	mapuyatan	to lack sleep
punasan	to wipe	napuyatan	did not have enough sleep
punasen	to wipe off	pagpuypuyatan	staying up late for
pungot		pinuyat	kept up all night
pinungot	pulled hair in anger		
pinungot-pungot	kept pulling hair	**Rr**	
pungtot	anger; hatred	rabak	
makapungtot/ makapungpungtot	angry	rinabak	derided; to mock; to ridicule
		rabanos	radish
nagpungtot	became angry	rabaw	top
sipupungtot	angrily	imparabaw	placed on top
punno		iparabaw	to place on top
napnot'	full of (contraction of *napunno iti*)	narabaw	shallow
		rabii	night
napnuan	filled with	mangrabii	to have dinner
napunno	full	pangrabii	dinner
punuen	to fill up	rabong	bamboo shoot
punta		raem	
pinuntaan	hit on target	pagraeman	respected/admired (person)
punto		panagraem	respect; admiration
agpunpunto	sulking	raemen	to respect; to admire
puon	ancestor; trunk of tree	ragpat	
puor	fire	naragpat	attained; achieved
pinuuran	burned		

Glossary

ragsak	joy; happiness	regalo	gift; present
agraragsak	having fun (pl)	regaluan	to give a gift to
managragragsak	likes to have fun	regla	menstruation
maragsakan	delighted	regreg	
naragsak	happy	maregreg	will fall
naragsakan	delighted	regta	energy; alertness
siraragsak	happily	kinaregta	alertness
raman	taste	naregta	energetic; alert
iparaman	to have it tasted	reklamo	complaint
maramanan	can be tasted	agreklamo	to complain
nakaraman	has tasted	inreklamo	complained
naramanan	tasted	relieno a tarong	eggplant omelette
ramanan	to taste	repolio	cabbage
raman		reppet	
agraman	including	sangareppet	one small bundle
iraman	to include	reppuog	
makaraman	to be able to taste	marpuog	will collapse
ramay	finger	retiro	
rambak		nagretiro	retired
narambak	festive	panagretiro	retirement
ramrambak	festivities	retirado	a retired person
ramen	ingredient	retrato	picture
ramut	root	reyna	queen
rang-ay	prosperity; progress	reyno	kingdom
narang-ay	prosperous	ribal	
narangrang-ay	more prosperous	karibal	rival; competitor
ranget		ribo	thousand
sarangten	to struggle against; to fight it	sangaribo	one thousand
sumaranget	to forge forward in a struggle or battle	ridaw	door
		ridep	
raniag	brilliance; radiance	rumidep	to take a nap
mangparaniag	that which brightens	rigat	difficulty; hardship
naraniag	brilliant; radiant; bright	ikarkarigatan	to do one's best
ranitrit	squeaking sound	karigat	hard; difficult
nagranitrit	made a squeaking sound	marigatan	can/will suffer hardship; experiencing difficulty or hardship
rasa	large crab		
rasa	gritty texture		
narasa	gritty	nagrigat	very difficult
rason	reason	narigat	hard; difficult
inrason	said reasoning out	pagrigatan	something to be done with utmost effort
rawet			
kinarawet	gluttony	rigrigat	hardships
narawet	greedy, glutton	rigis	rag
rayray		riing	
narayray	fervent	agriing	to wake up
rebba		makariing	able to wake up; will wake up
marba	will collapse	nakariing	woke up
narba	collapsed	rikep	door
rebbaen	to demolish or tear apart	irikep	to close; to shut
		siririkep	is closed

rikna	feeling; emotion; sensation; sense	rupa	face
marikna	can feel; can sense; can be felt	iparupa	to confront face to face
makarikna	able to feel; able to sense	rupan-rupa	face-to-face
narikna	felt	ruprupa	faces
panagrikna	feeling	rurumen	
rindir		mangirurumen	to deride; to belittle
narindir	frazzled	rusok	pit of stomach
ringgor	noise	mairusok	to be able to stomach
naringgor	rowdy; noisy		

Ss

riri	complaint; argument
agriri	to complain; to make noise; to argue
nagriri	complained; argued
riri a riri	keeps complaining/arguing
riribok	turmoil; unrest; confusion
riro	mistake
agriro	to make a mistake
riyaw	scream
inriyaw	shouted it
nagriyaw	shouted
napariyaw	accidentally screamed
riyaw a riyaw	screaming and screaming
romantiko	romantic
nakaromromantiko	very romantic
ruam	habit
nairuam	got used to
ruangan	gate
ruar	outside
iruar	to take outside
iruruar	time/manner of exiting
mairuar	to be brought out
makaruar	can come/go out
nairuar	brought out
nangiruar	brought outside
rimmuar	came out; went out
rubuat	
agrubrubuat	getting ready (to leave)
rugi	beginning; start
inrugi	started
mangrugi	to start
rinugian	started
rugit	dirt
nakarugrugit	very dirty
narugit	dirty
narugitan	soiled; dirtied
rungiit	naughty smile
naparungiit	naughtily smiled
ruot	grass

sa	sequence marker
-sa/-nsa	expression denoting speculation
-sa/-nsa ketdin	might have already
saad	position
kasasaad	situation; condition
saan	no
agsaan	to refuse
saan a katata-uan	supernatural
saan a pulos	never; not at all
saba	banana
sabali	different; other; another
saba-sabali	different ones; various
sabsabali	other ones
sabangan	harbor; port
sabat	
nasabat	met along the way
sinabat	met
sabet	
agsasabet	all meeting each other
sabidong	poison
nasabidungan	poisoned
sabidungan	to poison
sab-it	
isab-it	to hang
naisab-it	hung
nakaisab-itan	place where hung
sadinno	where
sadiwa	
nasadiwa	fresh
sadut	lazy
kasadutan	laziest
kinasadut	laziness
masadut	feeling lazy
nakasadsadut	very lazy
nasadut	lazy
saem	intense pain
nasaem	intensely painful
sagad	broom
agsagad	to sweep

nasagadanen	has been swept	salip	contest; competition
sagadan	to sweep	kasalip	opponent
sagana	preparation	sal-it	darn it (expression)
isagana	to prepare	sallay	
naisagana	was prepared	agsallay	to droop; drooping
naisaganan	has been prepared	salog	
makaisagana	can prepare	sumalog	to descend; to come down; to slope downward
sagawisiw	whistle		
agsagsagawisiw	whistling	saludsod	question; query
sagawisiwan	to whistle at	agsaludsod	to ask
sago	tapioca pearls	insaludsod	said asking
sagpaw	ingredient	nagsaludsod	queried; inquired
sumagsagpaw	butting in	pagsaludsudan	inquire from
saibbek/saiddek	sob	saludsuden	to ask about; to inquire
agsasaibbek/ agsasaiddek	sobbing	sinaludsod	asked about
		salukag	
sairo	demon; devil	nasalukag	alert
saka	foot	salumina	
saksaka	feet	naisalsalumina	different; unusual
sakada	Filipino plantation worker in Hawai'i	salun-at	health
		kinasalun-at	state of health
sakbay	before; beforehand	nasalun-at	healthy
masakbayan	future	saluyot	green leafy vegetable that is slimy when cooked
sakdo			
agsakdo	to fetch water	samman	(from *saan man*) on the contrary
pagsakduan	place where fetching water		
sakduen	to fetch water	samay	
sakit	pain; illness; sickness	kinasamay	effectiveness
agsakit	to be ill	nasamsamay	more effective
agsisinnakit	looking after each other	sam-it	sweetness
masakit	sick; ill	nakasamsam-it	very sweet
masaktan	to be hurt; can get hurt	nasam-it	sweet
nakasaksakit	very painful	pinasam-it	sweetened
nasakit	painful	sinam-it	dessert
sakup	boundary; covered area	sinamsam-itan	made sweeter
salad	salad	sampitaw	meddler
agisalsalad	making salad	insampitaw	said butting in
salakan		sanaang	acute pain; ache
isalakan	to save	sanay	
mangisalakan	person who will save	agsanay	to practice; to train
salangad		nasanay	trained; expert; specialist
insalangad	said in confrontation	pagsanayan	training ground; training material
sinalangad	confronted		
salapay	clothes hung on clothesline	panagsanay	time/manner of training
naisalapay	hung on clothesline	sanga	branch
salapi	fifty centavos	nagsangaan	intersection
sagsasalapi	fifty centavos each	sangaili	guest
salas	living room	mangsangsangaili	person entertaining a guest
salbar		panangsangaili	time/manner of entertaining
masalbar	able to save	sangsangailien	guest being entertained

sangapulo	ten	sapa		
sagsasangapulo	ten each	agsapa	morning	
sang-at		nakasapsapa	very early	
sumang-at	to ascend; to go up a hill	nasapa	early	
sangat		sapata	vow; oath	
sangaten	to accuse; to charge; to reproach	agsapsapata	vowing; taking an oath	
		sapay koma	hopefully (expression)	
sangit	cry	saplid	duster; broom	
agsangit	to cry	agsaplid	to dust; to sweep	
agsangsangit	crying	saplidan	to dust; to sweep	
insangit	said crying	sapliden	to remove dust; to sweep away	
nagsangit	cried			
sanglad		sapul	earnings; income	
simmanglad	anchored	agsapul	to look for	
sango	in front; at the front	kasapulan	necessity; necessary	
agpasango	to come up front	masapsapul	needs; necessities	
agsasango	all facing each other	panagsapul	time/manner of searching	
kasangsango	face to face with	sapsapulen	looking for; searching for	
pagsasanguan	food shared in a group	saraaw	growling of stomach	
sanguanan	in front of	agsarsaraaw	growling (stomach)	
sangsanguen	facing	sarabo	coming home gift	
simmango	faced up front	ipasarabo	to bring as gift	
sinango	faced	pasarabo	coming home gift	
sangpet	arrival	pinangsarabo	way of welcoming (past)	
apagsangpet	as soon as arrived	sarak		
isasangpet	arrival	panagsarak	time/manner of meeting	
kasangsangpet	just arrived	saranay	help; comfort; support	
simmangpet	arrived	agsisinnaranay	all comforting/helping each other	
sumangpet	to arrive	mangsaranay	to help; to comfort; to support	
sanikua	possession	pannaranay	caring (n)	
sansan		sarangsang	crunchiness	
kasansan	frequency	kinasarangsang	crunchiness	
masansan	frequently; often	nasarangsang	crunchy	
santo	saint	sardeng		
santo	then (sa- is a sequence marker and –to/-nto is a future tense marker)	agsardeng	to stop	
		isardeng	to stop; to halt	
		nagsardeng	stopped	
santol	sour fruit with large seeds	sarimadeng		
sao	speech; language	nagsarimadeng	to walk slower than one's normal pace	
agsao	to talk; to speak			
insao	said	saririt	intelligence	
kasasao	person speaking with	kinasaririt	intelligence	
kinasao	spoke with	nasaririt	intelligent	
makasao	can speak	sarita	story; sentence; word	
masasao (saan a)	does not talk a lot	agsarita	to speak	
nasao	talkative; prone to gossip	agsarsarita	speaking	
panagsasao	manner of speaking	kasarsarita	person speaking with	
sao a sao	always talking	makasarita	can talk; can speak	
sao-sao	gossip	nakisarsarita	conversed with	
		pagsaritaan	topic of conversation	

sarming	mirror; eyeglasses	iseserrek	time/manner of entering
pagsarmingan	serving as a mirror	kaserserrek	just entered
sarrukod	walking cane	maiserrek	can be brought inside
nakasarrukod	with a walking cane	makastrek	can enter
sarungkar		siak	me; I
agsisinnarungkar	all visiting each other	sisiak	just me
isasarungkar	time/manner of visiting	siak ket	as for me
sarungkaran	to visit	siasinno	who (variant form of *sinno*)
simmarungkar	visited	sibay	side
sumarungkar	to visit	sibro	
saruno		maisibsibro	worn for the first time
insaruno	followed with	sibulias	onion
nagsasaruno	one after another (past)	sida	dish eaten with rice
simmaruno	followed	makasidsida	to feel like eating a dish
sinaruno	followed	sidaen	to eat
sumaruno	to follow; next	sidsida	dishes eaten with rice
sarwa	vomit	siddo	
nakasarwa	accidentally vomited	masdo	to be weak
sawang		masmasdo	feeling weak
insawang	uttered	sierto	sure; certain
sawsaw		masierto	to be certain; can ascertain
isawsaw	to dip (sauce)	sigarilio	cigarette
sawsawan	dipping sauce	makapagsigarilio	can smoke
sayaat		sigking	
nakasaysayaat	very good	agsigking	to limp; to hobble
nasaysayaat	better	siglat	alertness
sayang	what a pity (expression)	nasiglat	alert; quick-witted; smart
masayang	to be wasted	sigud	previous; former
sayangen	to waste	sigurado	sure; certain
seddaaw	surprise; astonishment	masigurado	to be certain
masdaaw	to be surprised; to be astonished	siguro	perhaps; maybe
		siim	
nakakaskasdaaw	surprising; incredible	sisiimen	sensing; watching; secretly observing; spying upon
nasdaaw	surprised; astonished		
sekken		siket	waist
sumken	to occur	sikig	
sekreto	secret	nagsikig	turned on side of body
sellag (ti bulan)	full moon	nakasikig	in a sideward position
naslag	bright	sikigan	side of body; side (of a mountain, etc.)
sentimiento	grief		
sentimo	one cent	sikkil	
serbesa	beer	agpaspasikkil	making one's body stiff
serbi	purpose; service	sikog	pregnancy
pagserbian	someone/something served	masikog	to be pregnant
seriosa/o	serious (female/male)	silap	glitter; spark; sparkle
naginseseriosa/o	pretended to be serious (female/male)	agsilap-silap	glittering; sparkling; sparking
serrek		sumilap-silap	glittering
inserrek	brought in	silaw	light; lighting
ipaiserrek	to have someone bring inside	pagsilsilaw	object used for lighting

sili	pepper	siudad	city; urban
silpo		sobra	extra; excess; too much; remainder; leftover
insilpo	connected		
nasilpo-silpo	interconnected	sobre	envelope
simberguensa	impudent (from Spanish)	soldado	soldier
simro (manen)	reoccurred in a certain manner	sorpresa	surprise
		isorpresa	to have as a surprise
sin'	who (contraction of *sinno*)	subalit	reply
sina		subalitan	to reply; to repay; to reciprocate
agsina	to be separated from each other		
isina	to separate	subeg	
s(in)agpaminsan	once in a while	kinasubeg	hard-headedness
Sinait	town in Ilocos Sur	nasubeg	hard-headed
sinamay	fine muslin cloth	subli	
sinan-balay	house-shaped	agsubli	to return
sinan-bituen	star-shaped	insubli	returned back
sinan-buok	hair-like	isubli	to return it
singgit	shrillness	isusubli	time/manner of returning
nakasingsinggit	high-pitched sound; shrill	makaisubli	can return it
singin	twins	makasubli	can return; can go back
singkamas	jicama (a type of turnip)	nagsubli	returned
singkol	paralyzed in one or both arms	sublian	to return to
		subo	
sinit		nangisubo	put in mouth
makasinit	can singe; can burn	sangasubo	one mouthful
sintir		sudi	
nasintir	sensitive; easily offended	nasudi	pure
sipnget	darkness	sueldo	wage
nasipnget	dark	agsueldo	to get paid
nakasipsipnget	very dark	sugal	gambling
sumipngeten	is becoming dark	agsugal	to gamble
sippit	beak; bill	agsugsugal	gambling
sinippit	pecked at	sugpet	
sippiten	to peck at	nasugpet	sticky taste
siput		su-i	
agsipsiput	looking; watching; observing	agsu-i	sulking
sirig		suka	vinegar
sirig-sirigen	keeps scrutinizing	sukag	
sirip		mangsukag	to leaf through; to dig through
masirip	can be peeked through		
sirkulo	circle	sukdal	pick
sirok	underneath	agsukdal	to pick fruit using a pole
sirpat		sukdalen	to pick
sumirpat	to check around	sukimat	
pagsirpatan	place for looking around	agsukimat	to research; to search
sitsaron	pork rind	sukir	
sitsiritsit	a made-up word for calling	kinasukir	disobedience; stubbornness
sitsit		sukisok	
sinitsitan	called with a hissing sound	agsukisok	to research
		pagsukisukan	place for research

suko	surrender	nasuratan	accidentally wrote on; was able to write to
simmuko	surrendered		
sumuko	to surrender		
sukot		suratan	to write to
nagsusukot	overlapping (past)	suro	
sulit		agsursuro	to learn
kinasulit	impatience	insuro	taught
nasulit	difficult	mangisursuro	teacher; teaching
sulong	punch	sursuro	education; manners
sulungen	to box; to punch	suruan	to teach
sulpeng	stubborn, obstinate	surok	excess; extra
kinasulpeng	stubbornness	nasurok	in excess of; more than
sumang-at-sumalog	up and down	sursurok	remainder
sungad		suron	
nasungadan	came upon	makasuron	annoyed; irritated
sungbat	response; answer; reply	surot	
insungbat	answered; responded	sumurot	to follow; to obey
simmungbat	answered; responded	surot a surot	to keep following
sinungbatan	answered	suruten	to follow; to obey
sumungbat	to answer	sursor	
sungba-sungbatan	to keep answering back	agsursursor	person who goes from one place to another;
sungbatan	to answer		
sungrod	firewood		
pagsungsungrod	used for firewood	mangisursor	someone who takes another to places (usually said of bad influence)
suon	object carried on the head		
suunen	to carry on the head		
nakasuon	to have something carried on the head		
		susop	
		susupen	to suck
supadi		suspetsa	suspicion
agsupadi	to be opposites; to be different from each other	agsuspetsa	to suspect
		naginsususpetsa	pretended to be suspicious
kasupadi	opposite of		
pagsupadian	difference between/among	sustansia	nutrition
supiat		nasustansia	nutritious
sumupiat	to oppose; to contradict; to go against	sutil	tease
		isutsutil	teasing with
supiaten	to oppose; to contradict	mangsutsutil	teasing
suplada/o	snobbish (female/male)	sutsutilen	teasing (someone)
nakasupsuplada/o	very snobbish (female/male)	**Tt**	
supot	bag		
surat	letter	taaw	ocean
		tabbaaw	
agsurat	to write	agtabbaaw	to curse; to swear
isurat	to write	intabbaaw	said swearing
makaisurat	can write	nagtabbaaw	cursed; swore
makisinsinnurat	writing to each other	tabbaaw a tabbaaw	cursing and cursing
nagsinnurat	wrote each other	tabungaw	white squash; gourd
nagsurat	wrote	tabuno	
nakapagsurat	was able to write	timmabuno	attended
nakasurat	was able to write	tumabuno	will attend

taeb		
	agkataeb	of same age
	kataeb	same age as
taeng		
	nataengan	adult
tagainep		dream
	agtagtagainep	dreaming
tagapulot		molasses
tagari		noise
	agtagtagari	making noises
	natagari	noisy
	tagtagari	noises
tagibi		infant; newborn baby
takaw		
	agtakaw	to steal
	agtatakaw	thief
takder		poise; stance; posture
	agtakder	to stand up
	mangipatpatakder	building a structure
	nagtakder	stood up
	nakatakder	in standing position
	nangipatakder	erected (a structure)
	pagpatakderan	place to have something built or someone stand
	pagtaktakderan	place where one is standing
	panagpatakder	time/manner of building or making someone stand up
	patakder	building (n)
	pinatakder	had someone stand up
	sitatakder	in standing position
	timmakder	stood up
takiag		arm
takki		bowel; feces
	nakatakki	accidentally defecated
tako		scoop
	takkuen	to scoop
takong		heel (of shoe)
takop		patch
	takupan	to patch up
	takup-takop	series of patched holes
taktak		
	nataktak	delayed
	taktaken	to delay
takuat		
	natakuatan	discovered
talaw		wild (chicken)
	agtalaw	to run away; to flee
	talawan	to abandon
taldiap		
	nataldiapan	unintentionally threw a glance at
talek		trust
	intaltalek	trusted
	mapagtalkan	trustworthy; can be trusted
	nagtalek	trusted
	panagtalek	trust
tali		rope; string; tie
	naitali	tied on
	sangatali	one bundle
talia-taliawen		to keep looking back at
	timmaliaw	looked back
	tinaliaw	looked back at
talimudaw		
	natalimudaw	fainted
tallo		three
	maikatlo	third
talmeg		
	intalmeg	pressed down
talna		peace; calm
	natalna	peaceful; calm
talon		farm
	agtaltalon	farming
	kataltalunan	fields
	mannalon	farmer
	panagtalon	farming
	taltalon	farms
	taltalunen	farming; land being farmed
taltal		
	pagtaltal/ pangtaltal	instrument for pounding
tamay		witchcraft
	mannamay	witch
	natamay	under the spell of witchcraft
tambak		dike
tamdag		
	agtamtamdag	looking down from a high place
tammudo		thumb
tanabutob		
	agtantanabutob	mumbling; muttering
	intanabutob	said mumbling
tandaan		
	matandaanan	can remember
	tandaanan	to remember

tanem	grave (burial)	tarimaan	
tangad		agtarimaan	to fix; to repair
tangaden	to look up to/at	tarong	eggplant
tangken	hardness	tarus	
nakatangtangken	very hard	agtarus	to go directly to; to go through
natangken	hard	itarus	to translate; to take directly to; to interpret
tumangken	to be hard		
tantan		kaitarusan	translation; interpretation
tinantanan	let up (past)	nagtarus	proceeded to; went directly to; went straight through
tao	person; human		
katatao	character; personality		
katata-uan (saan a)	supernatural	taul	bark (of a dog)
kinatao	character	agtaul	to bark
tattao	people	tawar	bargaining price
tapa	dried meat	agtawtawar	haggling; bargaining
tinapa	smoked fish or meat	agkaratawar	keeps haggling
tapat		agtawar	to haggle; to bargain
agtapat	to serenade	intawar	amount or thing haggled with
tapatan	to serenade	panagtintinnawar	reciprocal haggling (n)
tapaya		paratawar	in charge of haggling
agtaptapaya	holding up face on palm of hand	tawar a tawar	to keep haggling
		tumawar	to haggle
nakatapaya	hand supporting chin	tawen	age; year
tapno	so that; in order to	agtawen (iti)	having the age of
tapok	dust	tawid	inheritance
natapok	dusty	matawid	to be inherited; can be inherited
tapos			
agtapos	end of	tawiden	to inherit
tapuak		tawyo/soyu	soy sauce
timmapuak	jumped down	taya	bet
tapuar		agtaya	to bet
tumpuar	to appear; to emerge	intaya	bet placed
timpuar	appeared; emerged	itaya	to place a bet
tarabay	guide	tayaan	to bet
mangtarabay	to guide; one who guides	tayab	to fly
tarabitab	a gossip; tattler; talkative	makatayab	able to fly
taraken	pet; in someone's care	tumayab	will fly
tinaraken	took care of	tayag	height
taraki		kinatayag	tallness
kinataraki	handsomeness	natayag	tall; high
nakatartaraki	very good-looking	tedda	left over
nataraki	handsome	matda	to have a remainder
taraok	crow; crowing (n)	natda	remainder; leftover
agtartaraok	crowing	tedted	a drop (of liquid)
taraon	food	sangkatedted	one drop
taray		templa	taste after seasoning
agtartaray	running	pangtempla	for seasoning
nagtaray	ran	templaen	to season for taste
taray a taray	running and running	tengnga	middle
tinaray	ran a distance		

tengnged	neck	treinta	thirty
tienda	market; to market	tsismosa/o	gossip (female/male)
makitienda	to go marketing	tubbog	juice; sap
pakitiendaan	place to market	natubbog	juicy
tiendaan	market	tublak	to fall forward while walking
tig-ab	a burp	naitublak	accidentally fell forward while walking
nagtig-ab	burped		
tigerger		tubo	
agtigtigerger	trembling; shaking; quivering; shivering	agtubo	to grow
		agtutubo	youth
tikaw		timmubo	grew
natikaw	confused; lost; unable to comprehend	tubo	water pipe
		tubong	tube
pannakatikaw	confusion	tudo	to point
tiliw	to catch; to capture; to arrest	intudo	pointed at/to
tiliwen	to catch; to capture; to arrest	itudtudo	pointing at/to
tiniliw	caught; captured; arrested	maitudo	can be pointed at/to
tilmon		makaitudo	can point
tilmunen	to swallow	tudo	rain
tinilmon	swallowed	agtudtudo	raining
timbang	weight	matutudo/natutudo	rainy
timbangen	to weigh		
pangtimbang	scale	tugaw	chair
timek	voice	agtugaw	to sit
timid	chin	agtugtugaw	sitting
tinnag		katugtugaw	has just sat
agtinnag	things falling	nagtugaw	sat down
matinnag	to fall	napatugaw	fell on one's buttocks
natinnag	fell	nakatugaw/situtugaw	in sitting position
tinta	ink		
tipon		pinagtugaw	had someone sit
agtitipon	coming together; gathering	tugot	footprint
nagtipon	joined; mixed	tugot	
tirad	pointedness; pointed end	intugot	brought
kinatirad	the way it's pointed	makaitugot	to be able to bring
matiradan	to/can be made pointed	tugtog	
natirad	pointed	maitugtog	to be dashed against
tiritir		tukak	frog
tiritiren	to twist	tukkol	
tokar		matukkol	to be broken into linear pieces
agpatokar	to play music		
panagtokar	playing	natukkol	accidentally broke into linear pieces
tonto	stupid		
trabaho	work; job; task	tukod	
agtrabaho	to work	matukod	can touch the bottom
makatrabaho	can work	tulad	
pagtrabahuan	workplace	tinulad	imitated
panagpatrabaho	time/manner of having someone work	tuladen	to imitate
		tuleng	deaf
trabahador	worker		

tulid		tunos	compatibility; harmony
natulid	fell over	agkakatunusan	getting along; being compatible; having a harmonious relationship (more than two people)
tulnod			
impatulnod	allowed		
tulod			
tultuluden	swinging	tuok	intense hardship
tulod		tupak	
itulod	to accompany to a destination	natupakan	accidentally fell on
itultulod	accompanying to a destination	tinupakan	dropped on
mangitultulod	accompanying someone to a destination	tupig	roasted sweet rice cake wrapped in banana leaves
tulong	help; aid; assistance		
agpatulong	to seek help	tupra	sputum
agtitinnulong	all helping each other	natupraan	unintentionally spat on
itultulong	thing used to help	tupuar	
katulungan	helper	timpuar	appeared; surfaced
managtulong	helpful	turay	power; authority
mannakitulong	helpful	agturay	person of authority; to have authority over
matulungan	can be helped; can help		
nagtutulungan	helped each other do a task	tured	courage; bravery; daring
pagtitinnulungan	all help each other do a task	kinatured	courage; bravery; daring
timmulong	helped	maitured	can bear; can endure
tinulungan	helped	natured	brave; courageous; daring
tulungan	to help	turod	hill
tumulong	to help	naturod	hilly
tumultulong	helping	turog	sleep
tuloy	continuation	makaturog	able to sleep
intuloy/	continued	makaturturog	to feel sleepy
intultuloy		maturog	to sleep
tumba		matmaturog	sleeping
natumba	fell over	nagintuturog	pretending to be sleeping
tumeng	knee	situturog	asleep
agparintumeng	to kneel	tur-og	sleepyhead
nagparintumeng	knelt	turong	direction headed toward
nakaparintumeng	in kneeling position	agturong	to head toward
sipaparintumeng	in kneeling position	turpos	
tunggal	every; each one	makaturpos	able to graduate
tumunggal	each one	nakaturpos	has graduated
tungpa	slap	naturpos	degree completed
panangtungpa	time/manner of slapping	panagturpos	finishing of one's schooling
tinungpa	slapped		
tinungpa-tungpa	slapped over and over	**Uu**	
tungpaen	to slap	ubra	work; task
tungtong		agub-ubra	working
agtutungtong	conversing (more than two)	agubra	to work
nakitungtong	conversed with	nagubraan	place worked
pinagtutungtong	conversations (past)	pagub-ubraan	workplace
pinagtutungtungan	topic of conversation (past)	udi	last
tuno		inaudi/inaudian	youngest child/sibling
agtuno	to broil; to barbecue		

kamaudiananna	lastly; finally	umbi	
maudi/maud-udi	last	kinaumbi	sweetness; tenderness
udong		naumbi	sweet; loving; passionate
agudong	to go to the town market	umel	mute
ugali	habit; custom; ways; manners;	una	first
		inaunaan	eldest
ug-ugali	habits; customs; ways; manners	inunaan	overtook; went ahead of
		inyuna	advanced (money)
ukag		pakauna	introduction
maukag-ukag	being rummaged through	umuna	first; to be first
ukis	peeling	unas	sugarcane
aguk-ukis	peeling; paring	kaunasan	sugarcane field
inukisan	peeled	unay	very
ukisan	to peel; to pare	inyunay-unay	emphasized
ukrad		uneg	inside
ukraden	to open; to unfold	inyuneg	brought inside
inukrad	opened; unfolded	ipauneg	to put inside; to internalize; to imbibe
maukra-ukrad	can be unfolded repeatedly; can be leafed through		
		nauneg	deep
nagukrad	opened; blossomed; unfolded	unget	anger
		inungtan	scolded
ulaw	dizziness	inyunget	said angrily
maulaw	dizzy	makaunget	angry
ulbod	a lie; a liar	naungtan	was scolded
agulbod	to tell a lie	pinagungtan	scolded
inyulbod	said lying	ungtan	to scold
uleg	snake	ung-ungtan	scolding
ules	blanket; bedsheet	uni	sound
uli		makauni	can make a sound; can speak
immuli	climbed up	nakauni	was able to speak; was able to make a sound
inyuli	brought up		
iyuli	to bring up	naguni	spoke; made a sound
umuli	to go up; to climb up	un-uni	noises; sounds
ulimek		unnat	to stretch
agulimek	to be quiet	iyunnat	to stretch out
nakaul-ulimek	very quiet	unnaten	to stretch out; to flatten
naulimek	quiet; silent	unnoy	pleading
ulit		un-unnoy	pleadings
inulit	repeated	upa	mother hen
inulit-ulit	repeated several times	upa	rent (borrowed from Tagalog)
uliten	to repeat		
ulo	head	uppat	four
ulog		maikapat	fourth
immulog	came/went down	mamimpat	four times
papaulugen	having someone go/come down	uprisir	
		iyuprisir	to offer
umulog	to come down; to descend	inyuprisir	offerred
ultimo	last price	uram	to burn; a fire
ultimonan	last price (already)		

Glossary

	nauram	was burned	
	nauramen	burned already	
uray			
	aguray	to wait	
	agur-uray	waiting	
	inuray	waited	
	nagur-uray	was waiting	
	pagurayan	place for waiting	
	uray kaano man	no matter when	
	uray la	almost; just about (idiom)	
	urayen	to wait for	
	uray no/ uray pay no	even if; even though	
	ur-urayen	waiting for	
urnong		savings	
	agurnong	to save	
	makaurnong	can save	
	nagurnong	saved	
	naurnong	was saved	
	urnungen	to save	
urnos			
	agur-urnos	arranging	
urok		snore	
	agur-urok	snoring	
usar			
	agus-usar	using	
	inusar	used	
usok			
	inyusok	put on (past)	
utang		debt	
	agpautang	to lend money	
	makautang	can owe; can borrow (usually money)	
	pinautangan	someone loaned to	
utong		long bean	
uttot		flatulence	
	immuttot	farted; passed gas	
	nakauttot	accidentally farted	
ut-ut		throbbing pain	
	naut-ut	acutely painful	
uwaw		thirst	
	mauwaw	thirsty	
uyaw			
	mauyaw	to/can be criticized/derided/ridiculed	
	nauyaw	critical	
	uyawen	to ridicule	
uyong			
	mauyong	crazy	
	nauyong	mean	

Ww

wagas		way of doing; method; manner; style
walin		to push aside; to push away
	inwalin	pushed aside; pushed away
wara		mess
	nawara	untidy; messy
wasiwas		
	iwaswasiwas	waving it
watwat		
	agwatwat	to exercise
	watwaten	to exercise
wenno		or
wingiwing		
	agwingwingiwing	shaking one's head to negate

Yy

yaman		
	agyaman	to thank
	nagyaman	thanked
	yaman pay	thank goodness
yan		place; residence
	ayan	place
	naggian	lived; stayed; resided
	naggianan	place where resided
	panaggian	time for staying
	paggianan	residence
	paggigianan	residence
yeg		
	mangiyeg	to bring in
yugyog		
	yinugyug	shook
	yugyugen	to shake (a tree, a pole, a person)
	yugyugyugen	shaking something

www.ingramcontent.com/pod-product-compliance
Lightning Source LLC
Chambersburg PA
CBHW080419230426

43662CB00015B/2145

9780824826451